# UNE SAISON EN ENFER
## ILLUMINATIONS
# POÉSIES ET ŒUVRES DIVERSES

POCKET CLASSIQUES

collection dirigée par Claude AZIZA

# ARTHUR RIMBAUD

# ŒUVRES
## DES ARDENNES AU DÉSERT

*Préface et commentaires de*
*Pascaline MOURIER-CASILE*

© Pocket, 1990, pour la préface, les commentaires
et le dossier historique et littéraire.

© Pocket, 1998, pour « Au fil du texte » *in* « Les clés de l'œuvre ».

ISBN 2-266-08276-0

# SOMMAIRE

\* Pour approfondir votre lecture, *Au fil du texte* vous propose une sélection commentée :
- de morceaux « classiques » devenus incontournables, signalés par ●◆ (droit au but).
- d'extraits représentatifs de l'œuvre, signalés par ◌◈ (en flânant).

# PRÉFACE

*« Tu ne connaîtras jamais bien Rimbaud. »*
A. Breton

*« Pour comprendre Rimbaud, lisons Rimbaud. »*
Y. Bonnefoy

**Rimbaud**   *le Voyant* (A. Rolland de Renéville)
*le Voyou* (B. Fondane)
*le Poète* (P. Claudel)
*l'Enfant* (C.A. Hackett)
*le réel même* (M. Taylor)
*Système solaire ou trou noir ?* (Étiemble)
*l'éclatant désastre* (P. Brunel)
*le magicien désabusé* (P. Debray)
*le génie impatient* (H. Mondor)

**est**

« le Poète, cela suffit, cela est infini »
(R. Char)
un poète maudit (P. Verlaine)
un « météore allumé sans motif autre que
sa présence » (S. Mallarmé)
un poète « du devenir » (J.-P. Richard)
un « amateur supérieur » (D$^r$ Lacambre,
psychiatre militaire)
« le Philomathe » (P. Verlaine)

« double » (V. Segalen)

« Troppmann enfant » (*L'Écho de Paris*, 1871)

« l'œil de la catastrophe » (P.J. Jouve)

« visionnaire de sa propre vie » (V. Segalen)

un « aventurier de l'idéal »  (J.-M. Carré)
un « aventurier du réel »

« un poète armé » (A. Borer)

« surréaliste dans la pratique de la vie, et ailleurs » (A. Breton)

un « passant considérable » (S. Mallarmé)

« l'homme aux semelles de vent » (P. Verlaine)

« criminel imaginaire et sodomite d'occasion » (Étiemble)

« le chef de l'école décadente et symboliste » (L. de Gavoty)

un « communard » (P. Gascar)

un « singulier terrien visionnaire » (V. Segalen)

un « ange en exil » (P. Verlaine)

« un mystique à l'état sauvage » (P. Claudel)

« un monstre de pureté » (J. Rivière)

« une machine obscène » (P. Verlaine)

« chrétien non-chrétien » (P.J. Jouve)

« coupable d'avoir permis [...] certaines interprétations déshonorantes de sa pensée » (A. Breton)

« une étoile filante » (P. Bardey, son employeur à Harar)

a

poursuivi une « recherche mystique » (P.J. Jouve)

brûlé « très gaiement tous ses manuscrits, vers et prose » (I. Rimbaud)

« révolutionné la poésie » (A. Breton)

un « talent de dégénéré » (D^r Lacambre)

été « le brillant improvisateur des lettres françaises » (Mgr Jarosseau, vicaire apostolique des Gallas)

« une fois pour toutes dégagé, mais d'autant accru, la responsabilité du poète » (A. Breton)

« découvert je ne sais quelle radiation » (P. Valéry)

« exprimé plus que tout l'indéfinie angoisse humaine aux prises avec la connaissance » (V. Segalen)

eu « une double personnalité » (J. de Gaultier)

une « influence séminale et paternelle » sur P. Claudel

« la volonté de vivre une poésie en acte » (G. Macé)

une « puberté perverse et superbe » (S. Mallarmé)

su « trouver la vie secrète de la poésie » (A. Artaud)

**aurait dû** « se faire trappiste ou chartreux » (Mgr Jarosseau)

**ne fit plus rien** « que de voyager terriblement et de mourir fort jeune » (P. Verlaine)

**s'est opéré** « vivant de la poésie » (S. Mallarmé)

**est devenu** un personnage de roman chez F. Champsaur *(Dinah Samuel)* et L. Aragon *(Anicet)*

« négrier en Ouganda » (*Écho de Paris*, 1891)

« chef canaque » (P. Verlaine)

**en Abyssinie
était**

>
> « M. Raimbaud (sic), voyageur et négociant français au Choa » (*Le Bosphore égyptien*, 1887)
>
> « un négociant très parcimonieux et très acharné » (les frères Righas, ses voisins à Harar)
>
> « un homme aigri et irascible » (J. Borelli, explorateur)
>
> « tellement aimé que personne [...] n'aurait voulu le tromper » (I. Rimbaud)
>
> « un âpre marchand raciste et colonialiste » (Étiemble)
>
> « quelqu'un qui avait été lui, mais ne l'était plus d'aucune façon » (S. Mallarmé)
>
> « un extraordinaire original » (A. Savouré, responsable de la Cie Franco-Africaine)
>
> un « marchand de viande humaine » (G. Izambard)
>
> « un des plus forts arabisants » (A. Savouré)
>
> « le type le plus audacieux de l'explorateur » (J.-M. Carré)
>
> un « prototype de résistance à la chaleur » (V. Segalen)
>
> « un assez lamentable polichinelle » (A. Breton)

**est devenu**

>
> « de mœurs et d'esprit, mahométan » (P. Petitfils)
>
> « un spectre douloureux et d'augure équivoque » (V. Segalen)

**a écrit**

>
> « 40 000 vers inédits » (*Les Nouvelles littéraires*, 1947)

« n'a plus rien écrit [...] en fait de poèmes »
(A. Tian, fils d'un de ses amis d'Harar)
« écrivait de belles choses [...], un livre sur
l'Abyssinie » (C. Righas)

**était**     déjà mort en 1886 *(La Vogue)*
est mort, en 1891, comme « un saint, un
martyr, un élu » (I. Rimbaud)

**est**

l'enseigne d'un bar à Addis-Abeba
un nom gravé sur le mur d'un temple de
Louqsor
le nom d'une rue de Harar
du Centre Culturel de Charleville

**Rimbaud**   « **brûle toujours** » (A. Breton)

> « *Vie et œuvre sont superbes telles quelles
> dans leur indiciblement fier* pendet inter-
> rupta... »
>
> P. VERLAINE

Le catalogue para (ou post)-surréaliste qui précède
(et qui, malgré son caractère hétéroclite, ne prétend nul-
lement à l'exhaustivité) vise simplement à rappeler —
vérités, erreurs, mensonges et inepties impartialement
mêlées — quelques-unes des composantes de ce que,
depuis un demi-siècle, il est convenu de nommer le
*Mythe de Rimbaud*[1].

Il fait aussi fonction d'avertissement (ou peut-être
d'exorcisme) : la présentation des œuvres de Rimbaud
qui lui succède, tentant de prendre autant qu'il est pos-
sible ses distances avec le mythe en question, n'a d'autre
ambition que de marquer les étapes d'une trajectoire

---

1. Cf. Étiemble : *Le Mythe de Rimbaud*, Genèse du mythe
(1869-1949), Gallimard, 1954. Cf. Dossier p. 339-341.

poétique dont on peut encore dire aujourd'hui, comme en son temps Mallarmé, qu'elle fut « une aventure unique dans l'histoire de l'art ».

> « ... et toujours, pour finir, à Charlestown... »
>
> E. Delahaye

Au départ, il y a Charleville, « cette atroce Charlestown », « supérieurement idiote entre les petites villes de province », dont Rimbaud devait dire, à seize ans, qu'on s'y « décompose dans la platitude, dans la mauvaiseté, dans la grisaille [1] ». Charleville, son « square où tout est correct » et ses « bourgeois poussifs » que l'adolescent fugueur fuit dès que possible, « les mains dans (ses) poches trouées ». Charleville qui demeure cependant le seul point fixe de ses errances, le lieu où il revient toujours, de Paris, de Londres, d'Allemagne, d'Italie, de Chypre ou de Java...

Tout autour, il y a la campagne ardennaise avec ses « flaches », ses « cavernes » humides, ses auberges vertes qui hantent tant de ses poèmes et le feront encore rêver dans les sables du Harar.

Il y a la mère [2], Vitalie Rimbaud, née Cuif, « la daromphe », la « bouche d'ombre », « aussi inflexible que soixante-treize administrations à casquettes de plomb ». La « mère Rimb » qui ne comprend rien aux fugues à répétition de son fils, aux « sottises de cet enfant, lui si sage et si tranquille ordinairement [3] ». Et moins encore à ses expériences poétiques. La mère à qui pourtant il continue d'écrire ponctuellement, jusqu'à la fin.

---

1. Lettre à G. Izambard, 2 novembre 1870. Quand elles ne sont pas référencées, les citations de Rimbaud renvoient à des textes figurant dans le présent volume.

2. Le père, lui, Frédéric Rimbaud, capitaine d'infanterie, s'est absenté du foyer familial dès 1860...

3. Lettre de Mme Rimbaud à Izambard, 24 septembre 1870.

Il y a la sœur [1], Isabelle, la confidente des derniers jours qui s'en prévaudra pour poser, pieusement, les premières pierres du mythe et veiller jalousement sur la *pureté* de l'œuvre fraternelle.

Il y a le collège, dont il est un élève modèle — surdoué, diraient aujourd'hui certains : prix d'excellence et lauriers académiques... Pourtant, à lire la *Narration* qu'il écrit à dix ans, on est quelque peu sceptique sur la sagesse de ce jeune bourreau de travail qui conteste la nécessité de « s'user les culottes sur les bancs » et projette tout bonnement de devenir rentier, quand il sera grand. Et sur le sérieux de ce fort en thème qui, à l'abri des dictionnaires et des grammaires, élabore prémonitoirement « des romans sur la vie / Du grand désert où luit la Liberté ravie »... L'anodine rédaction d'écolier en dit long aussi sur les désirs et les frustrations d'un enfant qui se rêve « le plus aimé », qui s'invente un père idéal en remplacement de celui qui a déserté le foyer familial, et une mère « douce et calme », rieuse « comme une jeune demoiselle », en lieu et place de celle qui, quelques années plus tard, menacera de le mettre à la porte, dans le secret espoir qu'il finira par « entrer aux établissements de correction ». Et dès ce moment, écrit le fils, « silence sur moi »...

Il y a aussi Izambard, le jeune professeur de lettres, passionné de poésie moderne, indulgent aux fugues de l'adolescent ; et Demeny, le doux poète : les deux destinataires des *Lettres* dites *du Voyant*. Il y enfin Delahaye, l'ami fidèle qui recevra, en 1875, le tout dernier poème, Delahaye qui, demandant à Rimbaud s'il écrivait encore, s'entendra répondre, en 1879 : « Je ne m'intéresse plus à ça... »

---

1. Il y a aussi le frère aîné, Frédéric, et « la petite sœur », Vitalie, qui meurt en 1875.

> « *Un jour peut-être il disparaîtra*
> *merveilleusement* ».

Après quoi, le silence. Un silence, il est vrai, éton-
namment loquace ! Dans l'édition des *Œuvres complètes*
de la Pléiade, les lettres qu'il écrivit « aux siens » après
1875, sa correspondance commerciale, ses rapports
d'exploration occupent au moins autant de place que son
œuvre poétique. Silence aussi qui fit couler beaucoup
d'encre, puisque c'est sur ce « trou noir » (Étiemble),
irréductible à toute investigation et interprétation, que
s'est principalement fondé le « mythe de Rimbaud ».

En 1875, Rimbaud remet, dit-on, à Verlaine le
manuscrit des *Illuminations* et devient « le nouveau Juif
errant [1] ». Il parcourt l'Europe à pied du nord au sud,
et ses amis rêvent sur les « aventures épastrouillantes »
(Delahaye) de « l'homme aux semelles de vent » (Ver-
laine). Il s'engage dans l'armée hollandaise, pour
gagner Java (à défaut des « incroyables Florides » du
« Bateau ivre ») ; déserte aussitôt arrivé ; regagne les
« anciens parapets ». Pour tenter de quitter à nouveau
« ce continent où la folie rôde », de gagner l'Orient,
« la patrie primitive ». Désormais, comme il l'avait rêvé
dans *Une Saison en Enfer*, « les climats perdus (le) tan-
neront ». Aden en guise d'Eden, Harar et ses déserts...

Nul ne sait au juste où il est. Peut-être est-il « passé
dans l'Empire chinois », à moins que ce ne soit chez
les Cafres... On « le suppose vers le 76e parallèle ». Ou,
à trente-deux ans, voyageant en Asie « où il s'occupe
de travaux d'art [2] ». Colon en Algérie, marchand de
bœufs en Inde, roi d'une peuplade sauvage, professeur
au *Hazat* (?), trafiquant d'armes, marchand d'escla-
ves, ruiné, millionnaire, etc.

On annonce sa mort en 1886 ; dès 1887 on le dit

---

1. Titre d'un dessin de Delahaye représentant Rimbaud en voyage.
2. Ces hypothèses fantaisistes sont imputables, dans l'ordre, à
Mᵐᵉ Rimbaud, Delahaye et Verlaine. Cf. A. Borer, *Rimbaud en
Abyssinie*, Seuil, 1984, p. 12-15.

amputé d'une jambe. Mais, en 1893 encore, Germain Nouveau lui écrit : « J'attends, pour couvrir mon épistole de bavardages plus copieux, que tu m'aies fait réponse »...

Et, pour finir, il y a, sur un lit de l'hôpital de la Timone, dans un port que l'on dit être *la porte de l'Orient*, un fiévreux qui « voudrai(t) bien rentrer à Roche » une fois encore. Un unijambiste qui constate amèrement : « Ma vie est passée, je ne suis plus qu'un tronçon immobile[1]. » Un moribond en proie au délire répétant son inutile désir de « (se) trouver de bonne heure à bord ». Et, peut-être, un ange qui s'était voulu maudit enfin réconcilié avec son Dieu...

> « *L'aventure du Harar (l'interrogation qu'elle pose) a valu, et continue à valoir, à Rimbaud, une grande part de l'intérêt passionné que nous lui portons.* »
>
> A. BRETON

> « *Rimbaud, c'est surtout ce silence qu'on ne peut oublier et qui, quand on se mêle d'écrire soi-même, est là, obsédant. Il nous interdit même de nous taire ; car il l'a fait, cela, mieux que personne.* »
>
> G. MACÉ[2]

> « *Trouve des fleurs qui soient des chaises !* »

L'œuvre poétique de Rimbaud se résume (si l'on excepte quelques « poème en prose » inclassables et quelques fantaisies — « conneries[3] » ? — plus ou moins inavouables et d'ailleurs longtemps refoulées des *Œuvres complètes*), à quatre minces plaquettes —

---

1. Lettre à sa sœur, 10 juillet 1891.
2. A. Breton, *Entretiens*, Gallimard, 1969, p. 16 ; G. Macé, cité par A. Borer, *op. cit.*, p. 358.
3. Titre d'une des rubriques de l'*Album zutique*, cf. p. 287.

*Poésies, Derniers vers, Une Saison en Enfer, Illumi-
nations* — dont une seule a vraiment été voulue, de bout
en bout *composée* par son auteur.

Depuis 1891, date de leur première publication, la
tradition éditoriale rassemble sous le titre *Poésies* les
poèmes versifiés écrits par Rimbaud, depuis « Les
Étrennes des orphelins », paru dans la *Revue pour tous*
le 2 janvier 1870, jusqu'au « Bateau ivre », dernier
poème composé à Charleville avant le départ pour
Paris, à la mi-septembre 1871.

Ces poèmes, Rimbaud s'est employé à les faire
publier dans des revues littéraires, parisiennes ou arden-
naises. Et tout d'abord, par l'intermédiaire de Banville,
dans le prestigieux *Parnasse contemporain*. Sans grand
résultat : deux textes seulement sont acceptés, « Pre-
mière soirée » par *La Charge*, revue satirique (13 août
1870), sous un autre titre, plus accrocheur (« Trois bai-
sers ») ; « Les Corbeaux » par la *Renaissance littéraire
et artistique* (14 septembre 1872). Après la rupture de
1875, s'il arrive que telle revue d'avant-garde ou telle
anthologie poétique [1] en publie l'un ou l'autre, voire
toute une série, c'est toujours sans son aval, sans même,
peut-on penser, qu'il en ait connaissance.

Ces textes, pourtant, au moment où il les écrit, il tient
à les faire lire. À peine les a-t-il « perpétrés [2] », il les
soumet au jugement d'Izambard. Il n'hésite pas à les
présenter aux poètes qu'il admire. À l'évidence, il ne
se désintéresse nullement de leur sort. Il en envoie, le
24 mai 1870, à Banville, qui semble bien en avoir accusé
réception, mais sans tendre la main secourable que le

---

1. *The Gentleman's Magazine*, 1878 ; *Lutèce*, 1883 ; *La Vogue*,
1886 ; *Revue indépendante*, 1889 ; *Revue d'aujourd'hui, La Plume*,
1890 ; *Mercure de France*, 1891. *Anthologie des poètes français*, t. IV,
Lemerre, 1888.
2. « Ce lundi 18 (juillet) Rimbaud me remit, après la classe, le
sonnet ''Aux morts de Valmy'', qu'il avait *perpétré* la veille, dit-il. »
Izambard, cité par Bouillane de Lacoste dans son édition des *Poésies*,
Mercure de France, 1939.

jeune poète demandait au maître incontesté. À Verlaine aussi, en septembre 1870, qui dira plus tard les avoir trouvés « d'une beauté effrayante » et qui répond sur-le-champ en lui ouvrant les bras : « Venez, chère grande âme... » En octobre 1870, pour Demeny, qu'il vient de rencontrer en septembre, il recopie, sur deux cahiers d'écolier, les vingt-deux poèmes (de « Sensation » à « Ma bohème ») écrits pendant l'année, constituant ainsi un véritable *recueil*. Recueil que, moins d'un an plus tard, il désavoue. Dans sa lettre du 10 juin 1871, il ordonne à son ami de « (brûler) tous les vers qu'(il fut) assez sot pour (lui) donner ». L'ordre est formel : « Vous respecterez ma volonté comme celle d'un mort. » Il vient d'outre-tombe assurément, dans la mesure où il signe la disparition définitive d'un *premier* Rimbaud, celui qui ne rêvait que d'avoir « une petite place entre les Parnassiens ». Bon élève des maîtres reconnus, grand lecteur, imitateur et pasticheur de talent, prenant (pillant ?) son bien où il le trouve, maniant le vers avec maîtrise et allégresse. Il est vrai que, à y regarder d'un peu près, ce premier Rimbaud manifestait déjà quelque tendance à parodier sournoisement ses modèles, à déformer leur idéal poétique et plastique en caricature grinçante, voire en vulgarité pornographique...

« Brûlez, *je le veux...* » À moins de dix-sept ans, Rimbaud lance son premier *jette mon livre*, signifie au lecteur son premier *congé*, en attendant celui qu'il se donnera à lui-même, deux ans plus tard dans « Alchimie du Verbe », quelques années avant le définitif « Je ne m'intéresse plus à ça ».

Au cours de ses brèves années de vie poétique (« un poète mort jeune », disait Verlaine ; assurément : en comptant au plus large, six ans !) Rimbaud n'a cessé ainsi de *rompre*. Et d'abord avec lui-même, avec sa propre parole poétique. Dans une perpétuelle fuite en avant qui le situe toujours déjà ailleurs que là où on l'attend. Imprudent Verlaine : « Venez, chère grande âme, on vous appelle, on vous attend... » Les *Vilains Bonshom-mes* [1] eux-mêmes, malgré leur goût de la provocation, allaient être pris à revers par celui qui répondit à leur appel. Jusque parmi ces marginaux — ou qui s'affichaient tels — l'ange de vitrail allait faire scandale et dévoiler sa nature de « mauvais ange ».

Le recueil factice que sont les *Poésies* est traversé d'une fissure. Certes, il ne s'agit pas encore, à proprement parler, d'une rupture. Mais quelque chose déjà a eu lieu, qui se manifeste d'abord par un déplacement du ton et des thèmes, sans que, pour l'instant, l'instrument poétique, le vers, soit profondément atteint. Le « Bateau ivre », s'il est, par ses fabuleux bouquets d'images analogiques [2], un étonnant exercice de voyance, ne désarticule pas beaucoup plus l'alexandrin que ne l'avaient fait les audaces hugoliennes. Et pas davantage « Paris se repeuple », bien que le poète à venir s'y voie assigner de faire bondir ses strophes pour flageller les bourgeois triomphants. Quant au sonnet des « Voyelles », il demeure bien un sonnet, même si l'alternance des rimes (féminines/masculines) y est moins bien observée que dans les autres sonnets du recueil. L'alexandrin ne subira les derniers outrages que dans les *Derniers vers*. Le poème « Qu'est-ce pour nous mon cœur » n'en laisse alors plus subsister qu'un patron mécanique, une coquille vide. Du vers majeur, apparemment, tout *y est toujours* ; en réalité il n'en reste rien... Le refus de l'ordre social (et le constat ulcéré de son triomphe) que dit, avec fureur, le poème, se double d'un refus formel de l'ordre poétique. Le dernier vers (assumé ouvertement par le scripteur : « j'y suis »), sans répondant de mètre et de rime dans le poème, ouvre l'alexandrin à la prose. Plus tard encore

1. Cercle, ou club, réunissant, au Quartier latin, autour de Verlaine, poètes et artistes plus ou moins d'avant-garde. Ils se nommaient aussi *Zutistes* ou *Zutiques*.
2. Banville lui ayant demandé pourquoi il n'avait pas écrit : « Je suis *comme* un bateau ivre », Rimbaud en conclut, dit-on, que c'était « un vieux con »...

— mais tout est relatif, bien sûr, dans cette vie et cette œuvre météoriques —, dans les *Illuminations*, une prose deviendra « Sonnet » par le seul décret du hasard — objectif ? — qui fait au copiste disposer le texte en quatorze lignes... L'histoire — ou la légende — veut que les premiers mots de Rimbaud à son arrivée à Paris aient été pour demander à Banville s'il n'était pas « bientôt temps de supprimer l'alexandrin ». À lire les derniers textes recueillis dans *Poésies*, force est de reconnaître que ce meurtre, il ne l'avait pas encore perpétré...

En tout état de cause, la voix qui se fait entendre après « Ma bohème » est désormais celle d'un révolté, d'un « voyou » (Fondane) qui a choisi lucidement de s'encrapuler, qui se dresse avec violence et sarcasme contre toutes les formes d'ordre (moral, religieux, social, politique, esthétique) où il ne veut voir qu'un seul et même Ordre. Mortifère.

Quelque chose s'est passé...

Au beau printemps de 1871, la Commune flambe son éphémère triomphe à Paris. Rimbaud le fugueur — revenu mais non repenti — ronge son frein en dévorant pêle-mêle les livres de la bibliothèque de Charleville et exhale ses « colères folles » dans des poèmes ouvertement *communards* : « Chant de guerre parisien », « Les Mains de Jeanne-Marie », « Paris se repeuple ».

Au beau printemps de 1871, Rimbaud adresse les deux lettres dites *du Voyant* à Izambard et à Demeny. À ses confidents habituels, qui sont aussi ses mentors poétiques. Mais qui vont dès lors (au cours de l'été) cesser de l'être. Pas plus Demeny qu'Izambard ne peuvent suivre l'adolescent dans la fugue d'une tout autre envergure qu'il vient d'entreprendre.

Pour l'instant, c'est encore à eux qu'il choisit d'exposer sa poétique nouvelle (« J'ai résolu de vous donner une heure de littérature nouvelle » ; « Demandons au poète du nouveau... »), définissant le but qu'il s'est fixé (« Un jour je verrai [...] la poésie *objective*... » ; « il faut se faire *voyant* » ; « ces poètes seront ! ») et sa

méthode pour y parvenir (« Je m'encrapule le plus pos-
sible » ; « un long, immense et raisonné *dérèglement
de tous les sens* »). Simultanément il leur donne à lire
des textes qui sont sans doute les tout premiers résul-
tats, encore imparfaitement dégrossis, de ce « travail
infâme, stupide, obstiné, mystérieux » auquel il a com-
mencé de se livrer, en marge de « la vie ordinaire ».
Ailleurs. Dans une vie *autre*.

Certes, Rimbaud n'a pas inventé la figure du poète-
voyant. Il cite Beaudelaire. Il eût pu citer Hugo... Mais
il est le premier à faire de la voyance poétique non pas
une illumination spontanée, ni la faculté naturelle d'un
sujet élu, mais le résultat d'un travail conscient. Une
conquête systématique.

Il ne s'agit plus ici d'écrire des poèmes dont il suffit
de *souffler les rimes, brouiller les hémistiches* pour
qu'ils se mettent à *moisir*. Il s'agit, dans l'absolue con-
fusion du vivre et de l'écrire, de prendre tous les ris-
ques, sans calcul et sans reste. À ce prix, dit-il, est la
poésie. Qui ne peut que sortir autre, elle aussi, de cette
« expérience existentielle[1] ». Il est vrai que, dans la
petite ville « supérieurement idiote » où il est confiné,
son « dérèglement » se borne encore à se faire « cyni-
quement entretenir », à épater « d'anciens imbéciles de
collège » en leur livrant « tout ce qu'(il peut) inventer
de bête, de sale, de mauvais, en action et en parole ».
Mais les temps viendront où le voyant, devenu damné,
pourra sans mentir affirmer : « Aucun des sophismes
de la folie [...] n'a été oublié par moi. »

La convulsion politique, collective, du printemps
1871 se double d'une convulsion intime, qui n'est pas
seulement littéraire (« je me suis reconnu poète ») mais,
en quelque sorte, ontologique (« Je est un autre »).
Désormais — et pour toute notre modernité — la poé-
sie cesse d'être une forme d'expression pour devenir
un état de l'esprit. Elle se fait, du même coup, moyen

---

1. La formule est de M. Eigeldinger in *Rimbaud à neuf, Revue
des Sciences humaines*, n° 193, 1984.

de connaissance. Du monde : « dans son bondissement par les choses inouïes et innommables », le poète « arrive à l'inconnu ». Et de soi : « La première étude de l'homme qui veut être poète est sa propre connaissance, entière. »

Elle est aussi moyen de transformation. Du monde : le poète se fera « multiplicateur de progrès » ; « la poésie ne rythmera plus l'action, elle sera *en avant* ». Et de soi : « je travaille à me rendre voyant » ; « je dis qu'il faut se faire voyant » ; « le poète devient... ».

Ici s'ouvrent, dans l'exaltation — et sans doute, il est vrai, une certaine confusion adolescente — les voies de la poésie moderne. Qui sera métaphysique, onirique ou révolutionnaire. Et parfois le tout ensemble.

À celui qui se veut « voleur de feu », les jeux poétiques, ceux des chers maîtres assurément, mais les siens propres tout autant, paraissent dérisoires. Et il s'applique à les tourner les uns et les autres en dérision. L'hymne vengeur aux « petites amoureuses » renie à la fois les joliesses parnassiennes, les « laiderons » naguère désirés (faut-il y reconnaître la futile Nina, l'anonyme Elle de « Rêvé pour l'hiver », la « demoiselle » de « Roman » ?) et les poèmes rimés en leur honneur. « Ce qu'on dit au poète... » raille les « clystères d'extase », les « balançoires surannées », les « bouchons de carafe » de la flore parnassienne qui s'épanouit en d'interminables « constrictors d'hexamètres ». Mais, en même temps, il y est enjoint au poète moderne de trouver « des fleurs qui soient des chaises » et d'inventer de « noirs Poèmes ».

Car l'urgence est désormais tout à la fois d'arriver « à l'inconnu », d'« entendre l'inouï » et, pour « faire sentir, palper, écouter » ces découvertes, de « trouver une langue ». Indissociablement, d'un seul et même « bond », les « inventions d'inconnu réclament des formes nouvelles ».

Il est temps d'« (inventer) la couleur des voyelles », de « penser sur (les lettres) de l'alphabet », fût-ce au risque de « ruer dans la folie ». Il sera bientôt temps de « (noter) l'inexprimable », de « (fixer) des vertiges ».

En attendant, voici venu le moment de partir pour Paris, « Le Bateau ivre » dans la poche du paletot. De rencontrer celui qui deviendra le « compagnon d'enfer », le « pitoyable frère ». Celui aussi avec qui partager, le temps d'une saison, les charmes indécis de « la vieillerie poétique » : musiques naïves, rythmes impairs, « espèces de romances »...

> *Quelqu'une des voix*
> *Toujours angélique*
> *— Il s'agit de moi —*
> *Vertement s'explique.*

Quelques mois d'errances — d'errements ? — avec Verlaine vont précipiter, cristalliser, ce qui n'était encore que projet diffus en un « verbe poétique » qui, à se vouloir « accessible à tous les sens », refuse de s'assigner au *sens*. Première réalisation concrète de la langue à venir, du « langage universel » rêvé par le Voyant : *Derniers Vers*. Autre recueil factice où l'on a regroupé les poèmes de 1872 (à quoi s'ajoute ici, comme dans l'édition procurée chez Garnier par S. Bernard et A. Guyaux, le poème envoyé à Delahaye le 14 octobre 1875). Ce recueil, peut-être d'ailleurs conviendrait-il, comme l'ont fait A. Adam et L. Forestier, de le nommer plutôt *Vers nouveaux... Derniers*, en effet, ces vers ne le sont que relativement. Pour Rimbaud : les derniers qu'il ait écrits. *Nouveaux*, en revanche, ils le sont doublement. En ce que d'abord, relevant d'une poétique autre, ils se distinguent dans son œuvre des « poésies » qui les ont précédés. Il suffit pour s'en convaincre de lire, sans solution de continuité, « Le Bateau ivre » et « Mémoire », ou, mieux encore, « L'Éternité ». En ce que, surtout, dans l'histoire du vers français, ils font surgir une musique radicalement neuve. Et ce, en dépit d'un recours — d'un retour —

affiché à la « vieillerie poétique », démarche apparemment régressive qui restitue une actualité à des mètres oubliés (décasyllabe, pentamètre), une légitimité à des formes marginalisées (chanson, comptine).

La voix qui se fait ici entendre invente une parole poétique neuve, inouïe — littéralement — dont celui-là même qui la profère en vient à se demander ce qu'il faut y « comprendre » — et s'il faut la comprendre —, affirmant qu'elle « fui(t) et vole », qu'elle échappe donc aux voies déjà frayées du sens, à la rationalité.

Née de la « magique étude » d'un « Bonheur » qui n'a rien à voir avec les prétendus *bonheurs d'expression*, cette voix revendique « le refus des gestions attentives de l'écriture » (Y. Bonnefoy [1]), puisque « si ce que [le poète] rapporte de là-bas a forme, il donne forme ; si c'est informe, il donne de l'informe ». Pour que vienne enfin sur la scène le « remuement (qui) se fait dans les profondeurs », il faut que le vieil instrument poétique, désormais inadéquat, ait été remisé au magasin des accessoires...

C'est à quoi Rimbaud s'emploie activement. Comme Verlaine, il délaisse l'alexandrin, ce « canon hiératique du vers » (Mallarmé). Lorsqu'il s'y tient encore, c'est pour en déformer la figure rythmique, soit qu'il le brise sauvagement (« Qu'est-ce pour nous mon cœur »...), soit que, tout à l'inverse, il le fluidifie jusqu'aux limites de la liquéfaction (« Mémoire »).

Comme Verlaine, il privilégie les rythmes impairs (11, 9, 5, 7 syllabes) qu'il mêle (« La Rivière de Cassis ») et désarticule (« Entends comme brame... ») allégrement, les tirant ainsi vers ceux, aléatoires, de la prose. Comme lui encore, il s'enchante des boitements du vers faux (« Bonne pensée du matin »), aggravés parfois des prosaïsmes du cliché (« Puis elle chante. O / Si gai si facile / Et visible à l'œil nu ») et de la rime fausse, celle qui ne joue que pour l'œil : « Néanmoins ils rest*ent* / ... / et blêmi justem*ent*. »

1. Y. Bonnefoy, *Le Nuage rouge*, Mercure de France, 1977, p. 215.

La rime, ce bijou d'un sou, s'amenuise en assonan-
ces, proliférantes, et contre-assonances consonantiques
(« L'Éternité » ; « Jeune ménage ») qui la dissolvent
dans le glissement des allitérations (« Bannières de
mai »). Quand elle ne s'efface pas tout à fait, trans-
formant le vers en simple phrase — ou fragment de
phrase. Ainsi les répliques de « Moi » dans le premier
acte de « Comédie de la soif ». Il peut même arriver
qu'à la fin du vers l'écho attendu — rime ou assonance
— soit recouvert d'un désinvolte « etc. » qui en exhibe
l'inanité. Comme dans « Âge d'or ». Ou dans ces der-
niers des derniers vers qui constituent le poème-conver-
sation perversement intitulé « Rêve », son « testament
poétique et spirituel » selon la formule d'A. Breton [1].
*Derniers* vers : des contraintes formelles qui définis-
sent la prosodie et jusqu'à lui spécifiaient comme tel
l'usage poétique du langage, la trajectoire suivie par
Rimbaud, de la dérision parodique des *Poésies* au déri-
soire des poèmes de 1872, ne laisse à peu près rien sub-
sister. Partout affleure la prose, dont il commence par
ailleurs, au même moment, à faire un usage propre-
ment poétique dans « Les Déserts de l'amour ». Pour
nommer cette pratique nouvelle, Rimbaud ne trouve
qu'un mot (promis — et promu de nos jours — à la
fortune que l'on sait) : « Ces *écritures*-ci... »
Au charme (in)certain du vers faux, à la fluidité ténue
de l'impair verlainien, viennent s'ajouter l'effacement
quasi total du narratif, la dissolution des structures dis-
cursives, le jeu glissant des allitérations et des associa-
tions qui laissent les mots — « mots vagues », disait
Verlaine, dont le sens flotte, instable, de l'indéfini à
l'obscur ; et quand apparaît une définition, elle ajoute
à l'incertitude [2]... — exsuder leurs latences, prolonger
leurs ondes et leurs échos dans l'imaginaire et la
mémoire. Une parole fragmentaire, errante — erra-

1. A. Breton, *Anthologie de l'humour noir*, Sagittaire, 1950,
p. 172.
2. Ainsi : « Quoi ? L'éternité / C'est la mer allée / Avec le soleil. »

tique —, et comme en suspens, émerge du silence qui,
de toutes parts, la cerne, la frange et la prolonge :
« C'est trop beau ! trop ! Gardons notre silence. »
Parole pour « (noter) l'inexprimable », pour dire que
l'essentiel est ce qui ne peut — ne doit ? — être dit.
Parole dérisoire (« si gai(e), si facile »), qui parfois se
dédouble, se retourne « vertement » contre elle-même,
semble vouloir s'annuler. « Bouffonne » et « égarée »,
elle chuchote tout ensemble la nostalgie de l'enfance
perdue, l'inextinguible soif du bonheur, de l'éternité,
de l'inconnu et l'irrémédiable dérision de leur quête.
Parole évanescente, parole « néante[1] » d'une « si
pauvre âme » qui chante son désir de s'évanouir dans
la fraîcheur de « l'eau fine », de s'anéantir dans un
« brouillard (...) tiède et vert », de se fondre parmi les
« violettes humides ».

Inlassablement, de poème en poème, au courant de
leurs vers eux-mêmes si fluides, se module le thème de
l'eau. « Rivière de Cassis », « jeune Oise », « fleuve
barbare » et mare « où boivent les vaches » ; « châ-
teau mouillé », au bord des fossés remplis d'osiers et
de « fleurs d'eau », nénuphars ou « roses des
roseaux » ; eau « d'or pâle » ou « couleur de cen-
dre » ; « larges gouttes » des « déluges » et « paradis
d'orage » ; « affreuse crème » de l'étang, cet « œil
d'eau sans bord » qui fascine ; « boue » matricielle où
l'on voudrait, voluptueusement, « pourrir », mais aussi
« eau-de-vie » qui vous rend « la force et la paix ». Et
la mer encore, la « mer pure » ; celle dont on reste
l'éternel exilé et celle, euphorique, où l'on se baigne
à midi...

Car l'élément liquide est particulièrement ductile aux
métamorphoses, aux fusions désirées qui gomment les
mutilantes distinctions des règnes et des genres
(« L'azur et l'onde communient » ; « Ce n'est

---

1. Selon les souvenirs de Delahaye, Rimbaud aurait eu le projet
d'écrire une série d'*Études néantes*.

qu'onde, flore / Et c'est ta famille »), et permettent
d'annuler le temps :

> « Elle est retrouvée
> Quoi ? L'Éternité
> C'est la mer allée
> Avec le soleil. »

Et c'est toujours l'eau inoubliable, l'eau des origi-
nes, l'eau de *Mémoire*, celle des « larmes de
l'enfance ». Elle ne cesse de faire retour, « claire » ou
« morne », tout à la fois maternante et mortifère.
Eaux-mères, « hydre intime », dont on garde en soi,
à jamais, la « soif si folle ».

Dans la poétique de « l'insaisissable » (A. Adam),
du « presque inappréciable » (Verlaine) qu'élaborent
les *Derniers Vers*, l'apparente régression formelle qui
reconduit le poète aux enfances du vers, aux douceurs
nostalgiques de la « vieillerie poétique » ; les « phra-
ses enfantines » (Verlaine) d'un qui semble ne plus
— ou ne pas encore — savoir parler ; le recours aux
« légendes et figures » originelles de l'imaginaire col-
lectif, tous ces détours autorisent l'émergence d'un désir
en droit *inexprimable*. Désir refoulé — il n'en fait que
d'autant mieux son obscur « remuement » — par les
codes de la culture et de la raison, et par ceux du
langage commun. Désir de l'impossible *regressus ad
uterum*, dont la réalisation n'est jamais que fantasma-
tique, hallucinatoire : « hallucination simple » ou
« hallucination des mots ». Désir dérisoire, puisque,
aussi bien, cet Eden originaire est, par nature et défi-
nition, hors d'atteinte :

> « Jamais l'auberge verte
> Ne peut bien m'être ouverte. »

Seul lieu, seul temps désirables, on ne peut tenter de
s'y tenir sans courir des risques mortels. « La folie
qu'on enferme » tend ses pièges sournois à celui qui

rêvait de « s'évader de la réalité ». « L'aile de l'imbé-
cillité » frôle celui qui s'était voulu le « suprême
Savant ». D'avoir cherché les « secrets pour changer
la vie », le voici réduit à « vivre somnambule », for-
clos dans les cercles du délire. Le Paradis attendu s'est
changé en Enfer...

Tout à la fois entreprise poétique (« alchimie du
verbe ») et quête de l'or des origines (du « soleil des
Hespérides »), « la magique étude » ne pouvait que se
révéler illusoire : « Délires », « vertige », « folie ».
« Vains enchantements ».

On ne peut lire les *Derniers Vers* sans le contrepoint,
le miroir déformant qu'en propose, dans *Une Saison
en Enfer*, cet étrange bilan pour solde de tous comptes
qu'est « Alchimie du Verbe », poème-critique sur des
poèmes condamnés, anthologie qui, les reniant expli-
citement, pourtant les offre une seconde fois à lire, et,
les mutilant avec désinvolture — ou avec la rage de
l'espoir déçu —, cependant les *re*-écrit, leur donnant
ainsi un regain de vie. Voire en propose un spécimen
nouveau (« Le loup criait sous les feuilles... »).

> « ...*Vous qui aimez dans l'écrivain l'absence
> des facultés descriptives ou instructives...* »

Exilé de son rêve (« Ah ! mon château, ma Saxe,
mon bois de saules... »), contraint d'enterrer son
« imagination et (ses) souvenirs », brutalement « rendu
au sol » et réduit à la « rugueuse réalité », celui qui
écrit *Une Saison en Enfer* clame sa damnation : « Je
me crois en enfer, donc j'y suis. » Il la revendique dans
la rage et la fureur (« Je *veux* devenir bien fou de
rage »), avec l'orgueil du « mauvais ange » qui se fait
« de l'infamie une gloire ». On est loin de la musique
naïve des « chansons spirituelles », car « l'air de l'enfer
ne souffre pas les hymnes ». Avec des cris et des sou-
bresauts, la phrase agresse et se brise ; elle mime « le
bond sourd de la bête sauvage », les dissonances bru-

tales du tambour de guerre : « Faim, soif, cris, danse, danse, danse ».

À proprement parler, *Une Saison en Enfer* est le seul recueil que Rimbaud ait jamais composé, dont il ait élaboré l'architecture interne, imposé le parcours de lecture.

On a longtemps cru qu'il constituait le dernier mot du poète avant l'entrée dans le silence, et voulu y lire — pour des raisons hagiographiques... — la condamnation des *Illuminations*, que l'on tenait pour antérieures. La thèse de Bouillane de Lacoste (cf. Bibliographie, p. 395), bien que controversée, a fait justice de cette interprétation (pour une datation relative des *Illuminations* et d'*Une Saison en Enfer*, cf. A. Guyaux, *Poétique du gragment*, Bibliographie, p. 397).

Rimbaud avait envisagé pour ce recueil d'autres titres : « Je fais de petites histoires en prose, titre général : *Livre païen* ou *Livre nègre*. C'est bête et innocent [...] Mon sort dépend de ce livre pour lequel une demi-douzaine d'histoires atroces restent encore à inventer », écrit-il à Delahaye en mai 1873, après avoir quitté Verlaine à Londres. À la fin de ce même mois de mai, le « drôle de ménage » se reconstitue. Verlaine et Rimbaud partent pour l'Angleterre, puis se séparent. Le 10 juillet, à Bruxelles, la « vierge folle » tire sur « l'époux infernal [1] ».

C'est après ce drame que Rimbaud trouve le titre définitif de ce qui est à la fois le bilan de l'entreprise magique du *Voyant* et la confession d'une expérience amoureuse. À la fois, car c'est en assumant « toutes les formes d'amour, de souffrance, de folie » que le *poète* avait espéré se faire *Voyant*.

Vécu en un même temps, une unique saison mentale, l'Enfer rimbaldien est double : érotique et poétique. Dans sa dualité — sa gémellité plutôt — il est la conséquence directe de ce « long, immense et raisonné *dérè-*

---

1. Pour tout ce qui concerne les relations entre Rimbaud et Verlaine, et sur le drame de Bruxelles, cf. p. 343-349.

*glement* de tous les sens » que les Lettres de mai 1871 posaient comme un préalable nécessaire — sinon suffisant — à la métamorphose du poète en *Voyant* : changer la vie, changer la langue, une seule et même entreprise.

Un même titre, « Délires », conjoint la « confession » où la « Vierge folle » fait revivre son amoureuse saison infernale et la « relation » de son enfer (c'està-dire de son expérience poétique) que se fait à luimême (« À moi. L'histoire d'une de mes folies ») l'alchimiste repenti. D'une folie l'autre — mais c'est la même — des échos se tissent qui continuent de relier celui qui voulait noter l'inexprimable et celui qui rêvait de « romances sans paroles ». Reniant Verlaine, Rimbaud renie, d'un même mouvement, l'amant et le maître en poésie qu'il s'était choisi au moment où commençait l'aventure du Voyant.

Autant dire qu'il se renie lui-même. La stratégie narrative de « Délires I », avec son double sous-titre, avec le miroir énonciatif où les voix du « drôle de ménage » se diffractent et se réfractent, est signifiante.

À Roche, au cours de l'été 1873, Rimbaud achève *Une Saison en Enfer* qu'il fait publier, à compte d'auteur, par l'imprimeur belge Poot et Cie. Il en envoie quelques exemplaires à des amis, dont Verlaine...

La légende, répandue et entretenue par sa sœur Isabelle, voulait que Rimbaud ait brûlé tous les exemplaires restants dans un autodafé purificateur en guise d'*Adieu* à la littérature. La réalité est plus prosaïque. Les frais d'impression n'ayant pu être payés, la quasitotalité de l'édition (cinq cents exemplaires) resta dans les magasins Poot, jusqu'à ce qu'un érudit belge les y découvre en 1901...

Le coup de revolver de Bruxelles est le véritable moteur de l'écriture d'*Une Saison en Enfer*. Et il en change la signification profonde. Doublement : change spirituel et change poétique.

En amont, c'est encore le chant de guerre (et de

défaite aussi) de celui qui ne sait pas « s'expliquer sans
paroles païennes ». De celui qui se veut un Barbare —
gaulois, scandinave, nègre —, un « homme de race
inférieure » — frère du manant, du lépreux, du reître,
du sorcier, du forçat. Voué certes par nature à « tous
les vices » — car « mauvais sang » ne peut que faillir.
Mais pur, mais innocent, et qui ne saurait être damné,
puisque « l'enfer ne peut attaquer les païens ».

En aval, celui qui demande à Dieu de lui « accorder
le calme céleste, aérien, la prière ». Celui qui a «entrevu
la conversion au bien et au bonheur, le salut ». Celui
à qui, « sur son lit d'hôpital, l'odeur de l'encens [...]
est revenue si puissante ». Autrement dit — et nom-
breux sont ceux qui l'ont dit et cru, Isabelle, Paterne
et Paul [1], pour ne citer que les plus connus — celui qui
a reçu l'illumination de la grâce divine...

Conversion de Rimbaud ? Il renierait son « opéra
fabuleux » pour le « combat spirituel » du soldat de
Dieu (lui qui vomissait le nouveau « Loyola » !...), la
magie poétique pour la mystique. Le Docteur Satani-
que, « suprême savant », céderait la place au Docteur
Angélique. Et l'ange en exil aurait, à la satisfaction des
bien-pensants, regagné son vitrail...

L'ennui, c'est que, dans *Une Saison en Enfer*, le
poète ne se reconnaît ni dans le mage ni dans l'ange.
Et que les *Illuminations* demeurent très largement fidè-
les à la leçon et à la pratique du Voyant.

Inutile de refaire ici un procès aujourd'hui périmé.
Il est, certes, incontestable que les textes d'*Une Saison
en Enfer* témoignent d'une inquiétude spirituelle, et
peut-être même d'un déchirant désir de croire, d'un
appel désespéré aux secours de la foi chrétienne. Il est
non moins incontestable — pour qui lit sans préven-
tion — que chacun de ces élans se brise sur une décep-
tion (« Cette inspiration prouve que j'ai rêvé »), un

---

1. Isabelle Rimbaud, son mari Paterne Berrichon, Paul Claudel.

ricanement (« Monsieur Prudhomme est né avec le
Christ »), une révolte (« Je suis esclave de mon bap-
tême »), une dérision (« Je reconnais là ma sale édu-
cation d'enfance »). Et que le titre premier de « Nuit
de l'Enfer » était « Fausse conversion ».

Assurément, celui qui ici se confesse fait référence
à l'Enfer chrétien ; il souhaite même que les temps vien-
nent où il sera loisible enfin « d'adorer — les pre-
miers ! — Noël sur la terre ». Il n'en reste pas moins
que, mêlant dans une même exécration le discours chré-
tien et le discours bourgeois, il ne sépare pas les putri-
des « marais occidentaux » et les « développements
cruels qu'a subis l'esprit » depuis l'avènement de l'ère
chrétienne.

Quoi qu'en aient dit « les gens d'Église », c'est bel
et bien, en deçà du christianisme, vers « la sagesse pre-
mière et éternelle » de l'Orient, la « patrie primitive »
que se tourne le damné au sortir de sa saison infernale...

Ce qui n'est après tout qu'une autre version — et
chantée sur un tout autre mode — de « l'impossible »
désir que modulaient en mineur les *Derniers Vers* :
« C'est vrai ; c'est à l'Eden que je songeais ! »

Le drame de Bruxelles a aussi modifié le rapport du
poète à son propre texte. Lorsque, en mai 1873, Rim-
baud écrit à Delahaye que son « sort dépend » du
« livre païen ou livre nègre », il semble bien croire
encore à la possibilité d'une « belle gloire d'artiste et
de conteur », rêver d'une reconnaissance publique de
son talent de poète. À la fin d'*Une Saison en Enfer*,
il renonce à sa tentative de devenir réellement mage et
voyant par le dérèglement de tous les sens (« amours
monstres » et « univers fantastiques ») et d'inventer un
« verbe poétique ». Il tourne en dérision ses précéden-
tes tentatives, celles des *Derniers Vers* : « parfums
*faux* », « musiques *puériles* », « refrains *niais* »... Il
ne veut plus y voir qu'erreurs et sottises. Il dit ainsi un
« adieu » définitif au vers : « Cela s'est passé. » Mais
non pas pour autant à la poésie : « Je sais maintenant

saluer la beauté. » C'est que la poésie est désormais
pour lui ailleurs que dans le vers, qui demeure parole
d'artifice, parole mensongère en dépit de tous les essais
de purification.

Celui qui proposait « de la prose sur l'avenir de la
poésie » découvre désormais — dans la lignée de Bau-
delaire, « premier voyant » — que la prose est l'ave-
nir de la poésie. Que toute tentative pour sauver le vers
(en desserrant les carcans — mètres et rimes — d'une
« forme vieille », « mesquine », qui étranglait jusque-
là les éventuels voyants) est inutile dès lors que tombe
l'antique dichotomie (mutilante comme elles le sont
toutes) vers/prose. « Alchimie du Verbe » condamne
bien les « derniers vers », mais ne dit mot des « poè-
mes en prose » qui leur sont à peu près contemporains,
les « rêves » tristes des « Déserts de l'amour ». Et pas
davantage des « Proses évangéliques ». Ni des premiè-
res « Illuminations », sans doute déjà écrites.

Dans les *Illuminations*, le vers a disparu. S'il y est
fait référence (cf. « Sonnet »), ce n'est plus, ironi-
quement, que comme à la trace d'une scription, d'une
disposition de la prose dans l'espace de la page
(« Marine », « Mouvements »). Plus précisément, le
vers se fond dans une prose qui refuse — ou réduit
drastiquement — l'enchaînement syntaxique, lequel
contraint les mots à n'être que les jalons successifs, pro-
gressifs de la pensée ; une prose qui dissout les struc-
tures, narratives et descriptives, qui prétendent mimer
la continuité et la cohérence de l'univers référentiel. Ce
faisant, il pousse à ses extrêmes conséquences la néga-
tion, déjà entamée dans *Une Saison en Enfer*, des capa-
cités « descriptives ou instructives » qu'on reconnaît
habituellement au langage.

Le Voyant n'a pas renoncé à « trouver une langue ».
Mais, désormais, « inventeur bien plus méritant que
tous ceux qui (l') ont précédé », il invente — littérale-
ment et dans tous les sens — non pas, comme on l'a
souvent prétendu, le vers libre — où la vieille dichoto-
mie se survit — mais bien ce que J. Roubaud nomme

« une prose de vers [1] ». Autrement dit : la poésie moderne.

Le dernier texte d'*Une Saison en Enfer* ouvre un avenir possible, s'achève sur une promesse, que tiennent les *Illuminations* : « Et à l'aurore, nous entrerons aux splendides villes… »

> « *J'ai seul la clé de cette parade sauvage.* »

« Tenir le pas gagné », tel semble bien être le mot d'ordre que se fixe Rimbaud à l'issue de sa saison maudite. Renoncement et reniement sont relatifs. Ils ménagent encore à l'écriture une place (éphémère, certes), une faille où les *Illuminations* trouvent à se loger.

Commencées sans doute avant *Une Saison en Enfer*, sous la forme de ces « fraguements en prose de moi » réclamés à Verlaine dans une lettre à Delahaye (mai 1873), de ces « quelques petites lâchetés en retard » évoquées dans l'envoi à Satan qui ouvre le recueil de 1873, les *Illuminations* prolongent au-delà de cette année charnière l'activité poétique de Rimbaud. Parallèles en partie à la démarche autobiographique d'*Une Saison en Enfer*, mais la débordant, ces proses témoignent du dernier état de la poétique rimbaldienne. Et leurs échos, leurs ondes de choc, ne cessent de résonner dans notre modernité.

Du titre sous lequel ce recueil nous a été transmis, Verlaine a dit qu'il était bien celui choisi par Rimbaud. Mais il n'apparaît sur aucun des feuillets manuscrits, que ceux-ci soient de la main de Rimbaud ou recopiés par G. Nouveau à Londres en 1874. Sur la date de rédaction des différents textes, on ne sait rien de très précis. Il semble bien que Rimbaud ait remis son manuscrit à Verlaine en 1875, à Stuttgart, pour qu'il le fasse éditer, sans doute chez Poot, comme *Une Saison en Enfer*.

1. J. Roubaud, *La Vieillesse d'Alexandre*, Ramsay, 1988, p. 34.

Certains feuillets sont numérotés (mais on ne sait trop par qui...). Certains textes sont regroupés en séquences titrées (« Vies », « Veillées », « Jeunesse »), ce qui constitue sans doute une ébauche d'organisation. Mais, à la différence d'*Une Saison en Enfer*, le recueil que nous lisons aujourd'hui sous le titre *Illuminations* n'a pas été composé de bout en bout par Rimbaud. Pour la première publication, en 1886, Félix Fénéon se chargea d'opérer un classement des feuillets épars du manuscrit selon ce qu'il considérait comme « une espèce d'ordre »...

Cette « série de superbes fragments » (Verlaine), qui émergent en 1886 de l'inexplicable silence de leur auteur, n'en finissent pas depuis lors de déconcerter et de fasciner. La périphrase verlainienne en désigne, par son détour, la radicale nouveauté : les termes consacrés par l'usage, « poème », « poème en prose », sont ici inadéquats. Dès leur apparition, Félix Fénéon plaçait ces textes inclassables « en dehors de la littérature et sans doute au-delà ». D'autres aujourd'hui en proclament « l'illisibilité [1] »...

Textes énigmatiques, donc (et ce dès le titre dont le sens exact a fait beaucoup gloser...), dont le *sens* (le parcours d'écriture et de lecture, mais aussi la signification) demeure obscur. D'une éblouissante opacité. Ils apparaissent comme autant de fragments épars, qui frappent cependant par leur caractère d'autonomie, d'autosuffisance, fussent-ils réduits à quelques « phrases », titrées ou non. Fragments eux-mêmes fragmentés par des séries de tirets, des ruptures (thématiques ; syntaxiques), des strates anaphoriques superposées mais non reliées, qui instituent la discontinuité, la non-cohérence (voire l'incohérence) en système poétique.

« Rêve intense et rapide », « sauts d'harmonie inouïs », « élan insensé et infini », « terrible célérité » : autant de formules qui, rendant compte des « visions »

---

1. F. Fénéon, in *Le Symboliste*, octobre 1886. A. Kittang, *Discours et jeu*, Presses universitaires de Grenoble, 1975.

du poète, constituent du même coup des définitions pertinentes de sa poétique (et ce n'est pas la moindre modernité de ces textes que leur auto-réflexivité : la poésie se dit et ne dit qu'elle-même).

À ces formules, il faut encore ajouter celle-ci : « possession immédiate ». Car Rimbaud ici invente, encore, un nouveau temps du verbe poétique, ce « présent perpétuel, en forme de roue » (R. Char) qui est celui de l'instantané d'une vision et d'une profération. Celui de « l'impulsion créatrice » saisie à l'aube de son surgissement.

La « mémoire » et les « sens » ici ne servent plus que de tremplin à partir duquel « la symphonie vient d'un bond sur la scène » ; chaque texte se constitue en précipité, en cristallisation qui se donne tout entière dès les premiers mots. L'imaginaire et le réel, ce qui est vu et ce qui est pensé, sont indissociables, interchangeables. Le rêve et l'action semblent avoir mis un terme à leur discorde. Le monde référentiel (« Assez vu… Assez connu… ») n'assure plus sa fonction de garant du discours ; la logique et la raison cessent d'en organiser la syntaxe, la progression.

Le « dynamisme explosif du mot » (J. Gracq), pôle magnétique de la phrase, la fait voler en éclats et tend à devenir le moteur unique du texte. Les formes verbales, distributrices du parcours du sens, cèdent devant l'offensive massive des formes nominales juxtaposées, qui sont souvent les seules composantes d'un discours qu'elles renvoient au silence tout en en condensant au maximum la charge signifiante : (« C'est l'aimée, ni tourmentante ni tourmentée. L'aimée »). Ailleurs, elles l'engluent dans le réseau agglutinant d'une trame phonique où le sens tournoie et se perd : « … et les atroces fleurs qu'on appellerait cœurs et sœurs, Damas damnant de langueur… »

Aux effets désorientants, dissolvants de la discontinuité s'adjoignent alors ceux de la condensation — le mot « résumant tout », dernier état de cette autre langue dont le *Voyant* prophétisait l'avènement — pour

créer chez le lecteur une impression très forte d'hermé-
tisme. Ou plutôt (puisque l'hermétisme suppose une clé,
réservée à quelques initiés, une vérité cachée, donc une
« traduction » possible) de « suspens délibéré » (J.-L.
Baudry) du sens, qui rend dérisoire — à tout le moins
incomplet — tout essai d'interprétation, de décryptage,
toute imposition d'un sens unique et définitif. Plus que
jamais, ça veut « dire ce que ça dit, littéralement et *dans
tous les sens* »...

Ici, les « voix instructives » sont « exilées », et, tou-
jours, « la musique savante manque à notre désir » de
savoir, de comprendre. Et pourtant, Rimbaud le dit lui-
même et le lecteur en a la confuse perception, « c'est
aussi simple qu'une phrase musicale ».

Peut-être, après tout, suffit-il simplement de *lire* ?

# [LES ENFANCES RIMBAUD] [1]

# NARRATION [1]

## I

## PROLOGUE

Le soleil était encore chaud ; cependant il n'éclairait presque plus la terre ; comme un flambeau placé devant les voûtes gigantesques ne les éclaire plus que par une faible lueur, ainsi le soleil, flambeau terrestre, s'éteignait en laissant échapper de son corps de feu une dernière et faible lueur, laissant encore cependant voir les feuilles vertes des arbres, les petites fleurs qui se flétrissaient, et le sommet gigantesque des pins, des peupliers et des chênes séculaires. Le vent rafraîchissant, c'est-à-dire une brise fraîche, agitait les feuilles des arbres avec un bruissement à peu près semblable à celui que faisait le bruit des eaux argentées du ruisseau qui coulait à mes pieds. Les fougères courbaient leur front vert devant le vent. Je m'endormis, non sans m'être abreuvé de l'eau du ruisseau.

---

1. Ce récit, où l'enfant studieux se rêve *autre*, date sans doute de 1864-1865.

## II

Je rêvai que... j'étais né à Reims, l'an 1503.

Reims était alors une petite ville ou, pour mieux dire, un bourg cependant renommé à cause de sa belle cathédrale, témoin du sacre du roi Clovis.

Mes parents étaient peu riches, mais très honnêtes ; ils n'avaient pour tout bien qu'une petite maison qui leur avait toujours appartenu et qui était en leur possession vingt ans avant que je ne fusse encore né, en plus, quelque mille francs auxquels il faut encore ajouter les petits louis provenant des économies de ma mère.

Mon père était officier dans les armées du roi. C'était un homme grand, maigre, chevelure noire, barbe, yeux, peau de même couleur... Quoiqu'il n'eût guère, quand j'étais né, que 48 ou 50 ans, on lui en aurait certainement bien donné 60 ou... 58. Il était d'un caractère vif, bouillant, souvent en colère et ne voulant rien souffrir qui lui déplût.

Ma mère était bien différente : femme douce, calme, s'effrayant de peu de chose, et cependant tenant la maison dans un ordre parfait. Elle était si calme que mon père l'amusait comme une jeune demoiselle. J'étais le plus aimé. Mes frères étaient moins vaillants que moi et cependant plus grands. J'aimais peu l'étude, c'est-à-dire d'apprendre à lire, écrire et compter... Mais si c'était pour arranger une maison, cultiver un jardin, faire des commissions, à la bonne heure, je me plaisais à cela.

Je me rappelle qu'un jour mon père m'avait promis vingt sous, si je lui faisais bien une division ; je commençai ; mais je ne pus finir. Ah ! combien de fois ne m'a-t-il pas promis... de sous, des jouets, des friandises, même une fois cinq francs, si je pouvais lui... lire quelque chose... Malgré cela, mon père me mit en classe dès que j'eus dix ans. Pourquoi — me disais-je — apprendre du grec, du latin ? Je ne le sais. Enfin, on n'a pas besoin de cela. Que m'importe à moi que je sois reçu... à quoi sert-il d'être reçu, à rien, n'est-ce pas ? Si, pourtant ; on dit qu'on n'a une place que lorsqu'on est reçu. Moi, je ne veux pas de place ; je serai rentier. Quand même on en voudrait une, pour- quoi apprendre le latin ? Personne ne parle cette lan- gue. Quelquefois j'en vois sur les journaux ; mais, dieu merci, je ne serai pas journaliste. Pourquoi apprendre et de l'histoire et de la géographie ? On a, il est vrai, besoin de savoir que Paris est en France, mais on ne demande pas à quel degré de latitude. De l'histoire, apprendre la vie de Chinaldon, de Nabopolassar, de Darius, de Cyrus, et d'Alexandre, et de leurs autres compères remarquables par leurs noms diaboliques, est un supplice.

Que m'importe à moi qu'Alexandre ait été célèbre ? Que m'importe… Que sait-on si les latins ont existé ? C'est peut-être quelque langue forgée ; et quand même ils auraient existé, qu'ils me laissent rentier et conser- vent leur langue pour eux. Quel mal leur ai-je fait pour qu'ils me flanquent au supplice ? Passons au grec… Cette sale langue n'est parlée par personne, personne au monde !…

Ah ! saperlipotte de saperlipopette ! sapristi ! moi je serai rentier ; il ne fait pas si bon de s'user les culot- tes sur les bancs, saperlipopettouille !

Pour être décrotteur, gagner la place de décrotteur, il faut passer un examen ; car les places qui vous sont accordées sont d'être ou décrotteur, ou porcher, ou bouvier. Dieu merci, je n'en veux pas, moi, saperli- pouille ! Avec ça des soufflets vous sont accordés pour récompense ; on vous appelle animal, ce qui n'est pas vrai, bout d'homme, etc…

Ah ! saperpouillotte !…

La suite prochainement.
ARTHUR.

# JUGURTHA [1]

« La Providence fait quelquefois reparaître
le même homme à travers plusieurs siècles. »
                              BALZAC, *Lettres.*


## I

*Nascitur Arabiis ingens in collibus infans*
*Et dixit levis aura : « Nepos est ille Jugurthœ... »*

*Fugit pauca dies ex quo surrexit in auras*
*Qui mox Arabiæ genti patriæque Jugurtha*
*Ipse futurus erat, quum visa parentibus umbra*
*Attonitis, puerum super, ipsius umbra Jugurthœ,*
*Et vitam narrare suam, fatumque referre :*
*« O patria ! ô nostro tellus defensa labore ! »*
*Et paulum zephyro vox interrupta silebat.*
*« Roma, prius multi sedes impura latronis,*
*Ruperat augustos muros, effusaque circum*

1. Vers latins composés en classe de seconde, pour le concours
académique de 1869. Le sujet proposé était simplement : *Jugurtha* ;
l'idée de faire d'Abd-El-Kader (qui emprisonné au château d'Amboise
avait été mis en liberté par Napoléon III en 1852) le « nouveau Jugur-
tha » semble bien être de Rimbaud... Nous reproduisons la traduc-
tion française procurée par la Pléiade (1954).

*Vicinas scelerata sibi constrinxerat oras :*
*Fortibus hinc orbem fuerat complexa lacertis*
*Reddideratque suum ! Multœ depellere gentes*
*Nolebant fatale jugum : quœque arma parassent*
*Nequidquam patriâ pro libertate cruorem*
*Fundere certabant ; ingentior objice Roma*
*Frangebat populos, quum non acceperat urbes !... »*
*Nascitur Arabiis ingens in collibus infans*
*Et dixit levis aura : « Nepos est ille Jugurthœ... »*
*« Ipse diu hanc plebem generosa, volvere mentes*
*Credideram ; sed quum propius discernere gentem*
*Jam juveni licuit, magnum sub pectore vulnus*
*Ingenti patuit !... — Dirum per membra venenum,*
*Auri sacra fames, influxerat... omnis in armis*
*Visa erat... — Urbs meretrix toto regnabat in orbe !*
*Ille ego reginœ statui contendere Romœ ;*
*Despexi populum, totus cui paruit orbis !... »*


*Nascitur Arabiis ingens in collibus infans*
*Et dixit levis aura : « Nepos est ille Jugurthœ... »*


*« Nam quum consiliis sese immiscere Jugurthœ*
*Roma aggressa fuit, sensim sensimque latente*
*Captatura dolo patriam, impendentia vincla*
*Conscius adspexi, statuique resistere Romœ,*
*Ima laborantis cognoscens vulnera cordis !*
*O vulgus sublime ! viri ! plebecula sancta !*
*Illa, ferox mundi late regina decusque,*
*Illa meis jacuit, jacuit terra ebria donis !*
*O quantum Numidœ. Romanam risimus urbem !*
*— Ille ferus cuncto volitabat in ore Jugurtha :*
*Nullus erat Numidas qui contra surgere posse ! »*
*Nascitur Arabiis ingens in collibus infans*
*Et dixit levis aura : « Nepos est ille Jugurtha... »*

« *Ille ego Romanos aditus Urbemque vocatus*
*Sustinui penetrare, Nomas ! — frontique superbæ*
*Injeci colaphum, venaliaque agmina tempsi !...*
*— Oblita hic tandem populus surrexit ad arma :*
*Haud ego projeci gladios : mihi nulla triumphi*
*Spes erat : At saltem potui contendere Romæ !*
*Objeci fluvios, objeci saxa catervis*
*Romulidum ; Lybicis nunc colluctantur arenis,*
*Nunc posita expugnant sublimi in culmine castra :*
*Sæpe meos fuso tinxterunt sanguine campos...*
*— Atque hostem insueti tandem stupuere tenacem !* »


*Nascitur Arabiis ingens in collibus infans*
*Et dixit levis aura : « Nepos est ille Jugurthæ... »*


« *Forsan et hostiles vicissem denique turmas...*
*Perfidia at Bocchi... — Quid vera plura revolvam ?*
*Contentus patriam et regni fastigia liqui,*
*Contentus colapho Romam signasse rebelli !*


*— At novus Arabii victor nunc imperatoris,*
*Gallia !... Tu, fili, si quâ fata aspera rumpas,*
*Ultor eris patriæ... Gentes, capite arma, subactæ !...*
*Prisca reviviscat domito sub pectore virtus !...*
*O gladios torquete iterum, memoresque Jugurthæ*
*Pellite victores, patria libate cruorem !...*
*O utinam Arabii surgant in bella leones,*
*Hostiles lacerent ultrici dente catervas !*
*— Et tu ! cresce, puer ! faveat fortuna labori.*
*Nec dein Arabiis insultet Gallicus oris !... »*


*— Atque puer ridens gladio ludebat adunco !...*

## II

*Napoleo ! proh Napoleo ! novus ille Jugurtha*
*Vincitur : indigno devinctus carcere languet...*
*Ecce Jugurtha viro rursus consurgit in umbris*
*Et tales placido demurmurat ore loquelas :*
*« Cede novo, tu, nate, Deo ! Jam linque querelas.*
*Nunc œtas melior surgit !... — Tua vincula solvet*
*Gallia, et Arabiam, Gallo dominante, videbis*
*Lœtitiam : accipies generosœ fœdera gentis...*
*— Ilicet immensa magnus tellure, sacerdos*
*Justitiœ fideique !... — Patrem tu corde Jugurtham*
*Dilige, et illius semper reminiscere sortem :*

## III

*Ille tibi Arabii genius nam littoris extat !... »*
        *(2 juillet 1869.)*

RIMBAUD JEAN-NICOLAS-ARTHUR.
Externe au collège de Charleville.

## I

Il est né dans les montagnes d'Algérie un enfant, qui
                                    [est grand ;
et la brise légère a dit : « Celui-là est le petit-fils de
                                    [Jugurtha !... »

Il y avait peu de temps qu'était monté au ciel
celui qui bientôt pour la nation et la patrie arabe
                                    [devait être
le grand Jugurtha, quand son ombre apparut à ses
                                    [parents
émerveillés au-dessus de l'enfant, — l'ombre du
                                    [grand Jugurtha ! —

et raconta sa vie et proféra cet oracle :
« O ma patrie ! ô ma terre défendue par mes
                                    [exploits !... »
Et sa voix, interrompue par le zéphyr, se tut un
                                    [moment...
« Rome, jadis impure tanière de nombreux bandits,
avait rompu ses murs étroits, et, répandue tout à
                                    [l'entour,
s'était annexé, la scélérate ! les contrées voisines.
Puis elle avait embrassé dans ses bras robustes l'univers,
et l'avait fait sien. Beaucoup de nations refusèrent
de briser le joug fatal : celles qui prirent les armes
répandaient leur sang à l'envi, sans succès,
pour la liberté de leur patrie : Rome, plus grande
                                    [que l'obstacle,
brisait les peuples, quand elle n'avait pas fait alliance
                                    [avec les cités... »
Il est né dans les montagnes d'Algérie un enfant,
                                    [qui est grand ;
et la brise légère a dit : « Celui-là est le petit-fils de
                                    [Jugurtha !... »


« Moi-même, longtemps, j'avais cru que ce peuple
                                    [nourrissait des sentiments
magnanimes ; mais quand, devenu homme, il me fut
                                    [permis
de voir cette nation de plus près, une large blessure
                                    [se révéla
à sa vaste poitrine !... — Un poison funeste s'était
                                    [insinué
dans ses membres : la fatale soif de l'or !... Tout
                                    [entière sous les armes,
c'est ainsi qu'elle m'était apparue... — Cette ville
                                    [prostituée régnait sur toute la terre !
C'est moi qui ai décidé de me mesurer avec cette
                                    [reine, Rome !
J'ai regardé avec mépris le peuple à qui obéit
                                    [l'univers !... »

Il est né dans les montagnes d'Algérie un enfant, qui
                                        [est grand ;
et la brise légère a dit : « Celui-là est le petit-fils de
                                        [Jugurtha !... »


« Car lorsque Rome eut entrepris de s'immiscer
dans les conseils de Jugurtha pour s'emparer
peu à peu par ruse de ma patrie, j'aperçus, en pleine
                                        [conscience
les chaînes menaçantes, et je résolus de résister à
                                        [Rome :
je connus les profondes douleurs d'un cœur angoissé !
O peuple sublime ! mes guerriers ! ma sainte populace !
Cette nation, la reine superbe et l'honneur de l'univers,
cette nation s'effondra, — s'effondra, soûlée par mes
                                        [présents.
Oh ! comme nous avons ri, nous, Numides, de cette
                                        [ville de Rome !
Ce barbare de Jugurtha volait dans toutes les bouches :
Il n'y avait personne qui pût s'opposer aux
                                        [Numides !...
Il est né dans les montagnes d'Algérie un enfant, qui
                                        [est grand ;
et la brise légère a dit : « Celui-là est le petit-fils de
                                        [Jugurtha !... »


« C'est moi — un Numide ! — qui, convoqué, ai eu la
                                        [hardiesse de pénétrer en territoire
romain et jusque dans cette ville de Rome ! A son front
                                        [superbe
j'ai appliqué un soufflet, j'ai méprisé ses troupes
                                        [mercenaires.
— Ce peuple, enfin, s'est levé pour prendre ses armes,
                                        [longtemps en oubli.
Je n'ai pas déposé le glaive. Je n'avais nul espoir
de triompher ; mais du moins j'ai pu rivaliser avec
                                        [Rome !

J'ai opposé des rivières, j'ai opposé des rochers aux
[bataillons
romains : tantôt ils luttent sur les plages de Libye,
tantôt ils emportent des redoutes perchées au sommet
[des collines.
Souvent ils teignent de leur sang versé les campagnes de
[mon pays ;
et ils restent confondus devant la ténacité inaccoutumée
[de cet ennemi... »


Il est né dans les montagnes d'Algérie un enfant, qui
[est grand ;
et la brise légère a dit : « Celui-là est le petit-fils de
[Jugurtha !... »


Peut-être aurais-je fini par vaincre les cohortes
[ennemies...
Mais la perfidie de Bocchus... À quoi bon en rappeler
[davantage ?
Content, j'ai quitté ma patrie et les honneurs royaux,
content d'avoir appliqué à Rome le soufflet du
[rebelle.


Mais voici un nouveau vainqueur du chef des Arabes,
la France !... Toi, mon fils, si tu fléchis les destins
[rigoureux,
tu seras le vengeur de la Patrie ! Peuplades soumises,
[aux armes !
Qu'en vos cœurs domptés revive l'antique courage !
Brandissez de nouveau vos épées ! Et, vous souvenant
[de Jugurtha,
repoussez les vainqueurs ! Versez votre sang pour la
[patrie !
Oh ! que les lions arabes se lèvent pour la guerre
et déchirent de leurs dents vengeresses les bataillons
[ennemis !

Et toi, grandis, enfant ! Que la Fortune favorise tes
[efforts !
Et que le Français ne déshonore plus nos rivages
[arabes !... »


— Et l'enfant en riant jouait avec un sabre recourbé...


## II

Napoléon !... Oh ! Napoléon !... Ce nouveau Jugurtha
[est
vaincu !... Il croupit, enchaîné, dans une indigne
[prison !
Voici que Jugurtha se dresse à nouveau dans l'ombre
[devant le guerrier
et d'une bouche apaisée lui murmure ces paroles :
« Rends-toi, mon fils, au Dieu nouveau ! Abandonne
[tes griefs !
Voici surgir un meilleur âge... La France va briser tes
chaînes... Et tu verras l'Algérie, sous la domination
[française,
prospère !... Tu accepteras le traité d'une nation
[généreuse,
grand aussitôt par un vaste pays, prêtre
de la Justice et de la Foi jurée... Aime ton aïeul
[Jugurtha
de tout ton cœur... Et souviens-toi toujours de son
[sort !


## III

Car c'est le Génie des rivages arabes qui
[t'apparaît !... »

# CHARLES D'ORLÉANS À LOUIS XI [1]

Sire, le temps a laissé son manteau de pluie ; les fouriers d'été sont venus : donnons l'huys au visage à Mérencolie ! Vivent les lays et ballades ! moralités et joyeuseltés ! Que les clercs de la basoche nous montent les folles soties : allons ouyr la moralité du Bien-Advisé et Maladvisé, et la conversion du clerc Théophilus, et come alèrent à Rome Saint Pière et Saint Pol, et comment furent martirez ! Vivent les dames à rebrassés collets, portant atours et broderyes ! N'est-ce pas, Sire, qu'il fait bon dire sous les arbres, quand les cieux sont vêtus de bleu, quand le soleil cler luit, les doux rondeaux, les ballades haut et cler chantées ? *J'ai ung arbre de la plante d'amours*, ou *Une fois me dites ouy, ma dame,* ou *Riche amoureux a toujours l'advantage...* Mais me voilà bien esbaudi, Sire, et vous allez l'être comme moi : Maistre François Villon, le bon folastre, le gentil raillart qui rima tout cela, engrillonné, nourri d'une miche et d'eau, pleure et se lamente maintenant au fond du Châtelet ! Pendu serez ! lui a-t-on dit devant notaire : et le pauvre folet tout transi a fait son épitaphe

---

1. Devoir composé en classe de rhétorique (1869-1870). Sujet proposé par Izambard *(Lettre de Charles d'Orléans pour solliciter la grâce de Villon menacé de la potence)*, qui conseilla à Rimbaud la lecture de *Notre-Dame de Paris* (Hugo) et de *Gringoire* (Banville) ; ce pastiche s'inspire de ces deux textes, ainsi bien sûr que de ceux de Villon et de Charles d'Orléans.

pour lui et ses compagnons : et les gratieux gallans dont
vous aimez tant les rimes, s'attendent danser à Mont-
faulcon, plus becquetés d'oiseaux que dés à coudre,
dans la bruine et le soleil !

Oh ! Sire, ce n'est pas pour folle plaisance qu'est là
Villon ! Pauvres housseurs ont assez de peine ! Cler-
geons attendant leur nomination de l'Université,
musards, montreurs de synges, joueurs de rebec qui
payent leur escot en chansons, chevaucheurs d'escuryes,
sires de deux écus, reîtres cachant leur nez en pots
d'étain mieux qu'en casques de guerre ; tous ces pau-
vres enfants secs et noirs comme escouvillons, qui ne
voient de pain qu'aux fenêtres, que l'hiver emmitou-
fle d'onglée, ont choisi maistre François pour mère
nourricière ! Or nécessité fait gens méprendre, et faim
saillir le loup du bois : peut-être l'Escollier, ung jour
de famine, a-t-il pris des tripes au baquet des bouchers,
pour les fricasser à l'Abreuvoir Popin ou à la taverne
du Pestel ? Peut-être a-t-il pipé une douzaine de pains
au boulanger, ou changé à la Pomme du Pin un broc
d'eau claire pour un broc de vin de Baigneux ? Peut-
être, un soir de grande galle au Plat-d'Étain, a-t-il rossé
le guet à son arrivée ; ou les a-t-on surpris autour de
Montfaulcon, dans un souper conquis par noise, avec
une dixaine de ribaudes ? Ce sont les méfaits de mais-
tre François ! Parce qu'il nous montre ung gras cha-
noine mignonnant avec sa dame en chambre bien
nattée, parce qu'il dit que le chappelain n'a cure de
confesser, sinon chambrières et dames, et qu'il conseille
aux dévotes, par bonne mocque, parler contemplation
sous les courtines, l'escollier fol, si bien riant, si bien
chantant, gent comme esmerillon, tremble sous les
griffes des grands juges, ces terribles oiseaux noirs que
suivent corbeaux et pies ! Lui et ses compagnons,
pauvres piteux ! accrocheront un nouveau chapelet de
pendus aux bras de la forêt : le vent leur fera chandeaux
dans le doux feuillage sonore : et vous, Sire, et tous
ceux qui aiment le poète ne pourront rire qu'en pleurs
en lisant ses joyeuses ballades : ils songeront qu'il ont

laissé mourir le gentil clerc qui chantait si follement,
et ne pourront chasser Mérencolie !

Pipeur, larron, maistre François est pourtant le meil-
leur fils du monde : il rit des grasses souppes jacobi-
nes : mais il honore ce qu'a honoré l'église de Dieu,
et madame la vierge, et la très sainte trinité ! Il honore
la Cour de Parlement, mère des bons, et sœur des
benoitz anges ; aux médisants du royaume de France,
il veut presque autant de mal qu'aux taverniers qui
brouillent le vin. Et dea ! Il sait bien qu'il a trop gallé
au temps de sa jeunesse folle ! L'hiver, les soirs de
famine, auprès de la fontaine Maubuay ou dans quel-
que piscine ruinée, assis à croppetons devant petit feu
de chenevottes, qui flambe par instants pour rougir sa
face maigre, il songe qu'il aurait maison et couche
molle, s'il eût estudié !... Souvent, noir et flou comme
chevaucheur d'escovettes, il regarde dans les logis par
des mortaises : « — O, ces morceaulx savoureux et
frians ! ces tartes, ces flans, ces gelines dorées ! — Je
suis plus affamé que Tantalus ! — Du rost ! du rost !
— Oh cela sent plus doux qu'ambre et civettes ! — Du
vin de Beaulne dans de grandes aiguières d'argent !
— Haro ! la gorge m'ard !... O, si j'eusse estudié !...
— Et mes chausses qui tirent la langue, et ma hucque
qui ouvre toutes ses fenêtres, et mon feautre en dents
de scie ! — Si je rencontrais un piteux Alexander, pour
que je puisse, bien recueilli, bien débouté, chanter à
mon aise comme Orpheus le doux ménétrier ! Si je pou-
vais vivre en honneur une fois avant que de mou-
rir !... » Mais, voilà : souper de rondeaux, d'effets de
lune sur les vieux toits, d'effets de lanternes sur le sol,
c'est très maigre, très maigre ; puis passent, en justes
cottes, les mignottes villotières qui font chosettes
mignardes pour attirer les passants ; puis le regret des
tavernes flamboyantes, pleines du cri des buveurs heur-
tant les pots d'étain et souvent les flamberges, du rica-
nement des ribaudes, et du chant aspre des rebecs men-
diants ; le regret des vieilles ruelles noires où saillent
follement, pour s'embrasser, des étages de maisons et

des poutres énormes ; où, dans la nuit épaisse, passent, avec des sons de rapières traînées, des rires et des braieries abominables... Et l'oiseau rentre au vieux nid : Tout aux tavernes et aux filles !...

Oh ! Sire, ne pouvoir mettre plumail au vent par ce temps de joie ! La corde est bien triste en mai, quand tout chante, quand tout rit, quand le soleil rayonne sur les murs les plus lépreux ! Pendus seront, pour une franche repeue ! Villon est aux mains de la Cour de Parlement : le corbel n'écoutera pas le petit oiseau ! Sire, ce serait vraiment méfait de pendre ces gentils clercs : ces poètes-là, voyez-vous, ne sont pas d'ici-bas : laissez-les vivre leur vie étrange ; laissez-les avoir froid et faim, laissez-les courir, aimer et chanter : ils sont aussi riches que Jacques Cœur, tous ces fol enfants, car ils ont des rimes plein l'âme, des rimes qui rient et qui pleurent, qui nous font rire ou pleurer : Laissez-les vivre : Dieu bénit tous les miséricords, et le monde bénit les poètes.

# UN CŒUR SOUS UNE SOUTANE [1]

*— Intimités d'un séminariste. —*

...O Thimothina Labinette ! Aujourd'hui que j'ai revêtu la robe sacrée, je puis rappeler la passion, maintenant refroidie et dormant sous la soutane, qui l'an passé, fit battre mon cœur de jeune homme sous ma capote de séminariste !...

1er mai 18...

... Voici le printemps. Le plant de vigne de l'abbé*** bourgeonne dans son pot de terre : l'arbre de la cour a de petites pousses tendres comme des gouttes vertes sur ses branches ; l'autre jour, en sortant de l'étude, j'ai vu à la fenêtre du second quelque chose comme le champignon nasal du sup***. Les souliers de J*** sentent un peu ; et j'ai remarqué que les élèves sortent fort souvent pour... dans la cour ; eux qui vivaient à l'étude comme des taupes, rentassés, enfoncés dans leur ventre, tendant leur face rouge vers le poêle, avec une haleine épaisse et chaude comme celle des vaches ! Ils

---

1. Ce texte, qualifié par Rimbaud de « nouvelle » et remis à Izambard sans doute en 1870, n'a été publié qu'en 1924, avec une préface de Louis Aragon et André Breton.

restent fort longtemps à l'air, maintenant, et, quand ils reviennent, ricanent et referment l'isthme de leur pantalon fort minutieusement, — non, je me trompe, fort lentement, — avec des manières, en semblant se complaire, machinalement, à cette opération qui n'a rien en soi que de très futile...

2 mai.

Le sup\*\*\* est descendu hier de sa chambre, et, en fermant les yeux, les mains cachées, craintif et frileux, il a traîné à quatre pas dans la cour ses pantoufles de chanoine !...

Voici mon cœur qui bat la mesure dans ma poitrine, et ma poitrine qui bat contre mon pupitre crasseux ! Oh ! je déteste maintenant le temps où les élèves étaient comme des grosses brebis suant dans leurs habits sales, et dormaient dans l'atmosphère empuantie de l'étude, sous la lumière du gaz, dans la chaleur fade du poêle !... J'étends mes bras ! je soupire, j'étends mes jambes... je sens des choses dans ma tête, oh ! des choses !...

4 mai.

... Tenez, hier, je n'y tenais plus : j'ai étendu, comme l'ange Gabriel, les ailes de mon cœur. Le souffle de l'esprit sacré a parcouru mon être ! J'ai pris ma lyre, et j'ai chanté :

> *Approchez-vous,*
> *Grande Marie !*
> *Mère chérie !*
> *Du doux Jhésus !*
> *Sanctus Christus !*
> *O vierge enceinte*
> *O mère sainte*
> *Exaucez-nous !*

O ! si vous saviez les effluves mystérieuses [1] qui secouaient mon âme pendant que j'effeuillais cette rose poétique ! Je pris ma cithare, et comme le Psalmiste, j'élevai ma voix innocente et pure dans les célestes altitudes !!! *O altitudo altitudinum !...*

. . . . . . . . . . . . . . . . . . . . . . . . . . . . . . . . . . . . . . . . . . .

7 mai.

Hélas ! Ma poésie a replié ses ailes, mais, comme Galilée, je dirai, accablé par l'outrage et le supplice : Et pourtant elle se meut ! — Lisez : elles se meuvent ! — J'avais commis l'imprudence de laisser tomber la précédente confidence... J*** l'a ramassée, J***, le plus féroce des jansénistes, le plus rigoureux des séides du sup***, et l'a portée à son maître, en secret ; mais le monstre, pour me faire sombrer sous l'insulte universelle, avait fait passer ma poésie dans les mains de tous ses amis !

Hier, le sup*** me mande : j'entre dans son appartement, je suis debout devant lui, fort de mon intérieur. Sur son front chauve frissonnait comme un éclair furtif son dernier cheveu roux : ses yeux émergeaient de sa graisse, mais calmes, paisibles ; son nez semblable à une batte était mû par son branle habituel : il chuchotait un *oremus* : il mouilla l'extrémité de son pouce, tourna quelques feuilles de livre, et sortit un petit papier crasseux, plié...

Granande Maarieie !...
Mèèèree Chééérieie !

Il ravalait ma poésie ! il crachait sur ma rose ! il faisait le Brid'oison, le Joseph, le bêtiot, pour salir, pour souiller ce chant virginal. Il bégayait et prolongeait

---

1. C'est Rimbaud qui a laissé cette bévue sur le genre du mot *effluves*.

chaque syllabe avec un ricanement de haine concentré :
et quand il fut arrivé au cinquième vers, ... *Vierge
encein-inte !* il s'arrêta, contourna sa nasale, et ! il
éclata ! *Vierge enceinte ! Vierge enceinte !* il disait cela
avec un ton, en fronçant avec un frisson son abdomen
proéminent, avec un ton si affreux, qu'une pudique
rougeur couvrit mon front. Je tombai à genoux, les bras
vers le plafond, et je m'écriai : Ô mon père !...
. . . . . . . . . . . . . . . . . . . . . . . . . . . . . . . . . . . . . . . . .
    — Votre lyyyre ! votre cithâre ! jeune homme ! votre
cithâre ! des effluves mystérieuses ! qui vous secouaient
l'âme ! J'aurais voulu voir ! Jeune âme, je remarque
là-dedans, dans cette confession impie, quelque chose
de mondain, un abandon dangereux, de l'entraînement,
enfin !
    Il se tut, fit frissonner de haut en bas son abdomen :
puis, solennel :
    — Jeune homme, avez-vous la foi ?...
    — Mon père, pourquoi cette parole ? Vos lèvres
plaisantent-elles ?... Oui, je crois à tout ce que dit ma
mère... la Sainte Église !
    — Mais... Vierge enceinte !... C'est la conception,
ça, jeune homme ; c'est la conception !...
    — Mon père ! je crois à la conception !...
    — Vous avez raison ! jeune homme ! C'est une
chose...
    ... Il se tut... — Puis : Le jeune J*** m'a fait un
rapport où il constate chez vous un écartement des jam-
bes, de jour en jour plus notoire, dans votre tenue à
l'étude ; il affirme vous avoir vu vous étendre de tout
votre long sous la table, à la façon d'un jeune homme...
dégingandé. Ce sont des faits auxquels vous n'avez rien
à répondre... Approchez-vous, à genoux, tout près de
moi ; je veux vous interroger avec douceur ; répondez :
vous écartez beaucoup vos jambes, à l'étude ?
    Puis il me mettait la main sur l'épaule, autour du
cou, et ses yeux devenaient clairs, et il me faisait dire
des choses sur cet écartement des jambes... Tenez,
j'aime mieux vous dire que ce fut dégoûtant, moi qui

sais ce que cela veut dire, ces scènes-là !... Ainsi, on m'avait mouchardé, on avait calomnié mon cœur et ma pudeur, — et je ne pouvais rien dire à cela, les rapports, les lettres anonymes des élèves les uns contre les autres, au sup***, étant autorisées, et commandées, — et je venais dans cette chambre, me f... sous la main de ce gros !... Oh ! le séminaire !...

. . . . . . . . . . . . . . . . . . . . . . . . . . . . . . . . . . . . . . . .

10 mai.

Oh ! mes condisciples sont effroyablement méchants et effroyablement lascifs ! À l'étude, ils savent tous, ces profanes, l'histoire de mes vers, et, aussitôt que je tourne la tête, je rencontre la face du poussif D***, qui me chuchote : Et ta cithare, et ta cithare ? et ton journal ? Puis l'idiot L*** reprend : Et ta lyre ? et ta cithare ? Puis trois ou quatre chuchotent en chœur :

> *Grande Marie...*
> *Mère chérie !*

Moi, je suis un grand benêt : — Jésus, je ne me donne pas de coups de pied ! — Mais enfin, je ne moucharde pas, je n'écris pas d'ânonymes, et j'ai pour moi ma sainte poésie et ma pudeur !...

12 mai.

*Ne devinez-vous pas pourquoi je meurs d'amour ?*
*La fleur me dit : salut : l'oiseau me dit bonjour :*
*Salut ; c'est le printemps ! c'est l'ange de tendresse !*
*Ne devinez-vous pas pourquoi je bous d'ivresse ?*
*Ange de ma grand'mère, ange de mon berceau,*
*Ne devinez-vous pas que je deviens oiseau,*
*Que ma lyre frissonne et que je bats de l'aile*
*        Comme hirondelle ?...*

J'ai fait ces vers-là hier, pendant la récréation ; je suis entré dans la chapelle, je me suis enfermé dans un confessionnal, et là, ma jeune poésie a pu palpiter et s'envoler, dans le rêve et le silence, vers les sphères de l'amour. Puis, comme on vient m'enlever mes moindres papiers dans mes poches, la nuit et le jour, j'ai cousu ces vers en bas de mon dernier vêtement, celui qui touche immédiatement à ma peau, et, pendant l'étude, je tire, sous mes habits, ma poésie sur mon cœur, et je la presse longuement en rêvant...


15 mai.

Les événements se sont bien pressés, depuis ma dernière confidence, et des événements bien solennels, des événements qui doivent influer sur ma vie future et intérieure d'une façon sans doute bien terrible !

Thimothina Labinette, je t'adore !

Thimothina Labinette, je t'adore ! je t'adore ! laisse-moi chanter sur mon luth, comme le divin Psalmiste sur son Psaltérion, comment je t'ai vue, et comment mon cœur a sauté sur le tien pour un éternel amour !

Jeudi, c'était jour de sortie : nous, nous sortons deux heures ; je suis sorti : ma mère, dans sa dernière lettre, m'avait dit : « ... tu iras, mon fils, occuper superficiellement ta sortie chez monsieur Césarin Labinette, un habitué à ton feu père, auquel il faut que tu sois présenté un jour ou l'autre avant ton ordination... »

... Je me présentai à monsieur Labinette, qui m'obligea beaucoup en me reléguant, sans mot dire, dans sa cuisine : sa fille, Thimothine, resta seule avec moi, saisit un linge, essuya un gros bol ventru en l'appuyant contre son cœur, et me dit tout à coup, après un long silence : Eh bien, monsieur Léonard ?...

Jusque-là, confondu de me voir avec cette jeune créature dans la solitude de cette cuisine, j'avais baissé les yeux et invoqué dans mon cœur le nom sacré de Marie : je relevai le front en rougissant, et, devant la beauté de mon interlocutrice, je ne pus que balbutier un faible : Mademoiselle ?...

Thimothine ! tu étais belle ! Si j'étais peintre, je reproduirais sur la toile tes traits sacrés sous ce titre : La Vierge au bol ! Mais je ne suis que poète, et ma langue ne peut te célébrer qu'incomplètement...

La cuisinière noire, avec ses trous où flamboyaient les braises comme des yeux rouges, laissait échapper, de ses casseroles à minces filets de fumée, une odeur céleste de soupe aux choux et de haricots ; et devant elle, aspirant avec ton doux nez l'odeur de ces légumes, regardant ton gros chat avec tes beaux yeux gris, ô Vierge au bol, tu essuyais ton vase ! les bandeaux plats et clairs de tes cheveux se collaient pudiquement sur ton front jaune comme le soleil ; de tes yeux courait un sillon bleuâtre jusqu'au milieu de ta joue, comme à Santa Teresa ! ton nez, plein de l'odeur des haricots, soulevait ses narines délicates ; un duvet léger, serpentant sur tes lèvres, ne contribuait pas peu à donner une belle énergie à ton visage ; et, à ton menton, brillait un beau signe brun où frissonnaient de beaux poils follets : tes cheveux étaient sagement retenus à ton occiput par des épingles ; mais une courte mèche s'en échappait... Je cherchai vainement tes seins ; tu n'en as pas : tu dédaignes ces ornements mondains : ton cœur est tes seins !... Quand tu te retournas pour frapper de ton pied large ton chat doré, je vis tes omoplates saillant et soulevant ta robe, et je fus percé d'amour, devant le tortillement gracieux des deux arcs prononcés de tes reins !...

Dès ce moment, je t'adorai : j'adorais, non pas tes cheveux, non pas tes omoplates, non pas ton tortillement inférieurement postérieur : ce que j'aime en une femme, en une vierge, c'est la modestie sainte ; ce qui me fait bondir d'amour, c'est la pudeur et la piété ; c'est ce que j'adorai en toi, jeune bergère !...

Je tâchais de lui faire voir ma passion ; et, du reste, mon cœur, mon cœur me trahissait ! Je ne répondais que par des paroles entrecoupées à ses interrogations ;

plusieurs fois, je lui dis Madame, au lieu de Made-
moiselle, dans mon trouble ! Peu à peu, aux accents
magiques de sa voix, je me sentais succomber ; enfin
je résolus de m'abandonner, de lâcher tout ; et, à je
ne sais plus quelle question qu'elle m'adressa, je me
renversai en arrière sur ma chaise, je mis une main sur
mon cœur, de l'autre, je saisis dans ma poche un cha-
pelet dont je laissai passer la croix blanche, et, un œil
vers Thimothine, l'autre au ciel, je répondis doulou-
reusement et tendrement, comme un cerf à une biche :
    — Oh ! oui ! Mademoiselle... Thimothina !!!!
    *Miserere ! miserere !* — Dans mon œil ouvert déli-
cieusement vers le plafond tombe tout à coup une
goutte de saumure, dégouttant d'un jambon planant
au-dessus de moi, et, lorsque, tout rouge de honte,
réveillé dans ma passion, je baissai mon front, je
m'aperçus que je n'avais dans ma main gauche, au lieu
d'un chapelet, qu'un biberon brun ; — ma mère me
l'avait confié l'an passé pour le donner au petit de la
mère chose ! — De l'œil que je tendais au plafond
découla la saumure amère : — mais, de l'œil qui te
regardait, ô Thimothina, une larme coula, larme
d'amour, et larme de douleur !...
. . . . . . . . . . . . . . . . . . . . . . . . . . . . . . . . . . . . . . . . . .
    Quelque temps , une heure après, quand Thimothina
m'annonça une collation composée de haricots et d'une
omelette au lard, tout ému de ses charmes, je répondis
à mi-voix : — J'ai le cœur si plein, voyez-vous, que
cela me ruine l'estomac ! — Et je me mis à table ; oh !
je le sens encore, son cœur avait répondu au mien dans
son appel : pendant la courte collation, elle ne man-
gea pas : — Ne trouves-tu pas qu'on sent un goût ?
répétait-elle ; son père ne comprenait pas ; mais mon
cœur le comprit : c'était la Rose de David, la Rose de
Jessé, la Rose mystique de l'écriture ; c'était l'Amour !
    Elle se leva brusquement, alla dans un coin de la cui-
sine, et, me montrant la double fleur de ses reins, elle
plongea son bras dans un tas informe de bottes, de
chaussures diverses, d'où s'élança son gros chat ; et jeta

tout cela dans un vieux placard vide ; puis elle retourna
à sa place, et interrogea l'atmosphère d'une façon
inquiète ; tout à coup, elle fronça le front, et s'écria :

— Cela sent encore !...

— Oui, cela sent, répondit son père assez bêtement :
(il ne pouvait comprendre, lui, le profane !)

Je m'aperçus bien que tout cela n'était dans ma chair
vierge que les mouvements intérieurs de sa passion !
je l'adorais et je savourais avec amour l'omelette dorée,
et mes mains battaient la mesure avec la fourchette, et,
sous la table, mes pieds frissonnaient d'aise dans mes
chaussures !...

Mais, ce qui me fut un trait de lumière, ce qui me
fut comme un gage d'amour éternel, comme un dia-
mant de tendresse de la part de Thimothina, ce fut
l'adorable obligeance qu'elle eut, à mon départ, de
m'offrir une paire de chaussettes blanches, avec un sou-
rire et ces paroles :

— Voulez-vous cela pour vos pieds, Monsieur Léo-
nard ?

. . . . . . . . . . . . . . . . . . . . . . . . . . . . . . . . . . . . . . . . . . . . . .


16 mai.


Thimothina ! je t'adore, toi et ton père, toi et ton
chat :


Thimothina : $\left\{\begin{array}{l}\textit{... Vas devotionis,} \\ \textit{Rosa mystica,} \\ \textit{Turris Davidica,  Ora pro nobis !} \\ \textit{Cœli porta,} \\ \textit{Stella maris.}\end{array}\right.$


17 mai.


Que m'importent à présent les bruits du monde et
les bruits de l'étude ? Que m'importent ceux que la

paresse et la langueur courbent à mes côtés ? Ce matin,
tous les fronts, appesantis par le sommeil, étaient col-
lés aux tables ; un ronflement, pareil au cri du clairon
du jugement dernier, un ronflement sourd et lent s'éle-
vait de ce vaste Gethsémani. Moi, stoïque, serein, droit,
et m'élevant au-dessus de tous ces morts comme un
palmier au-dessus des ruines, méprisant les odeurs et
les bruits incongrus, je portais ma tête dans ma main,
j'écoutais battre mon cœur plein de Thimothina, et mes
yeux se plongeaient dans l'azur du ciel, entrevu par la
vitre supérieure de la fenêtre !...


18 mai.

Merci à l'Esprit Saint qui m'a inspiré ces vers char-
mants : ces vers, je vais les enchâsser dans mon cœur ;
et, quand le ciel me donnera de revoir Thimothina, je
les lui donnerai, en échange de ses chaussettes !...
Je l'ai intitulée *La Brise* :

> *Dans sa retraite de coton*
> *Dort le zéphyr à douce haleine :*
> *Dans son nid de soie et de laine*
> *Dort le zéphyr au gai menton !*
>
> *Quand le zéphyr lève son aile*
> *Dans sa retraite de coton,*
> *Quand il court où la fleur l'appelle,*
> *Sa douce haleine sent bien bon !*
>
> *O brise quintessenciée !*
> *O quintessence de l'amour !*
> *Quand la rosée est essuyée,*
> *Comme ça sent bon dans le jour !*
>
> *Jésus ! Joseph ! Jésus ! Marie !*
> *C'est comme une aile de condor*
> *Assoupissant celui qui prie !*
> *Ça nous pénètre et nous endort !*
> . . . . . . . . . . . . . . . . . . . . . . . . . . . . . .

La fin est trop intérieure et trop suave : je la conserve dans le tabernacle de mon âme. À la prochaine sortie, je lirai cela à ma divine et odorante Thimothina.

Attendons dans le calme et le recueillement.

. . . . . . . . . . . . . . . . . . . . . . . . . . . . . . . . . . . . . . . .

*Date incertaine.* Attendons !...

16 juin.

Seigneur, que votre volonté se fasse : je n'y mettrai aucun obstacle ! Si vous voulez détourner de votre serviteur l'amour de Thimothina, libre à vous, sans doute : mais, Seigneur Jésus, n'avez-vous pas aimé vous-même, et la lance de l'amour ne vous a-t-elle pas appris à condescendre aux souffrances des malheureux ! Priez pour moi !

Oh ! j'attendais depuis longtemps cette sortie de deux heures du 15 juin : j'avais contraint mon âme, en lui disant : Tu seras libre ce jour-là : le 15 juin, je m'étais peigné mes quelques cheveux modestes, et, usant d'une odorante pommade rose, je les avais collés sur mon front, comme les bandeaux de Thimothina ; je m'étais pommadé les sourcils ; j'avais minutieusement brossé mes habits noirs, comblé adroitement certains déficits fâcheux dans ma toilette, et je me présentai à la sonnette espérée de monsieur Césarin Labinette. Il arriva, après un assez long temps, la calotte un peu crânement sur l'oreille, une mèche de cheveux raides et fort pommadés lui cinglant la face comme une balafre, une main dans la poche de sa robe de chambre à fleurs jaunes, l'autre sur le loquet... Il me jeta un bonjour sec, fronça le nez en jetant un coup d'œil sur mes souliers à cordons noirs, et s'en alla devant moi, les mains dans ses deux poches, ramenant en devant sa robe de chambre, comme fait l'abbé*** avec sa soutane, et modelant ainsi à mes regards sa partie inférieure.

Je le suivis.

Il traversa la cuisine, et j'entrai après lui dans son

salon. Oh ! ce salon ! je l'ai fixé dans ma mémoire avec
les épingles du souvenir ! La tapisserie était à fleurs bru-
nes ; sur la cheminée, une énorme pendule en bois noir,
à colonnes ; deux vases bleus avec des roses ; sur les
murs, une peinture de la bataille d'Inkermann ; et un
dessin au crayon, d'un ami de Césarin, représentant
un moulin avec sa meule souffletant un petit ruisseau
semblable à un crachat, dessin que charbonnent tous
ceux qui commencent à dessiner. La poésie est bien pré-
férable !...

Au milieu du salon, une table à tapis vert, autour
de laquelle mon cœur ne vit que Thimothina, quoiqu'il
s'y trouvât un ami de monsieur Césarin, ancien exé-
cuteur des œuvres sacristaines dans la paroisse de***,
et son épouse madame de Riflandouille, et que mon-
sieur Césarin lui-même vînt s'y accouder de nouveau,
aussitôt mon entrée.

Je pris une chaise rembourrée, songeant qu'une par-
tie de moi-même allait s'appuyer sur une tapisserie faite
sans doute par Thimothina, je saluai tout le monde,
et, mon chapeau noir posé sur la table, devant moi,
comme un rempart, j'écoutai...

Je ne parlais pas, mais mon cœur parlait ! Les mes-
sieurs continuèrent la partie de cartes commencée : je
remarquai qu'ils trichaient à qui mieux mieux, et cela
me causa une surprise assez douloureuse. — La partie
terminée, ces personnes s'assirent en cercle autour de
la cheminée vide ; j'étais à un des coins, presque caché
par l'énorme ami de Césarin, dont la chaise seule me
séparait de Thimothina : je fus content en moi-même
du peu d'attention que l'on faisait à ma personne ; relé-
gué derrière la chaise du sacristain honoraire, je pou-
vais laisser voir sur mon visage les mouvements de mon
cœur sans être remarqué de personne : je me livrai donc
à un doux abandon ; et je laissai la conversation
s'échauffer et s'engager entre ces trois personnes ; car
Thimothina ne parlait que rarement ; elle jetait sur son
séminariste des regards d'amour, et, n'osant le regar-
der en face, elle dirigeait ses yeux clairs vers mes sou-

liers bien cirés !... Moi, derrière le gros sacristain, je me livrais à mon cœur.

Je commençai par me pencher du côté de Thimothina en levant les yeux au ciel. Elle était retournée. Je me relevai, et, la tête baissée vers ma poitrine, je poussai un soupir ; elle ne bougea pas. Je remis mes boutons, je fis aller mes lèvres, je fis un léger signe de croix ; elle ne vit rien. Alors, transporté, furieux d'amour, je me baissai très fort vers elle, en tenant mes mains comme à la communion, et en poussant un ah !... prolongé et douloureux ; *Miserere !* tandis que je gesticulais, que je priais, je tombai de ma chaise avec un bruit sourd, et le gros sacristain se retourna en ricanant, et Thimothina dit à son père :

— Tiens, monsieur Léonard qui coule par terre !

Son père ricana ! *Miserere !*

Le sacristain me repiqua, rouge de honte et faible d'amour, sur ma chaise rembourrée, et me fit une place. Mais je baissai les yeux, je voulus dormir ! Cette société m'était importune, elle ne devinait pas l'amour qui souffrait là dans l'ombre : je voulus dormir ! mais j'entendis la conversation se tourner sur moi !...

Je rouvris faiblement les yeux...

Césarin et le sacristain fumaient chacun un cigare maigre, avec toutes les mignardises possibles, ce qui rendait leurs personnes effroyablement ridicules ; madame la sacristaine, sur le bord de sa chaise, sa poitrine cave penchée en avant, ayant derrière elle tous les flots de sa robe jaune qui lui bouffaient jusqu'au cou, et épanouissant autour d'elle son unique volant, effeuillait délicieusement une rose : un sourire affreux entr'ouvrait ses lèvres, et montrait à ses gencives maigres deux dents noires, jaunes, comme la faïence d'un vieux poêle. — Toi, Thimothina, tu étais belle, avec ta collerette blanche, tes yeux baissés, et tes bandeaux plats !

— C'est un jeune homme d'avenir : son présent inaugure son futur, disait en laissant aller un flot de fumée grise le sacristain...

— Oh ! monsieur Léonard illustrera la robe ! nasilla la sacristaine : les deux dents parurent !...

Moi je rougissais, à la façon d'un garçon de bien ; je vis que les chaises s'éloignaient de moi, et qu'on chuchotait sur mon compte...

Thimothina regardait toujours mes souliers ; les deux sales dents me menaçaient... le sacristain riait ironiquement : j'avais toujours la tête baissée !...

— Lamartine est mort... dit tout à coup Thimothina.

Chère Thimothine ! C'était pour ton adorateur, pour ton pauvre poète Léonard, que tu jetais dans la conversation ce nom de Lamartine ; alors, je relevai le front, je sentis que la pensée seule de la poésie allait refaire une virginité à tous ces profanes, je sentais mes ailes palpiter, et je dis, rayonnant, l'œil sur Thimothina :

— Il avait de beaux fleurons à sa couronne, l'auteur des *Méditations poétiques* !

— Le cygne des vers est défunt ! dit la sacristaine.

— Oui, mais il chanté son chant funèbre, repris-je enthousiasmé.

— Mais, s'écria la sacristaine, monsieur Léonard est poète aussi ! Sa mère m'a montré l'an passé des essais de sa muse...

Je jouai d'audace :

— Oh ! Madame, je n'ai apporté ni ma lyre ni ma cithare ; mais...

— Oh ! votre cithare ! vous l'apporterez un autre jour...

— Mais, ce néanmoins, si cela ne déplaît pas à l'honorable, — et je tirai un morceau de papier de ma poche, — je vais vous lire quelques vers... Je les dédie à mademoiselle Thimothina.

— Oui ! oui ! jeune homme ! très bien ! récitez, récitez, mettez-vous au bout de la salle...

Je me reculai... Thimothina regardait mes souliers... La sacristaine faisait la Madone ; les deux messieurs se penchaient l'un vers l'autre... Je rougis, je toussai, et je dis en chantant tendrement

*Dans sa retraite de coton*
*Dort le zéphyr à douce haleine...*
*Dans son nid de soie et de laine*
*Dort le zéphyr au gai menton.*

Toute l'assistance pouffa de rire : les messieurs se penchaient l'un vers l'autre en faisant de grossiers calembours ; mais ce qui était surtout effroyable, c'était l'air de la sacristaine, qui, l'œil au ciel, faisait la mystique, et souriait avec ses dents affreuses ! Thimothina, Thimothina crevait de rire ! Cela me perça d'une atteinte mortelle, Thimothina se tenait les côtes !... — Un doux zéphyr dans du coton, c'est suave, c'est suave !... faisait en reniflant le père Césarin... Je crus m'apercevoir de quelque chose... mais cet éclat de rire ne dura qu'une seconde : tous essayèrent de reprendre leur sérieux, qui pétait encore de temps en temps...

— Continuez, jeune homme, c'est bien, c'est bien !

*Quand le zéphyr lève son aile*
*Dans sa retraite de coton, ...*
*Quand il court où la fleur l'appelle,*
*Sa douce haleine sent bien bon...*

Cette fois, un gros rire secoua mon auditoire ; Thimothina regarda mes souliers : j'avais chaud, mes pieds brûlaient sous son regard, et nageaient dans la sueur ; car je me disais : ces chaussettes que je porte depuis un mois, c'est un don de son amour, ces regards qu'elle jette sur mes pieds, c'est un témoignage de son amour : elle m'adore !

Et voici que je ne sais quel petit goût me parut sortir de mes souliers : oh ! je compris les rires horribles de l'assemblée ! Je compris qu'égarée dans cette société méchante, Thimothina Labinette, Thimothina ne pourrait jamais donner un libre cours à sa passion ! Je compris qu'il me fallait dévorer, à moi aussi, cet amour douloureux éclos dans mon cœur une après-midi de mai, dans une cuisine des Labinette, devant le tortillement postérieur de la Vierge au bol !

— Quatre heures, l'heure de la rentrée, sonnaient à la pendule du salon ; éperdu, brûlant d'amour et fou de douleur, je saisis mon chapeau, je m'enfuis en renversant une chaise, je traversai le corridor en murmurant : J'adore Thimothine, et je m'enfuis au séminaire sans m'arrêter...

Les basques de mon habit volaient derrière moi, dans le vent, comme des oiseaux sinistres !

. . . . . . . . . . . . . . . . . . . . . . . . . . . . . . . . . . . . . . . . . . . . . .

30 juin.

Désormais, je laisse à la muse divine le soin de bercer ma douleur ; martyr d'amour à dix-huit ans, et, dans mon affliction, pensant à un autre martyr du sexe qui fait nos joies et nos bonheurs, n'ayant plus celle que j'aime, je vais aimer la foi ! Que le Christ, que Marie me pressent sur leur sein : je les suis : je ne suis pas digne de dénouer les cordons des souliers de Jésus ; mais ma douleur ! mais mon supplice ! Moi aussi, à dix-huit ans et sept mois, je porte une croix, une couronne d'épines ! mais, dans la main, au lieu d'un roseau, j'ai une cithare ! Là sera le dictame à ma plaie !...

. . . . . . . . . . . . . . . . . . . . . . . . . . . . . . . . . . . . . . . . . . . . . .

Un an après, 1er août.

Aujourd'hui, on m'a revêtu de la robe sacrée ; je vais servir Dieu ; j'aurai une cure et une modeste servante dans un riche village. J'ai la foi ; je ferai mon salut, et sans être dispendieux, je vivrai comme un bon serviteur de Dieu avec sa servante. Ma mère la sainte Église me réchauffera dans son sein : qu'elle soit bénie ! que Dieu soit béni !

... Quant à cette passion cruellement chérie que je renferme au fond de mon cœur, je saurai la supporter

avec constance : sans la raviver précisément, je pour-
rai m'en rappeler quelquefois le souvenir : ces choses-
là sont bien douces ! — Moi, du reste, j'étais né pour
l'amour et pour la foi ! — Peut-être un jour, revenu
dans cette ville, aurai-je le bonheur de confesser ma
chère Thimothina ?... Puis, je conserve d'elle un doux
souvenir : depuis un an, je n'ai pas défait les chausset-
tes qu'elle m'a données...

Ces chaussettes-là, mon Dieu ! je les garderai à mes
pieds jusque dans votre saint Paradis !...

# POÉSIES [1]

1. L'ordre de présentation des poèmes est ici celui adopté par S. Bernard et A. Guyaux dans leur édition des *Œuvres* de Rimbaud (Garnier, 1981). Dans les notes, la mention *manuscrit Demeny* indique que le poème figure dans le *recueil* constitué par Rimbaud pour Demeny en octobre 1870 (cf. p. 14).

# LES ÉTRENNES DES ORPHELINS [1]

## I

La chambre est pleine d'ombre [2] ; on entend
                    [vaguement
De deux enfants le triste et doux chuchotement.
Leur front se penche, encore alourdi par le rêve,
Sous le long rideau blanc qui tremble et se soulève...
— Au dehors les oiseaux se rapprochent frileux ;
Leur aile s'engourdit sous le ton gris des cieux ;
Et la nouvelle Année, à la suite brumeuse,
Laissant traîner les plis de sa robe neigeuse,
Sourit avec des pleurs, et chante en grelottant [3]...

## II

Or les petits enfants, sous le rideau flottant,
Parlent bas comme on fait dans une nuit obscure.
Ils écoutent, pensifs, comme un lointain murmure...

---

1. Rimbaud envoya ce texte (son premier poème français ?) dans les derniers jours de 1869, à la *Revue pour tous* qui le publia dans son numéro du 2 janvier 1870. Le jeune poète, qui fait ici ses gammes, s'inspire de F. Coppée « Les enfants trouvés », mais aussi de Hugo et de Baudelaire.
2. Cf. le premier vers des « Pauvres Gens » de Hugo : « Le logis est plein d'ombres... »
3. Cf. Baudelaire, « Recueillement » et « Crépuscule du matin », dans *Les Fleurs du Mal*.

Ils tressaillent souvent à la claire voix d'or
Du timbre matinal, qui frappe et frappe encor
Son refrain métallique et son globe de verre...
— Puis, la chambre est glacée... on voit traîner à terre,
Épars autour des lits, des vêtements de deuil :
L'âpre bise d'hiver qui se lamente au seuil
Souffle dans le logis son haleine morose !
On sent, dans tout cela, qu'il manque quelque chose...
— Il n'est donc point de mère à ces petits enfants,
De mère au frais sourire, aux regards triomphants ?
Elle a donc oublié, le soir, seule et penchée,
D'exciter une flamme à la cendre arrachée,
D'amonceler sur eux la laine et l'édredon
Avant de les quitter en leur criant : pardon.
Elle n'a point prévu la froideur matinale,
Ni bien fermé le seuil à la bise hivernale ?...
— Le rêve maternel, c'est le tiède tapis,
C'est le nid cotonneux où les enfants tapis,
Comme de beaux oiseaux que balancent les branches,
Dorment leur doux sommeil plein de visions
                                        [blanches !...
— Et là, — c'est comme un nid sans plumes, sans
                                        [chaleur,
Où les petits ont froid, ne dorment pas, ont peur ;
Un nid que doit avoir glacé la bise amère...


                              III


Votre cœur l'a compris : — ces enfants sont
                                        [sans mère.
Plus de mère au logis ! — et le père est bien loin !...
— Une vieille servante, alors, en a pris soin.
Les petits sont tout seuls en la maison glacée ;
Orphelins de quatre ans, voilà qu'en leur pensée
S'éveille, par degrés, un souvenir riant...
C'est comme un chapelet qu'on égrène en priant :
— Ah ! quel beau matin, que ce matin des étrennes !
Chacun, pendant la nuit, avait rêvé des siennes

Dans quelque songe étrange où l'on voyait joujoux,
Bonbons habillés d'or, étincelants bijoux,
Tourbillonner, danser une danse sonore,
Puis fuir sous les rideaux, puis reparaître encore !
On s'éveillait matin, on se levait joyeux,
La lèvre affriandée [1], en se frottant les yeux...
On allait, les cheveux emmêlés sur la tête,
Les yeux tout rayonnants, comme aux grands jours
                                            [de fête,
Et les petits pieds nus effleurant le plancher,
Aux portes des parents tout doucement toucher...
On entrait !... Puis alors les souhaits... en chemise,
Les baisers répétés, et la gaîté permise !


IV


Ah ! c'était si charmant, ces mots dits tant de fois !
— Mais comme il est changé, le logis d'autrefois :
Un grand feu pétillait, clair, dans la cheminée,
Toute la vieille chambre était illuminée ;
Et les reflets vermeils, sortis du grand foyer,
Sur les meubles vernis aimaient à tournoyer...
— L'armoire était sans clefs !... sans clefs, la grande
                                            [armoire !
On regardait souvent sa porte brune et noire...
Sans clefs !... c'était étrange !... on rêvait bien des fois
Aux mystères dormant entre ses flancs de bois,
Et l'on croyait ouïr, au fond de la serrure
Béante, un bruit lointain, vague et joyeux murmure...
— La chambre des parents est bien vide, aujourd'hui :
Aucun reflet vermeil sous la porte n'a lui ;
Il n'est point de parents, de foyer, de clefs prises :
Partant, point de baisers, point de douces surprises !


1. « Mettre en goût », « allécher ».

Oh ! que le jour de l'an sera triste pour eux !
— Et, tout pensifs, tandis que de leurs grands yeux bleus,
Silencieusement tombe une larme amère,
Ils murmurent : « Quand donc reviendra notre
                                        [mère ? »

. . . . . . . . . . . . . . . . . . . . . . . . . . . . . . . . . . . . . . . . .


V


Maintenant, les petits sommeillent tristement :
Vous diriez, à les voir, qu'ils pleurent en dormant,
Tant leurs yeux sont gonflés et leur souffle pénible !
Les tout petits enfants ont le cœur si sensible !
— Mais l'ange des berceaux vient essuyer leurs yeux,
Et dans ce lourd sommeil met un rêve joyeux,
Un rêve si joyeux, que leur lèvre mi-close,
Souriante, semblait murmurer quelque chose...
— Ils rêvent que, penchés sur leur petit bras rond,
Doux geste du réveil, ils avancent le front,
Et leur vague regard tout autour d'eux se pose...
Ils se croient endormis dans un paradis rose...
Au foyer plein d'éclairs chante gaîment le feu...
Par la fenêtre on voit là-bas un beau ciel bleu ;
La nature s'éveille et de rayons s'enivre...
La terre, demi-nue, heureuse de revivre,
A des frissons de joie aux baisers du soleil...
Et dans le vieux logis tout est tiède et vermeil :
Les sombres vêtements ne jonchent plus la terre,
La bise sous le seuil a fini par se taire...
On dirait qu'une fée a passé dans cela !...
— Les enfants, tout joyeux, ont jeté deux cris... Là,
Près du lit maternel, sous un beau rayon rose,
Là, sur le grand tapis, resplendit quelque chose...
Ce sont des médaillons argentés, noirs et blancs,
De la nacre et du jais aux reflets scintillants ;
Des petits cadres noirs, des couronnes de verre,
Ayant trois mots gravés en or : « À NOTRE MÈRE ! »

. . . . . . . . . . . . . . . . . . . . . . . . . . . . . . . . . . . . . . . . .

# SENSATION[1]

Par les soirs bleus d'été, j'irai dans les sentiers,
Picoté par les blés, fouler l'herbe menue :
Rêveur, j'en sentirai la fraîcheur à mes pieds.
Je laisserai le vent baigner ma tête nue.

Je ne parlerai pas, je ne penserai rien :
Mais l'amour infini me montera dans l'âme,
Et j'irai loin, bien loin, comme un bohémien,
Par la Nature, — heureux comme avec une femme.

Mars 1870.

# SOLEIL ET CHAIR[2]

## I

Le Soleil, le foyer de tendresse et de vie,
Verse l'amour brûlant à la terre ravie,
Et, quand on est couché sur la vallée, on sent
Que la terre est nubile et déborde de sang ;
Que son immense sein, soulevé par une âme,
Est d'amour comme Dieu, de chair comme la femme,
Et qu'il renferme, gros de sève et de rayons,
Le grand fourmillement de tous les embryons !

1. Poème envoyé par Rimbaud à Banville dans sa lettre du 24 mai 1870 (cf. p. 305). Daté alors du 20 avril. Dans le *manuscrit Demeny*, daté du 20 mars.
2. Poème envoyé à Banville sous le titre « Credo in unam ». Dans le *manuscrit Demeny*, il est amputé de 36 vers. Rimbaud se souvient ici — entre autres ! — de Virgile, Lucrèce, Leconte de Lisle *(Poèmes antiques)*, Banville *(L'Exil des Dieux)*, Hugo *(Le Satyre)*, Musset *(Rolla)*.

Et tout croît, et tout monte !

                                        — O Vénus, ô Déesse !
Je regrette les temps de l'antique jeunesse[1],
Des satyres lascifs, des faunes animaux,
Dieux qui mordaient d'amour l'écorce des rameaux
Et dans les nénufars baisaient la Nymphe blonde !
Je regrette les temps où la sève du monde,
L'eau du fleuve, le sang rose des arbres verts
Dans les veines de Pan mettaient un univers !
Où le sol palpitait, vert, sous ses pieds de chèvre ;
Où, baisant mollement le clair syrinx[2], sa lèvre
Modulait sous le ciel le grand hymne d'amour ;
Où, debout sur la plaine, il entendait autour
Répondre à son appel la Nature vivante ;
Où les arbres muets, berçant l'oiseau qui chante,
La terre berçant l'homme, et tout l'Océan bleu
Et tous les animaux aimaient, aimaient en Dieu !
Je regrette les temps de la grande Cybèle[3]
Qu'on disait parcourir, gigantesquement belle,
Sur un grand char d'airain, les splendides cités ;
Son double sein versait dans les immensités
Le pur ruissellement de la vie infinie.
L'Homme suçait, heureux, sa mamelle bénie,
Comme un petit enfant, jouant sur ses genoux.
— Parce qu'il était fort, l'Homme était chaste et doux.

Misère ! Maintenant il dit : Je sais les choses,
Et va, les yeux fermés et les oreilles closes.
— Et pourtant, plus de dieux ! plus de dieux ! l'Homme
                                        [est Roi,
L'Homme est Dieu ! Mais l'Amour, voilà la grande
                                        [Foi !

1. Cf. Musset *(Rolla)* :
   « Regrettez-vous les temps où le ciel sur la terre
   Marchait et respirait dans un peuple de dieux ? »...
2. Flûte de Pan.
3. Nom antique de la déesse Terre.

Oh ! si l'homme puisait encore à ta mamelle,
Grande mère des dieux et des hommes, Cybèle ;
S'il n'avait pas laissé l'immortelle Astarté [1]
Qui jadis, émergeant dans l'immense clarté
Des flots bleus, fleur de chair que la vague parfume,
Montra son nombril rose où vint neiger l'écume,
Et fit chanter, Déesse aux grand yeux noirs vainqueurs,
Le rossignol aux bois et l'amour dans les cœurs !

## II

Je crois en toi ! Je crois en toi ! Divine mère,
Aphrodité marine ! — Oh ! la route est amère
Depuis que l'autre Dieu nous attelle à sa croix ;
Chair, Marbre, Fleur, Vénus, c'est en toi que je crois !
— Oui, l'Homme est triste et laid, triste sous le ciel
[vaste.
Il a des vêtements, parce qu'il n'est plus chaste,
Parce qu'il a sali son fier buste de dieu,
Et qu'il a rabougri, comme une idole au feu,
Son corps Olympien aux servitudes sales !
Oui, même après la mort, dans les squelettes pâles
Il veut vivre, insultant la première beauté !
— Et l'Idole où tu mis tant de virginité,
Où tu divinisas notre argile, la Femme,
Afin que l'Homme pût éclairer sa pauvre âme
Et monter lentement, dans un immense amour,
De la prison terrestre à la beauté du jour,
La Femme ne sait plus même être Courtisane !
— C'est une bonne farce ! et le monde ricane
Au nom doux et sacré de la grande Vénus !

1. Astarté est, dans la mythologie grecque, un des noms de Diane.
Rimbaud fait ici la même erreur que Musset, évoquant « Vénus
Astarté » au lieu de « Vénus Anadyomène » (cf. p. 97).

### III

Si les temps revenaient, les temps qui sont venus !
— Car l'Homme a fini ! l'Homme a joué tous les rôles !
Au grand jour, fatigué de briser des idoles
Il ressuscitera, libre de tous ses Dieux,
Et, comme il est du ciel, il scrutera les cieux !
L'idéal, la pensée invincible, éternelle,
Tout ; le dieu qui vit, sous son argile charnelle,
Montera, montera, brûlera sous son front !
Et quand tu le verras sonder tout l'horizon,
Contempteur des vieux jougs, libre de toute crainte,
Tu viendras lui donner la Rédemption sainte !
— Splendide, radieuse, au sein des grandes mers
Tu surgiras, jetant sur le vaste Univers
L'Amour infini dans un infini sourire !
Le Monde vibrera comme une immense lyre
Dans le frémissement d'un immense baiser !

— Le Monde a soif d'amour : tu viendras l'apaiser.
. . . . . . . . . . . . . . . . . . . . . . . . . . . . . . . . . . . . . . . . . . .
O ! L'Homme a relevé sa tête libre et fière [1] !
Et le rayon soudain de la beauté première
Fait palpiter le dieu dans l'autel de la chair !
Heureux du bien présent, pâle du mal souffert,
L'Homme veut tout sonder, — et savoir ! La Pensée,
La cavale longtemps, si longtemps oppressée
S'élance de son front ! Elle saura Pourquoi !...
Qu'elle bondisse libre, et l'Homme aura la Foi !
— Pourquoi l'azur muet et l'espace insondable ?
Pourquoi les astres d'or fourmillant comme un sable ?
Si l'on montait toujours, que verrait-on là-haut ?
Un Pasteur mène-t-il cet immense troupeau
De mondes cheminant dans l'horreur de l'espace ?
Et tous ces mondes-là, que l'éther vaste embrasse,

---

1. Dans le *manuscrit Demeny*, manque tout le passage qui va de
« O ! L'Homme... » à « c'est l'amour ».

Vibrent-ils aux accents d'une éternelle voix ?
— Et l'Homme, peut-il voir ? peut-il dire : Je crois ?
La voix de la pensée est-elle plus qu'un rêve ?
Si l'homme naît si tôt, si la vie est si brève,
D'où vient-il ? Sombre-t-il dans l'Océan profond
Des Germes, des Fœtus, des Embryons, au fond
De l'immense Creuset d'où la Mère-Nature
Le ressuscitera, vivante créature,
Pour aimer dans la rose, et croître dans les blés ?...

Nous ne pouvons savoir ! — Nous sommes accablés
D'un manteau d'ignorance et d'étroites chimères !
Singes d'hommes tombés de la vulve des mères,
Notre pâle raison nous cache l'infini !
Nous voulons regarder : — le Doute nous punit !
Le doute, morne oiseau, nous frappe de son aile...
— Et l'horizon s'enfuit d'une fuite éternelle !...
. . . . . . . . . . . . . . . . . . . . . . . . . . . . . . . . . . . . . . . . . . .
Le grand ciel est ouvert ! les mystères sont morts
Devant l'Homme, debout, qui croise ses bras forts
Dans l'immense splendeur de la riche nature !
Il chante... et le bois chante, et le fleuve murmure
Un chant plein de bonheur qui monte vers le jour !...
— C'est la Rédemption ! c'est l'amour !
                            [c'est l'amour !...
. . . . . . . . . . . . . . . . . . . . . . . . . . . . . . . . . . . . . . . . . . .


                            IV


O splendeur de la chair ! ô splendeur idéale !
O renouveau d'amour, aurore triomphale
Où, courbant à leurs pieds les Dieux et les Héros,
Kallipyge[1] la blanche et le petit Éros
Effleureront, couverts de la neige des roses,
Les femmes et les fleurs sous leurs beaux pieds
                            [écloses !


1. Épithète de la déesse Vénus « aux belles fesses ».

— O grande Ariadné[1], qui jettes tes sanglots
Sur la rive, en voyant fuir là-bas sur les flots,
Blanche sous le soleil, la voile de Thésée,
O douce vierge enfant qu'une nuit a brisée,
Tais-toi ! Sur son char d'or brodé de noirs raisins,
Lysios[2], promené dans les champs Phrygiens
Par les tigres lascifs et les panthères rousses,
Le long des fleuves bleus rougit les sombres mousses.
— Zeus, Taureau, sur son cou berce comme une enfant
Le corps nu d'Europé[3], qui jette son bras blanc
Au cou nerveux du Dieu frissonnant dans la vague.
Il tourne lentement vers elle son œil vague ;
Elle, laisse traîner sa pâle joue en fleur
Au front de Zeus ; ses yeux sont fermés ; elle meurt
Dans un divin baiser, et le flot qui murmure
De son écume d'or fleurit sa chevelure.
— Entre le laurier-rose et le lotus jaseur
Glisse amoureusement le grand Cygne rêveur
Embrassant la Léda[4] des blancheurs de son aile ;
— Et tandis que Cypris[5] passe, étrangement belle,
Et, cambrant les rondeurs splendides de ses reins,
Étale fièrement l'or de ses larges seins
Et son ventre neigeux brodé de mousse noire,
— Héraclès, le Dompteur, qui, comme d'une gloire
Fort, ceint son vaste corps de la peau du lion[6],
S'avance, front terrible et doux, à l'horizon !
Par la lune d'été vaguement éclairée,
Debout, nue, et rêvant dans sa pâleur dorée

---

1. En grec, Ariane, sœur de Phèdre.
2. Un des noms du dieu Bacchus « qui délie ». Selon une version de la vie de Thésée, Ariane n'aurait pas succombé de douleur après qu'il l'eut abandonnée, mais fut consolée par le dieu.
3. Ou Europe, une des conquêtes de Zeus-Jupiter, qui avait pris pour la séduire la forme d'un taureau.
4. Léda avait cédé à Zeus métamorphosé en cygne.
5. Un des noms de Vénus adorée à Chypre.
6. Allusion à l'un des travaux d'Hercule-Héraclès, le combat victorieux contre le lion de Némée.

Que tache le flot lourd de ses longs cheveux bleus,
Dans la clairière sombre, où la mousse s'étoile,
La Dryade regarde au ciel silencieux...
— La blanche Séléné [1] laisse flotter son voile,
Craintive, sur les pieds du bel Endymion,
Et lui jette un baiser dans un pâle rayon...
— La Source pleure au loin dans une longue extase...
C'est la nymphe qui rêve, un coude sur son vase,
Au beau jeune homme blanc que son onde a pressé.
— Une brise d'amour dans la nuit a passé,
Et, dans les bois sacrés, dans l'horreur des grands
                                              [arbres,
Majestueusement debout, les sombres Marbres,
Les Dieux, au front desquels le Bouvreuil fait son nid,
— Les Dieux écoutent l'Homme et le Monde infini !

                                    29 avril 1870.


# OPHÉLIE [2]

## I

Sur l'onde calme et noire où dorment les étoiles
La blanche Ophélia flotte comme un grand lys,
Flotte très lentement, couchée en ses longs voiles...
— On entend dans les bois lointains des hallalis.

Voici plus de mille ans que la triste Ophélie
Passe, fantôme blanc, sur le long fleuve noir,
Voici plus de mille ans que sa douce folie
Murmure sa romance à la brise du soir.

1. La Lune ; la chaste déesse contempla le chasseur Endymion pen-
dant son sommeil.
2. Poème envoyé à Banville, comme les précédents. Rimbaud s'ins-
pire de Shakespeare *(Hamlet)*, mais aussi de Banville (« La Voie lac-
tée » dans *Les Cariatides*). Peut-être, en outre, connaissait-il l'*Ophélie*
du peintre préraphaélite anglais Millais.

Le vent baise ses seins et déploie en corolle
Ses grands voiles bercés mollement par les eaux ;
Les saules frissonnants pleurent sur son épaule,
Sur son grand front rêveur s'inclinent les roseaux.

Les nénuphars froissés soupirent autour d'elle ;
Elle éveille parfois, dans un aune qui dort,
Quelque nid, d'où s'échappe un petit frisson d'aile :
— Un chant mystérieux tombe des astres d'or.


                          II


O pâle Ophélia ! belle comme la neige !
Oui tu mourus, enfant, par un fleuve emporté !
C'est que les vents tombant des grand monts de
                                [Norwège [1]
T'avaient parlé tout bas de l'âpre liberté ;

C'est qu'un souffle, tordant ta grande chevelure,
À ton esprit rêveur portait d'étranges bruits ;
Que ton cœur écoutait le chant de la Nature
Dans les plaintes de l'arbre et les soupirs des nuits ;

C'est que la voix des mers folles, immense râle,
Brisait ton sein d'enfant, trop humain et trop doux ;
C'est qu'un matin d'avril, un beau cavalier pâle,
Un pauvre fou, s'assit muet à tes genoux !

Ciel ! Amour ! Liberté ! Quel rêve, ô pauvre Folle !
Tu te fondais à lui comme une neige au feu :
Tes grandes visions étranglaient ta parole
— Et l'Infini terrible effara ton œil bleu !


    1. Orthographe exotique doublée d'une erreur fantaisiste, *Hamlet*
se passant au Danemark.

## III

— Et le Poète dit qu'aux rayons des étoiles
Tu viens chercher, la nuit, les fleurs que tu cueillis ;
Et qu'il a vu sur l'eau, couchée en ses longs voiles,
La blanche Ophélia flotter, comme un grand lys.

15 mai 1870.

## BAL DES PENDUS[1]

Au gibet noir, manchot aimable,
Dansent, dansent les paladins,
Les maigres paladins du diable,
Les squelettes de Saladins[2].

Messire Belzébuth tire par la cravate
Ses petits pantins noirs grimaçant sur le ciel,
Et, leur claquant au front un revers de savate,
Les fait danser, danser aux sons d'un vieux Noël !

Et les pantins choqués enlacent leurs bras grêles :
Comme des orgues noirs, les poitrines à jour
Que serraient autrefois les gentes damoiselles,
Se heurtent longuement dans un hideux amour.

Hurrah ! les gais danseurs, qui n'avez plus de panse !
On peut cabrioler, les tréteaux sont si longs !
Hop ! qu'on ne sache plus si c'est bataille ou danse !
Belzébuth enragé racle ses violons !

1. *Manuscrit Demeny*. Rimbaud s'inspire de Gautier (« Bûchers
et tombeaux », « Le Souper des armures » in *Émaux et Camées*),
de Banville *(Gringoire)* et bien entendu des « danses macabres »
médiévales.
2. Sultan turc auquel s'opposèrent Richard Cœur de Lion et Fré-
déric Barberousse, entre autres.

O durs talons, jamais on n'use sa sandale !
Presque tous ont quitté la chemise de peau ;
Le reste est peu gênant et se voit sans scandale.
Sur les crânes, la neige applique un blanc chapeau :

Le corbeau fait panache à ces têtes fêlées,
Un morceau de chair tremble à leur maigre menton :
On dirait, tournoyant dans les sombres mêlées,
Des preux, raides, heurtant armures de carton.

Hurrah ! la bise siffle au grand bal des squelettes !
Le gibet noir mugit comme un orgue de fer !
Les loups vont répondant des forêts violettes :
À l'horizon, le ciel est d'un rouge d'enfer...

Holà, secouez-moi ces capitans funèbres
Qui défilent, sournois, de leurs gros doigts cassés
Un chapelet d'amour sur leurs pâles vertèbres :
Ce n'est pas un moustier ici, les trépassés !

Oh ! voilà qu'au milieu de la danse macabre
Bondit dans le ciel rouge un grand squelette fou
Emporté par l'élan, comme un cheval se cabre :
Et, se sentant encor la corde raide au cou,

Crispe ses petits doigts sur son fémur qui craque
Avec des cris pareils à des ricanements,
Et, comme un baladin rentre dans la baraque,
Rebondit dans le bal au chant des ossements.

          Au gibet noir, manchot aimable,
          Dansent, dansent les paladins,
          Les maigres paladins du diable,
          Les squelettes de Saladins.

# LE CHÂTIMENT DE TARTUFE [1]

Tisonnant, tisonnant son cœur amoureux sous
Sa chaste robe noire, heureux, la main gantée,
Un jour qu'il s'en allait, effroyablement doux,
Jaune, bavant la foi de sa bouche édentée [2],

Un jour qu'il s'en allait, « Oremus [3] », — un Méchant
Le prit rudement par son oreille benoîte
Et lui jeta des mots affreux, en arrachant
Sa chaste robe noire autour de sa peau moite !

Châtiment !... Ses habits étaient déboutonnés,
Et le long chapelet des péchés pardonnés
S'égrenant dans son cœur, Saint Tartufe était pâle !...

Donc, il se confessait, priait, avec un râle !
L'homme se contenta d'emporter ses rabats [4]...
— Peuh ! Tartufe était nu du haut jusques en bas [5] !

## LE FORGERON [6]

*Palais des Tuileries, vers le 10 août 92* [7].

Le bras sur un marteau gigantesque, effrayant
D'ivresse et de grandeur, le front vaste, riant

---

1. *Manuscrit Demeny.*
2. Ce Tartufe est fort différent de celui de Molière, « gros et gras,
le teint frais et la bouche vermeille ».
3. Mot latin : « Prions ».
4. Grand col rabattu.
5. Cf. Molière, *Tartufe* : « Dorine — Et je vous verrais nu du haut
jusques en bas / Que toute votre peau ne me tenterait pas. »
6. *Manuscrit Demeny.*
7. Sur une autre copie, remise à Izambard, on lit : « Tuileries,
vers le 20 juin 1792. » C'est en effet ce jour-là que, la foule ayant
envahi le château, Louis XVI fut amené à se coiffer du bonnet rouge.

Comme un clairon d'airain, avec toute sa bouche,
Et prenant ce gros-là dans son regard farouche,
Le Forgeron parlait à Louis Seize [1], un jour
Que le Peuple était là, se tordant tout autour,
Et sur les lambris d'or traînant sa veste sale.
Or le bon roi, debout sur son ventre, était pâle,
Pâle comme un vaincu qu'on prend pour le gibet,
Et, soumis comme un chien, jamais ne regimbait
Car ce maraud de forge aux énormes épaules
Lui disait de vieux mots et des choses si drôles,
Que cela l'empoignait au front, comme cela !

« Or, tu sais bien, Monsieur, nous chantions tra la la
Et nous piquions les bœufs vers les sillons des autres :
Le Chanoine au soleil filait des patenôtres
Sur des chapelets clairs grenés de pièces d'or.
Le Seigneur, à cheval, passait, sonnant du cor
Et l'un avec la hart [2], l'autre avec la cravache
Nous fouaillaient. — Hébétés comme des yeux de vache,
Nos yeux ne pleuraient plus ; nous allions, nous allions,
Et quand nous avions mis le pays en sillons,
Quand nous avions laissé dans cette terre noire
Un peu de notre chair... nous avions un pourboire :
On nous faisait flamber nos taudis dans la nuit ;
Nos petits y faisaient un gâteau fort bien cuit.

... « Oh ! je ne me plains pas. Je te dis mes bêtises,
C'est entre nous. J'admets que tu me contredises.
Or, n'est-ce pas joyeux de voir, au mois de juin
Dans les granges entrer des voitures de foin
Énormes ? De sentir l'odeur de ce qui pousse,
Des vergers quand il pleut un peu, de l'herbe rousse ?
De voir des blés, des blés, des épis pleins de grain,
De penser que cela prépare bien du pain ?...

---

1. C'est le *boucher* Legendre, et non un forgeron, qui prit à par-
tie Louis XVI. Peut-être Rimbaud se souvient-il ici d'une gravure
illustrant l'*Histoire de la Révolution française* de Thiers...
2. Vieux mot pour *corde*.

Oh ! plus fort, on irait, au fourneau qui s'allume,
Chanter joyeusement en martelant l'enclume,
Si l'on était certain de pouvoir prendre un peu,
Étant homme, à la fin ! de ce que donne Dieu !
— Mais voilà, c'est toujours la même vieille histoire !

« Mais je sais, maintenant ! Moi, je ne peux plus croire,
Quand j'ai deux bonnes mains, mon front et mon
                                              [marteau,
Qu'un homme vienne là, dague sur le manteau,
Et me dise : Mon gars, ensemence ma terre ;
Que l'on arrive encor, quand ce serait la guerre,
Me prendre mon garçon comme cela, chez moi !
— Moi, je serais un homme, et toi, tu serais roi,
Tu me dirais : Je veux !... — Tu vois bien, c'est stupide.
Tu crois que j'aime voir ta baraque splendide,
Tes officiers dorés, tes mille chenapans,
Tes palsembleu bâtards tournant comme des paons :
Ils ont rempli ton nid de l'odeur de nos filles
Et de petits billets pour nous mettre aux Bastilles,
Et nous dirons : C'est bien : les pauvres à genoux !
Nous dorerons ton Louvre en donnant nos gros sous !
Et tu te soûleras, tu feras belle fête.
— Et ces Messieurs riront, les reins sur notre tête !

« Non. Ces saletés-là datent de nos papas !
Oh ! Le Peuple n'est plus une putain. Trois pas
Et, tous, nous avons mis ta Bastille en poussière.
Cette bête suait du sang à chaque pierre
Et c'était dégoûtant, la Bastille debout
Avec ses murs lépreux qui nous racontaient tout
Et, toujours, nous tenaient enfermés dans leur ombre !
— Citoyen ! citoyen ! c'était le passé sombre
Qui croulait, qui râlait, quand nous prîmes la tour !
Nous avions quelque chose au cœur comme l'amour.
Nous avions embrassé nos fils sur nos poitrines.
Et, comme des chevaux, en soufflant des narines
Nous allions, fiers et forts, et ça nous battait là...
Nous marchions au soleil, front haut, — comme
                                              [cela, —

Dans Paris ! On venait devant nos vestes sales.
Enfin ! Nous nous sentions Hommes ! Nous étions
[pâles,
Sire, nous étions soûls de terribles espoirs :
Et quand nous fûmes là, devant les donjons noirs,
Agitant nos clairons et nos feuilles de chêne,
Les piques à la main ; nous n'eûmes pas de haine,
— Nous nous sentions si forts, nous voulions être doux !
. . . . . . . . . . . . . . . . . . . . . . . . . . . . . . . . . . . . . . . . . .
. . . . . . . . . . . . . . . . . . . . . . . . . . . . . . . . . . . . . . . . .
« Et depuis ce jour-là, nous sommes comme fous !
Le tas des ouvriers a monté dans la rue,
Et ces maudits s'en vont, foule toujours accrue
De sombres revenants, aux portes des richards.
Moi, je cours avec eux assommer les mouchards [1] :
Et je vais dans Paris, noir, marteau sur l'épaule,
Farouche, à chaque coin balayant quelque drôle,
Et, si tu me riais au nez, je te tuerais !
— Puis, tu peux y compter, tu te feras des frais
Avec tes hommes noirs, qui prennent nos requêtes
Pour se les renvoyer comme sur des raquettes
Et, tout bas, les malins ! se disent : « Qu'ils sont sots ! »
Pour mitonner des lois, coller de petits pots
Pleins de jolis décrets roses et de droguailles,
S'amuser à couper proprement quelques tailles,
Puis se boucher le nez quand nous marchons près
[d'eux,
— Nos doux représentants qui nous trouvent
[crasseux ! —
Pour ne rien redouter, rien, que les baïonnettes...,
C'est très bien. Foin de leur tabatière à sornettes !
Nous en avons assez, là, de ces cerveaux plats
Et de ces ventres-dieux. Ah ! ce sont là les plats
Que tu nous sers, bourgeois, quand nous sommes
[féroces,
Quand nous brisons déjà les sceptres et les crosses !... »

1. Les « espions » du roi et des aristocrates.

. . . . . . . . . . . . . . . . . . . . . . . . . . . . . . . . . . . . . . . . . . . . . .
Il le prend par le bras, arrache le velours
Des rideaux, et lui montre en bas les larges cours
Où fourmille, où fourmille, où se lève la foule,
La foule épouvantable avec des bruits de houle,
Hurlant comme une chienne, hurlant comme une mer,
Avec ses bâtons forts et ses piques de fer,
Ses tambours, ses grands cris de halles et de bouges,
Tas sombre de haillons saignants de bonnets rouges :
L'Homme, par la fenêtre ouverte, montre tout
Au roi pâle et suant qui chancelle debout,
Malade à regarder cela !
                      « C'est la Crapule,
Sire. Ça bave aux murs, ça monte, ça pullule :
— Puisqu'ils ne mangent pas, Sire, ce sont des gueux !
Je suis un forgeron : ma femme est avec eux,
Folle ! Elle croit trouver du pain aux Tuileries [1] !
— On ne veut pas de nous dans les boulangeries.
J'ai trois petits. Je suis crapule. — Je connais
Des vieilles qui s'en vont pleurant sous leurs bonnets
Parce qu'on leur a pris leur garçon ou leur fille :
C'est la crapule. — Un homme était à la Bastille,
Un autre était forçat : et tous deux, citoyens
Honnêtes. Libérés, ils sont comme des chiens :
On les insulte ! Alors, ils ont là quelque chose
Qui leur fait mal, allez ! C'est terrible, et c'est cause
Que se sentant brisés, que, se sentant damnés,
Ils sont là, maintenant, hurlant sous votre nez !
Crapule. — Là-dedans sont des filles, infâmes
Parce que, — vous saviez que c'est faible, les
                                  [femmes, —
Messeigneurs de la cour, — que ça veut toujours
                                  [bien, —
Vous leur avez craché sur l'âme, comme rien !

1. En octobre 1789, la foule, réclamant « du pain et des armes »,
avait conduit le roi (« le boulanger ») et la reine (« la boulangère »)
à l'Hôtel de Ville de Paris.

Vos belles, aujourd'hui, sont là. C'est la crapule.
. . . . . . . . . . . . . . . . . . . . . . . . . . . . . . . . . . . . . . . . . . . .
« Oh ! tous les Malheureux, tous ceux dont le dos brûle
Sous le soleil féroce, et qui vont, et qui vont,
Qui dans ce travail-là sentent crever leur front,
Chapeau bas, mes bourgeois ! Oh ! ceux-là, sont les
                                                    [Hommes !
Nous sommes Ouvriers, Sire ! Ouvriers ! Nous sommes
Pour les grands temps nouveaux où l'on voudra savoir,
Où l'Homme forgera du matin jusqu'au soir,
Chasseur des grands effets, chasseur des grandes
                                                    [causes,
Où, lentement vainqueur, il domptera les choses
Et montera sur Tout, comme sur un cheval !
Oh ! splendides lueurs des forges ! Plus de mal,
Plus ! — Ce qu'on ne sait pas, c'est peut-être terrible :
Nous saurons ! — Nos marteaux en main, passons au
                                                    [crible
Tout ce que nous savons : puis, Frères, en avant !
Nous faisons quelquefois ce grand rêve émouvant
De vivre simplement, ardemment, sans rien dire
De mauvais, travaillant sous l'auguste sourire
D'une femme qu'on aime avec un noble amour :
Et l'on travaillerait fièrement tout le jour,
Écoutant le devoir comme un clairon qui sonne :
Et l'on se sentirait très heureux ; et personne,
Oh ! personne, surtout, ne vous ferait ployer !
On aurait un fusil au-dessus du foyer...
. . . . . . . . . . . . . . . . . . . . . . . . . . . . . . . . . . . . . . . . . . . .
« Oh ! mais l'air est tout plein d'une odeur de
                                                    [bataille.
Que te disais-je donc ? Je suis de la canaille !
Il reste des mouchards et des accapareurs.
Nous sommes libres, nous ! Nous avons des terreurs
Où nous nous sentons grands, oh ! si grands ! Tout
                                                    [à l'heure
Je parlais de devoir calme, d'une demeure...
Regarde donc le ciel ! — C'est trop petit pour nous,
Nous crèverions de chaud, nous serions à genoux !

Regarde donc le ciel ! — Je rentre dans la foule,
Dans la grande canaille effroyable, qui roule,
Sire, tes vieux canons sur les sales pavés :
— Oh ! quand nous serons morts, nous les aurons
[lavés !
— Et si, devant nos cris, devant notre vengeance,
Les pattes des vieux rois mordorés, sur la France
Poussent leurs régiments en habits de gala,
Eh bien, n'est-ce pas, vous tous ? Merde à ces
[chiens-là [1] ! »

. . . . . . . . . . . . . . . . . . . . . . . . . . . . . . . . . . . . . . . .

— Il reprit son marteau sur l'épaule.
                                        La foule
Près de cet homme-là se sentait l'âme soûle,
Et, dans la grande cour, dans les appartements,
Où Paris haletait avec des hurlements,
Un frisson secoua l'immense populace.
Alors, de sa main large et superbe de crasse,
Bien que le roi ventru suât, le Forgeron,
Terrible, lui jeta le bonnet rouge au front [2] !


          « ... Français de soixante-dix, bonapartistes, répu-
        blicains, souvenez-vous de vos pères en 92, etc. »
. . . . . . . . . . . . . . . . . . . . . . . . . . . . . . . . . . . . . . . .

                              PAUL DE CASSAGNAC.
                              *Le Pays.*


Morts de Quatre-vingt-douze et de Quatre-vingt-treize,
Qui, pâles du baiser fort de la liberté,
Calmes, sous vos sabots, brisiez le joug qui pèse
Sur l'âme et sur le front de toute humanité ;

    1. À Valmy, le 20 septembre 1792, les « soldats de l'An Deux »
(Hugo : *Les Châtiments*) écraseront les armées des rois de Prusse
et d'Autriche.
    2. Le bonnet phrygien, signe de l'affranchissement chez les
Romains, a été adopté, au début de 1792, comme signe de recon-
naissance des patriotes.

Hommes extasiés et grands dans la tourmente,
Vous dont les cœurs sautaient d'amour sous les
[haillons,
O Soldats que la Mort a semés, noble Amante,
Pour les régénérer, dans tous les vieux sillons ;

Vous dont le sang lavait toute grandeur salie,
Morts de Valmy [1], Morts de Fleurus [2], Morts d'Italie [3],
O million de Christs aux yeux sombres et doux ;

Nous vous laissions dormir avec la République,
Nous, courbés sous les rois comme sous une trique.
— Messieurs de Cassagnac [4] nous reparlent de vous !

Fait à Mazas [5], 3 septembre 1870 [6].

1. Bataille de Dumouriez contre Brunswick, le 20 septembre 1792.
2. Bataille de Jourdan (1794).
3. La campagne d'Italie dura de 1791 à 1796.
4. Cassagnac père et fils dirigeaient le journal bonapartiste *Le Pays*, et avaient signé un article invitant les républicains à s'engager dans la guerre en souvenir de leurs glorieux ancêtres de la Révolution. Mais eux-mêmes étaient bonapartistes.
5. Fin août-début septembre, à son arrivée à Paris, Rimbaud est incarcéré à la prison de Mazas, « pour n'avoir pas un sou et devoir treize francs de chemin de fer ». (A. Izambard, 5 septembre 1870.)
6. Cette datation est controversée. Elle figure, de la main de Rimbaud, dans le *manuscrit Demeny*. Mais Izambard date le texte du 17 juillet 1870. Sans doute la date du 3 septembre est-elle celle de la transcription définitive du poème.

# À LA MUSIQUE [1]

Place de la Gare, à Charleville.

Sur la place taillée en mesquines pelouses,
Square où tout est correct, les arbres et les fleurs,
Tous les bourgeois poussifs qu'étranglent les chaleurs
Portent, les jeudis soirs, leurs bêtises jalouses.

— L'orchestre militaire, au milieu du jardin,
Balance ses schakos dans la Valse des fifres [2] :
— Autour, aux premiers rangs, parade le gandin ;
Le notaire pend à ses breloques [3] à chiffres.

Des rentiers à lorgnons soulignent tous les couacs :
Les gros bureaux [4] bouffis traînent leurs grosses dames
Auprès desquelles vont, officieux cornacs [5],
Celles dont les volants ont des airs de réclames ;

Sur les bancs verts, des clubs d'épiciers retraités
Qui tisonnent le sable avec leur canne à pomme,
Fort sérieusement discutent les traités,
Puis prisent en argent [6], et reprennent : « En
                                    [somme !... »

Épatant sur son banc les rondeurs de ses reins,
Un bourgeois à boutons clairs, bedaine flamande,

---

1. Poème donné à Izambard en 1870 et qui figure aussi dans le *manuscrit Demeny*. Rimbaud s'inspire d'un poème de Glatigny, « Promenade d'hiver », in *Les Vignes folles et les Flèches d'Or*, paru en 1870.
2. Selon L. Forestier (*Poésies, Une Saison en Enfer, Les Illuminations*, Poésie-Gallimard, 1981), il s'agit de « la polka-mazurka des *Fifres* de Pascal ».
3. On portait, dans la bourgeoisie, des breloques accrochées à la chaîne de montre, et gravées aux chiffres du propriétaire.
4. Nous dirions *bureaucrates*.
5. Guides (aimables et attentionnés, *officieux*) d'éléphants...
6. « Prennent du tabac dans des tabatières d'argent. »

Savoure son onnaing [1] d'où le tabac par brins
Déborde — vous savez, c'est de la contrebande ; —

Le long des gazons verts ricanent les voyous ;
Et, rendus amoureux par le chant des trombones,
Très naïfs, et fumant des roses, les pioupious [2]
Caressent les bébés pour enjôler les bonnes...

— Moi, je suis, débraillé comme un étudiant,
Sous les marronniers verts les alertes fillettes :
Elles le savent bien ; et tournent en riant,
Vers moi, leurs yeux tout pleins de choses indiscrètes.

Je ne dis pas un mot : je regarde toujours
La chair de leurs cous blancs brodés de mèches folles :
Je suis, sous le corsage et les frêles atours,
Le dos divin après la courbe des épaules.

J'ai bientôt déniché la bottine, !e bas...
— Je reconstruis les corps, brûlé de belles fièvres.
Elles me trouvent drôle et se parlent tout bas...
— Et mes désirs brutaux s'accrochent à leurs lèvres [3]...

---

1. Pipe de terre, frabriquée à Onnaing, près de Valenciennes, plus
cossue que la Gambier que fumait Rimbaud.
2. Jeune soldat.
3. Izambard, trouvant ce dernier vers trop brutal, conseilla à Rim-
baud de le remplacer par « Et je sens les baisers qui me viennent aux
lèvres », plus décent — et plus plat...

## VÉNUS ANADYOMÈNE [1]

Comme d'un cercueil vert en fer-blanc, une tête
De femme à cheveux bruns fortement pommadés
D'une vieille baignoire émerge, lente et bête,
Avec des déficits assez mal ravaudés ;

Puis le col gras et gris, les larges omoplates
Qui saillent ; le dos court qui rentre et qui ressort ;
Puis les rondeurs des reins semblent prendre l'essor ;
La graisse sous la peau paraît en feuilles plates ;

L'échine est un peu rouge, et le tout sent un goût
Horrible étrangement ; on remarque surtout
Des singularités qu'il faut voir à la loupe...

Les reins portent deux mots gravés : Clara [2] Venus ;
— Et tout ce corps remue et tend sa large croupe
Belle hideusement d'un ulcère à l'anus.

                                    27 juillet 1870.

---

1. Poème donné à Izambard et qui figure aussi dans le *manuscrit Demeny*. Rimbaud s'inspire d'un poème de Glatigny (cf. p. 95, n. 1), « Les Antres malsains », décrivant une prostituée, et d'un dizain de Coppée paru dans le *Parnasse contemporain* : « Les dieux sont morts. Pourquoi faut-il qu'on les insulte ? / ... / Pourquoi faut-il enfin qu'un obscur bandagiste /... contre la beauté tournant sa rage impie / Pose un vésicatoire à Vénus accroupie ? »
   *Anadyomène*, « qui sort des flots », épithète traditionnelle de Vénus.
   2. « Illustre », en latin. Chez Glatigny, la prostituée porte au bras « ces mots au poinçon gravés : Pierre et Lolotte ».

●◆ Voir *Au fil du texte*, p. X.

## PREMIÈRE SOIRÉE [1]

— Elle était fort déshabillée
Et de grands arbres indiscrets
Aux vitres jetaient leur feuillée
Malinement [2], tout près, tout près.

Assise sur ma grande chaise,
Mi-nue, elle joignait les mains.
Sur le plancher frissonnaient d'aise
Ses petits pieds si fins, si fins.

— Je regardai, couleur de cire
Un petit rayon buissonnier
Papillonner dans son sourire
Et sur son sein, — mouche au rosier.

— Je baisai ses fines chevilles.
Elle eut un doux rire brutal
Qui s'égrenait en claires [3] trilles,
Un joli rire de cristal.

Les petits pieds sous la chemise
Se sauvèrent : « Veux-tu en finir ! »
— La première audace permise,
Le rire feignait de punir !

— Pauvrets palpitants sous ma lèvre,
Je baisai doucement ses yeux :
— Elle jeta sa tête mièvre
En arrière : « Oh ! c'est encor mieux !... »

---

1. Ce poème, donné à Izambard et qui figure aussi dans le *manuscrit Demeny*, a été publié le 13 août 1870 dans *La Charge*, journal satirique, sous le titre « Trois baisers ».
2. Forme populaire.
3. Bévue ou licence poétique, *trille* étant du masculin.

Monsieur, j'ai deux mots à te dire... »
— Je lui jetai le reste au sein
Dans un baiser, qui la fit rire
D'un bon rire qui voulait bien...

— Elle était fort déshabillée
Et de grands arbres indiscrets
Aux vitres jetaient leur feuillée
Malinement, tout près, tout près.


# LES REPARTIES DE NINA [1]

LUI — Ta poitrine sur ma poitrine,
          Hein ? nous irions,
    Ayant de l'air plein la narine,
          Aux frais rayons

    Du bon matin bleu, qui vous baigne
          Du vin de jour ?...
    Quand tout le bois frissonnant saigne
          Muet d'amour

    De chaque branche, gouttes vertes,
          Des bourgeons clairs,
    On sent dans les choses ouvertes
          Frémir des chairs :

    Tu plongerais dans la luzerne
          Ton blanc peignoir,
    Rosant à l'air ce bleu qui cerne
          Ton grand œil noir,


1. Poème donné à Izambard (sous le titre « Ce qui retient Nina »
et daté du 15 août 1870) avec deux quatrains (9e et 26e) qui ne figu-
rent pas dans le *manuscrit Demeny*. En revanche le 17e quatrain ne
figure que dans ce recueil.

Amoureuse de la campagne,
    Semant partout,
Comme une mousse de champagne,
    Ton rire fou :

Riant à moi, brutal d'ivresse,
    Qui te prendrais
Comme cela, — la belle tresse,
    Oh ! — qui boirais

Ton goût de framboise et de fraise,
    O chair de fleur !
Riant au vent vif qui te baise
    Comme un voleur,

Au rose, églantier qui t'embête
    Aimablement :
Riant surtout, ô folle tête,
    À ton amant !...

. . . . . . . . . . . . . . . . . . . . . . . . . . . . . .

Dix-sept ans ! Tu seras heureuse !
    Oh ! les grands prés,
La grande campagne amoureuse !
    — Dis, viens plus près !...

— Ta poitrine sur ma poitrine,
    Mêlant nos voix,
Lents, nous gagnerions la ravine,
    Puis les grands bois !...

Puis, comme une petite morte,
    Le cœur pâmé,
Tu me dirais que je te porte,
    L'œil mi-fermé...

Je te porterais, palpitante,
    Dans le sentier :

L'oiseau filerait son andante :
    Au Noisetier...

Je te parlerais dans ta bouche ;
    J'irais, pressant
Ton corps, comme une enfant qu'on couche,
    Ivre du sang

Qui coule, bleu, sous ta peau blanche
    Aux tons rosés :
Et te parlant la langue franche...
    Tiens !... — que tu sais...

Nos grands bois sentiraient la sève,
    Et le soleil
Sablerait d'or fin leur grand rêve
    Vert et vermeil.

. . . . . . . . . . . . . . . . . . . . . . . . . . . . . .

Le soir ?... Nous reprendrons la route
    Blanche qui court
Flânant, comme un troupeau qui broute,
    Tout à l'entour

Les bons vergers à l'herbe bleue,
    Aux pommiers tors !
Comme on les sent toute une lieue
    Leurs parfums forts !

Nous regagnerons le village
    Au ciel mi-noir ;
Et ça sentira le laitage
    Dans l'air du soir ;

Ça sentira l'étable, pleine
    De fumiers chauds,
Pleine d'un lent rythme d'haleine,
    Et de grands dos

Blanchissant sous quelque lumière ;
    Et, tout là-bas,
Une vache fientera, fière,
    À chaque pas...

— Les lunettes de la grand-mère
    Et son nez long
Dans son missel ; le pot de bière
    Cerclé de plomb,

Moussant entre les larges pipes
    Qui, crânement,
Fument : les effroyables lippes
    Qui, tout fumant,

Happent le jambon aux fourchettes
    Tant, tant et plus :
Le feu qui claire [1] les couchettes
    Et les bahuts.

Les fesses luisantes et grasses
    D'un gros enfant
Qui fourre, à genoux, dans les tasses,
    Son museau blanc

Frôlé par un mufle qui gronde
    D'un ton gentil,
Et pourlèche la face ronde
    Du cher petit...

. . . . . . . . . . . . . . . . . . . . . . . . . . . . . . .

Noire, rogue au bord de sa chaise,
    Affreux profil,
Une vieille devant la braise
    Qui fait du fil ;

_____

1. Provincialisme pour « éclaire ».

Que de choses verrons-nous, chère,
    Dans ces taudis,
Quand la flamme illumine, claire,
    Les carreaux gris !...

— Puis, petite et toute nichée
    Dans les lilas
Noirs et frais : la vitre cachée,
    Qui rit là-bas...

Tu viendras, tu viendras, je t'aime !
    Ce sera beau.
Tu viendras, n'est-ce pas, et même...

ELLE — Et mon bureau [1] ?

15 août 1870.


## LES EFFARÉS [2]

Noirs dans la neige et dans la brume,
Au grand soupirail qui s'allume,
    Leurs culs en rond,

À genoux, cinq petits, — misère ! —
Regardent le boulanger faire
    Le lourd pain blond...

---

1. « Employé de bureau » (cf. p. 95, n. 4). Nina préfère aux rêves du poète la sécurité que lui procure un « assis » (cf. p. 115).
2. *Manuscrit Demeny*. Dans une lettre du 10 juin 1871, Rimbaud demande à Demeny de brûler tous ses poèmes de 1870. À l'exception de celui-ci, dont il envoie copie à Verlaine, avec quelques corrections qui en accentuent le caractère réaliste. Publié, grâce sans doute à Verlaine, dans une revue anglaise, *The Gentleman's Magazine*, en janvier 1878, sous le titre « Petits Pauvres ».
*Effaré* (cf. aussi « Ophélie », « Accroupissements », « Tête de Faune »...) est un mot typiquement hugolien.

Ils voient le fort bras blanc qui tourne
La pâte grise, et qui l'enfourne
    Dans un trou clair.

Ils écoutent le bon pain cuire.
Le boulanger au gras sourire
    Chante [1] un vieil air.

Ils sont blottis, pas un ne bouge,
Au souffle du soupirail rouge,
    Chaud comme un sein.

Et quand pendant que minuit sonne,
Façonné, pétillant et jaune [2],
    On sort le pain ;

Quand, sous les poutres enfumées,
Chantent les croûtes parfumées,
    Et les grillons ;

Quand ce trou chaud souffle la vie ;
Ils ont leur âme si ravie [3]
    Sous leurs haillons,

Ils se ressentent si bien vivre,
Les pauvres petits [4] plein de givre,
    — Qu'ils sont là, tous,

Collant leurs petits museaux roses
Au grillage, chantant [5] des choses
    Entre les trous,

---

1. Copie Verlaine : « grogne ».
2. *Ibid.* : « Quand pour quelque médianoche / Façonné comme une brioche »...
3. Archaïsme pour « transportée ».
4. Copie Verlaine : « jésus ».
5. *Ibid.* : « grognant ».

Mais bien bas, — comme une prière [1]...
Repliés vers cette lumière
   Du ciel rouvert,

— Si fort, qu'ils crèvent leur culotte,
— Et que leur lange blanc [2] tremblote
   Au vent d'hiver...

                         20 septembre 1870.


# ROMAN [3]

## I

On n'est pas sérieux, quand on a dix-sept ans [4].
— Un beau soir, foin des bocks et de la limonade,
Des cafés tapageurs aux lustres éclatants !
— On va sous les tilleuls verts de la promenade.

Les tilleuls sentent bon dans les bons soirs de juin !
L'air est parfois si doux, qu'on ferme la paupière ;
Le vent chargé de bruits, — la ville n'est pas loin, —
A des parfums de vigne et des parfums de bière...


## II

— Voilà qu'on aperçoit un tout petit chiffon
D'azur sombre, encadré d'une petite branche,
Piqué d'une mauvaise étoile, qui se fond
Avec de doux frissons, petite et toute blanche...

---

  1. Copie Verlaine : « Tout bêtes, faisant leurs prières »...
  2. *Ibid.* : « leur chemise ».
  3. *Manuscrit Demeny.* Daté du 29 (ou 23 ?) septembre 1870.
  4. En réalité, Rimbaud n'a que seize ans. Déjà dans sa lettre de
mai à Banville il se donnait 17 ans, « l'âge des espérances et des chi-
mères », cf. p. 305.

Nuit de juin ! Dix-sept ans ! — On se laisse griser.
La sève est du champagne et vous monte à la tête...
On divague ; on se sent aux lèvres un baiser
Qui palpite là, comme une petite bête...


### III

Le cœur fou Robinsonne à travers les romans,
— Lorsque, dans la clarté d'un pâle réverbère,
Passe une demoiselle aux petits airs charmants,
Sous l'ombre du faux-col effrayant de son père...

Et, comme elle vous trouve immensément naïf,
Tout en faisant trotter ses petites bottines,
Elle se tourne, alerte et d'un mouvement vif...
— Sur vos lèvres alors meurent les cavatines[1]...


### IV

Vous êtes amoureux. Loué jusqu'au mois d'août.
Vous êtes amoureux. — Vos sonnets La font rire.
Tous vos amis s'en vont, vous êtes mauvais goût.
— Puis l'adorée, un soir, a daigné vous écrire... !

— Ce soir-là, ... — vous rentrez aux cafés éclatants,
Vous demandez des bocks ou de la limonade...
— On n'est pas sérieux, quand on a dix-sept ans
Et qu'on a des tilleuls verts sur la promenade.

                              29 septembre 1870.

---

1. Ariette légère, à sujet sentimental.

## LE MAL [1]

Tandis que les crachats rouges de la mitraille
Sifflent tout le jour par l'infini du ciel bleu ;
Qu'écarlates ou verts [2], près du Roi qui les raille,
Croulent les bataillons en masse dans le feu ;

Tandis qu'une folie épouvantable, broie
Et fait de cent milliers d'hommes un tas fumant ;
— Pauvres morts ! dans l'été, dans l'herbe, dans ta joie,
Nature ! ô toi qui fis ces hommes saintement !... —

— Il est un Dieu, qui rit aux nappes damassées
Des autels, à l'encens, aux grands calices d'or ;
Qui dans le bercement des hosannah [3] s'endort,

Et se réveille, quand des mères, ramassées
Dans l'angoisse, et pleurant sous leur vieux bonnet noir,
Lui donnent un gros sou lié dans leur mouchoir !

## RAGES DE CÉSARS [4]

L'Homme pâle [5], le long des pelouses fleuries,
Chemine, en habit noir, et le cigare aux dents :
L'Homme pâle repense aux fleurs des Tuileries [6]
— Et parfois son œil terne a des regards ardents...

---

1. *Manuscrit Demeny.*
2. Les uniformes prussiens étaient verts, et ceux des Français rouges.
3. Louange, dans la liturgie (premiers mots, d'après l'hébreu, d'un hymne).
4. *Manuscrit Demeny.*
5. Napoléon III, prisonnier au château de Wilhelmshohe depuis la défaite de Sedan (2 septembre 1870).
6. Résidence impériale, incendiée en mai par la Commune.

Car l'Empereur est soûl de ses vingt ans d'orgie !
Il s'était dit : « Je vais souffler la Liberté
Bien délicatement, ainsi qu'une bougie ! »
La liberté revit ! Il se sent éreinté !

Il est pris. — Oh ! quel nom sur ses lèvres muettes
Tressaille ? Quel regret implacable le mord ?
On ne le saura pas. L'Empereur a l'œil mort.

Il repense peut-être au Compère en lunettes [1]...
— Et regarde filer de son cigare en feu,
Comme aux soirs de Saint-Cloud [2], un fin nuage bleu.


## RÊVÉ POUR L'HIVER [3]

*À \*\*\* Elle.*

L'hiver, nous irons dans un petit wagon rose
          Avec des coussins bleus.
Nous serons bien. Un nid de baisers fous repose
          Dans chaque coin moelleux.

Tu fermeras l'œil, pour ne point voir, par la glace,
          Grimacer les ombres des soirs,
Ces monstruosités hargneuses, populace
          De démons noirs et de loups noirs.

Puis tu te sentiras la joue égratignée...
Un petit baiser, comme une folle araignée,
          Te courra par le cou...


1. Le ministre Émile Ollivier, qui avait déclaré accepter la guerre
« d'un cœur léger ».
2. Résidence impériale.
3. *Manuscrit Demeny.* Rimbaud se souvient sans doute du poème
« À une Muse folle » dans *Les Cariatides* de Banville.

Et tu me diras : « Cherche ! » en inclinant la tête,
— Et nous prendrons du temps à trouver cette bête
    — Qui voyage beaucoup...

En wagon, le 7 octobre 1870.

## LE DORMEUR DU VAL [1]

C'est un trou de verdure où chante une rivière
Accrochant follement aux herbes des haillons
D'argent ; où le soleil, de la montagne fière,
Luit : c'est un petit val qui mousse de rayons.

Un soldat jeune, bouche ouverte, tête nue,
Et la nuque baignant dans le frais cresson bleu,
Dort ; il est étendu dans l'herbe, sous la nue,
Pâle dans son lit vert où la lumière pleut.

Les pieds dans les glaïeuls, il dort. Souriant comme
Sourirait un enfant malade, il fait un somme :
Nature, berce-le chaudement : il a froid.

Les parfums ne font pas frissonner sa narine ;
Il dort dans le soleil, la main sur sa poitrine
Tranquille. Il a deux trous rouges au côté droit.

Octobre 1870.

---

1. *Manuscrit Demeny.* Poème inspiré par la guerre de 70.

## AU CABARET-VERT, cinq heures du soir [1].

Depuis huit jours, j'avais déchiré mes bottines
Aux cailloux des chemins [2]. J'entrais à Charleroi.
— Au Cabaret-Vert [3] : je demandai des tartines
De beurre et du jambon qui fût à moitié froid.

Bienheureux, j'allongeai les jambes sous la table
Verte : je contemplai les sujets très naïfs
De la tapisserie. — Et ce fut adorable,
Quand la fille aux tétons énormes, aux yeux vifs,

— Celle-là, ce n'est pas un baiser qui l'épeure [4] ! —
Rieuse, m'apporta des tartines de beurre,
Du jambon tiède, dans un plat colorié,

Du jambon rose et blanc parfumé d'une gousse
D'ail, — et m'emplit la chope immense, avec sa mousse
Que dorait un rayon de soleil arriéré.

                                        Octobre 70.

## LA MALINE [5]

Dans la salle à manger brune, que parfumait
Une odeur de vernis et de fruits, à mon aise
Je ramassais un plat de je ne sais quel met [6]
Belge, et je m'épatais dans mon immense chaise.

---

1. *Manuscrit Demeny.*
2. Au début d'octobre 1870, Rimbaud fait une fugue en Belgique.
3. Il semble qu'il y ait eu, à Charleroi, une auberge de routiers, à l'enseigne de *La Maison verte*.
4. Régionalisme ardennais pour « apeure ».
5. *Manucrit Demeny*. Pour le titre, cf. « Première soirée », p. 98, n. 2.
6. Licence pour *mets*, par souci de la rime visuelle.

En mangeant, j'écoutais l'horloge, — heureux et coi.
La cuisine s'ouvrit avec une bouffée,
— Et la servante vint, je ne sais pas pourquoi,
Fichu moitié défait, malinement[1] coiffée

Et, tout en promenant son petit doigt tremblant
Sur sa joue, un velours de pêche rose et blanc,
En faisant, de sa lèvre enfantine, une moue,

Elle arrangeait les plats, près de moi, pour m'aiser[1] ;
— Puis, comme ça, — bien sûr, pour avoir un
                                        [baiser, —
Tout bas : « Sens donc, j'ai pris une[1] froid sur la
                                        [joue... »

                              Charleroi, octobre 70.


# L'ÉCLATANTE VICTOIRE
# DE SARREBRUCK[2]

REMPORTÉE AUX CRIS DE VIVE L'EMPEREUR !
GRAVURE BELGE[3]
BRILLAMMENT COLORIÉE,
SE VEND À CHARLEROI, 35 CENTIMES

Au milieu, l'Empereur, dans une apothéose
Bleue et jaune, s'en va, raide, sur son dada
Flamboyant ; très heureux, — car il voit tout en rose,
Féroce comme Zeus et doux comme un papa ;

---

1. Façon populaire de parler.
2. *Manuscrit Demeny.* La « victoire » de Sarrebruck (2 août 1870)
ne fut en réalité qu'une escarmouche, montée en épingle par l'Empe-
reur et par la presse.
3. *Prise de Saarbruck*, image d'Épinal en cinq couleurs.

En bas, les bons Pioupious qui faisaient la sieste
Près des tambours dorés et des rouges canons
Se lèvent gentiment. Pitou [1] remet sa veste,
Et, tourné vers le Chef, s'étourdit de grands noms !

À droite, Dumanet [2], appuyé sur la crosse
De son chassepot [3], sent frémir sa nuque en brosse,
Et : « Vive l'Empereur !!! » — Son voisin reste coi...

Un schako surgit, comme un soleil noir... — Au
                                  [centre,
Boquillon [4] rouge et bleu, très naïf, sur son ventre
Se dresse, et, — présentant ses derrières — : « De
                                  [quoi ?... »

                                  Octobre 70.


## LE BUFFET [5]

C'est un large buffet sculpté ; le chêne sombre,
Très vieux, a pris cet air si bon des vieilles gens ;
Le buffet est ouvert, et verse dans son ombre
Comme [6] un flot de vin vieux, des parfums
                                  [engageants ;

Tout plein, c'est un fouillis de vieilles vieilleries,
De linges odorants et jaunes, de chiffons
De femmes ou d'enfants, de dentelles flétries,
De fichus de grand-mère où sont peints des griffons ;

1. Nom générique du brave soldat naïf.
2. Selon le *Dictionnaire du XIXᵉ siècle*, type du « troupier ridi-
cule », du « bleu » naïf.
3. Fusil utilisé par l'armée française pendant la guerre de 1870.
4. Personnage de farfelu inoffensif, dans le journal satirique *La
Lanterne de Boquillon* que Rimbaud aimait à lire.
5. *Manuscrit Demeny.*
6. Sans doute faut-il comprendre : « comme le ferait ».

— C'est là qu'on trouverait les médaillons, les mèches
De cheveux blancs ou blonds, les portraits, les fleurs
[sèches
Dont le parfum se mêle à des parfums de fruits.

— O buffet du vieux temps, tu sais bien des histoires,
Et tu voudrais conter tes contes, et tu bruis
Quand s'ouvrent lentement tes grandes portes noires.

Octobre 70.

## MA BOHÈME [1]

### (Fantaisie)

Je m'en allais, les poings dans mes poches crevées [2] ;
Mon paletot aussi devenait idéal [3] :
J'allais sous le ciel, Muse ! et j'étais ton féal [4] ;
Oh ! là là ! que d'amours splendides j'ai rêvées !

Mon unique culotte avait un large trou.
— Petit-Poucet rêveur, j'égrenais dans ma course
Des rimes. Mon auberge était à la Grande-Ourse.
— Mes étoiles au ciel avaient un doux frou-frou

Et je les écoutais, assis au bord des routes,
Ces bons soirs de septembre [5] où je sentais des gouttes
De rosée à mon front, comme un vin de vigueur ;

---

1. *Manuscrit Demeny.*
2. Cf. lettre à Izambard, 2 novembre 1870 (p. 311) : « Allons, cha-
peau, capote, les deux poings dans les poches, et sortons. »
3. Tellement usé qu'il n'est plus qu'une « idée » de vêtement.
4. Vieux mot des institutions féodales : « celui qui reste fidèle à
son suzerain ».
5. Allusion probable à la première fugue de Rimbaud, commen-
cée le 29 août 1870.

Où, rimant au milieu des ombres fantastiques,
Comme des lyres, je tirais les élastiques
De mes souliers blessés, un pied près de mon cœur !


## LES CORBEAUX [1]

Seigneur, quand froide est la prairie,
Quand dans les hameaux abattus,
Les longs angelus se sont tus...
Sur la nature défleurie
Faites s'abattre des grands cieux
Les chers corbeaux délicieux [2].

Armée étrange aux cris sévères,
Les vents froids attaquent vos nids !
Vous, le long des fleuves jaunis,
Sur les routes aux vieux calvaires,
Sur les fossés et sur les trous
Dispersez-vous, ralliez-vous !

Par milliers, sur les champs de France,
Où dorment des morts d'avant-hier [3],
Tournoyez, n'est-ce pas, l'hiver,
Pour que chaque passant repense !
Sois donc le crieur du devoir,
O notre funèbre oiseau noir !

1. Il n'existe pas de manuscrit de ce poème, dont la date est incertaine : 1871 ou 1872 ? Il a été publié le 14 septembre 1872 dans la *Renaissance littéraire et artistique*, dont Rimbaud avait rencontré le directeur, E. Blémont, à Paris, grâce à Verlaine.
2. L'expression est reprise dans un poème de mai 1872, « La Rivière de Cassis », p. 162.
3. Ceux de 1792 ? Ou ceux de la guerre de 1870, par rapport à ceux d'hier, c'est-à-dire de la Commune ?

Mais, saints du ciel, en haut du chêne,
Mât perdu dans le soir charmé,
Laissez les fauvettes de mai
Pour ceux qu'au fond du bois enchaîne,
Dans l'herbe d'où l'on ne peut fuir,
La défaite sans avenir.


## LES ASSIS [1]

Noirs de loupes [2], grêlés, les yeux cerclés de bagues
Vertes, leurs doigts boulus [3] crispés à leurs fémurs,
Le sinciput [4] plaqué de hargnosités [5] vagues
Comme les floraisons lépreuses des vieux murs ;

Ils ont greffé dans des amours épileptiques
Leur fantasque ossature aux grands squelettes noirs
De leurs chaises ; leurs pieds aux barreaux rachitiques
S'entrelacent pour les matins et pour les soirs !

Ces vieillards ont toujours fait tresse avec leurs sièges,
Sentant les soleils vifs percaliser [6] leur peau
Ou, les yeux à la vitre où se fanent les neiges,
Tremblant du tremblement douloureux du crapaud.

Et les Sièges leur ont des bontés : culottée
De brun, la paille cède aux angles de leurs reins ;
L'âme des vieux soleils s'allume, emmaillotée
Dans ces tresses d'épis où fermentaient les grains.

---

1. Poème recopié par Verlaine en août-septembre 1871.
2. Excroissance sous la peau.
3. Mot forgé par Rimbaud, d'après les *boulures*, excroissance à la base des plantes.
4. Os du crâne.
5. Mot forgé par Rimbaud sur *hargneux*.
6. De *percale*, pour indiquer que la peau est devenue comme une étoffe fine ; ou de *percaline*, pour en évoquer au contraire l'aspect parcheminé ; le mot est difficile à interpréter.

Et les Assis, genoux aux dents, verts pianistes,
Les dix doigts sous leur siège aux rumeurs de tambour,
S'écoutent clapoter des barcarolles [1] tristes,
Et leurs caboches vont dans des roulis d'amour.

— Oh ! ne les faites pas lever ! C'est le naufrage...
Ils surgissent, grondant comme des chats giflés,
Ouvrant lentement leurs omoplates, ô rage !
Tout leur pantalon bouffe à leurs reins boursouflés.

Et vous les écoutez, cognant leurs têtes chauves
Aux murs sombres, plaquant et plaquant leurs pieds tors,
Et leurs boutons d'habit sont des prunelles fauves
Qui vous accrochent l'œil du fond des corridors !

Puis ils ont une main invisible qui tue :
Au retour, leur regard filtre ce venin noir
Qui charge l'œil souffrant de la chienne battue,
Et vous suez, pris dans un atroce entonnoir.

Rassis, les poings noyés dans des manchettes sales,
Ils songent à ceux-là qui les ont fait lever
Et, de l'aurore au soir, des grappes d'amygdales
Sous leurs mentons chétifs s'agitent à crever.

Quand l'austère sommeil a baissé leurs visières,
Ils rêvent sur leur bras de sièges fécondés,
De vrais petits amours de chaises en lisière [2]
Par lesquelles de fiers bureaux seront bordés ;

Des fleurs d'encre crachant des pollens en virgule
Les bercent, le long des calices accroupis
Tels qu'au fil des glaïeuls le vol des libellules
— Et leur membre s'agace à des barbes d'épis [3].

---

1. Pièce musicale ou vocale à rythme berçant.
2. Sorte de lanière à l'aide de laquelle on guide les premiers pas
d'un tout jeune enfant.
3. Périphrase pour la *paille* des sièges.

## TÊTE DE FAUNE [1]

Dans la feuillée, écrin vert taché d'or,
Dans la feuillée incertaine et fleurie
De fleurs splendides où le baiser dort,
Vif et crevant l'exquise broderie,

Un faune effaré montre ses deux yeux
Et mord les fleurs rouges de ses dents blanches.
Brunie et sanglante ainsi qu'un vin vieux
Sa lèvre éclate en rires sous les branches.

Et quand il a fui — tel qu'un écureuil —
Son rire tremble encore à chaque feuille
Et l'on voit épeuré [2] par un bouvreuil
Le Baiser d'or du Bois, qui se recueille.


## LES DOUANIERS [3]

Ceux qui disent : Cré Nom, ceux qui disent macache [4],
Soldats, marins, débris d'Empire, retraités,
Sont nuls, très nuls, devant les Soldats des Traités [5]
Qui tailladent l'azur frontière à grands coups
                                        [d'hache [6].

Pique aux dents, lame en main, profonds, pas embêtés,
Quand l'ombre bave aux bois comme un mufle de
                                        [vache,
Ils s'en vont, amenant leurs dogues à l'attache,
Exercer nuitamment leurs terribles gaîtés !


1. Poème copié par Verlaine.
2. Voir la note 4 de « Au Cabaret-Vert », p. 110.
3. Poème envoyé à Verlaine en 1871.
4. Juron de tirailleur.
5. Corps placés aux frontières par les traités de la fin de la guerre.
6. Belgicisme sarcastique.

Ils signalent aux lois modernes les faunesses.
Ils empoignent les Fausts et les Diavolos[1].
« Pas de ça, les anciens ! Déposez les ballots ! »

Quand sa sérénité s'approche des jeunesses,
Le Douanier se tient aux appas contrôlés !
Enfer aux Délinquants que sa paume a frôlés !


# ORAISON DU SOIR

Je vis assis, tel qu'un ange aux mains d'un barbier,
Empoignant une chope à fortes cannelures,
L'hypogastre[2] et le col cambrés, une Gambier[3]
Aux dents, sous l'air gonflé d'impalpables voilures.
Tels que les excréments chauds d'un vieux colombier,
Mille Rêves en moi font de douces brûlures :
Puis par instants mon cœur triste est comme un
                                              [aubier[4]
Qu'ensanglante l'or jeune et sombre des coulures.
Puis, quand j'ai ravalé mes rêves avec soin,
Je me tourne, ayant bu trente ou quarante chopes,
Et me recueille, pour lâcher l'âcre besoin :
Doux comme le Seigneur du cèdre et des hysopes[5],
Je pisse vers les cieux bruns, très haut et très loin,
Avec l'assentiment des grands héliotropes.


1. Nom d'un bandit de grand chemin (dans l'opéra de Scribe et Aubert, *Fra Diavolo*).
2. Bas-ventre.
3. Marque de pipe, qu'utilisait Rimbaud.
4. Partie interne et tendre du tronc d'arbre.
5. Dans la Bible, l'expression « du cèdre jusqu'à l'hysope » signifie : du plus grand au plus petit.

# CHANT DE GUERRE PARISIEN [1]

Le Printemps [2] est évident, car
Du cœur des Propriétés vertes,
Le vol de Thiers [2] et de Picard [2]
Tient ses splendeurs grandes ouvertes !

O Mai ! quels délirants culs-nus !
Sèvres, Meudon, Bagneux, Asnières,
Écoutez donc les bienvenus
Semer les choses printanières [3] !

Ils ont schako, sabre et tam-tam,
Non la vieille boîte à bougies,
Et des yoles qui n'ont jam, jam [4]...
Fendent le lac aux eaux rougies !

Plus que jamais nous bambochons [5]
Quand arrivent sur nos tanières
Crouler les jaunes cabochons
Dans des aubes particulières !

Thiers et Picard sont des Éros [6],
Des enleveurs d'héliotropes ;

1. Poème inséré dans la lettre dite « du Voyant » (À Demeny, le
15 mai 1871, cf. p. 314) avec « Mes petites amoureuses » et « Accrou-
pissements ». En marge de chacun de ces poèmes, Rimbaud a écrit :
« Quelles rimes ? O ! quelles rimes ! » Le titre est une réécriture du
« Chant de guerre circassien » de F. Coopée.
2. Au printemps de 1871 (le 18 mars), la Commune a pris le pou-
voir. Le Gouvernement, les parlementaires, l'armée régulière (com-
mandée par Thiers et Picard), les bourgeois, effrayés, se sont instal-
lés à Versailles.
3. Depuis le 2 avril, l'armée de Versailles bombarde la banlieue
parisienne : les *choses printanières* sont des bombes.
4. Cf. la chanson enfantine : « Il était un petit navire ». Le *lac*
est peut-être celui du bois de Boulogne dont les Versaillais se sont
emparés le 15 mai.
5. « Faisons la noce ».
6. La liaison permet un jeu de mots sarcastique : (héros)/Éros/
(zéros). *Enleveurs* est ici le contraire d'*éleveurs*.

Au pétrole ils font des Corots [1] :
Voici hannetonner leurs tropes [2]...

Ils sont familiers du Grand Truc !...
Et couché dans les glaïeuls, Favre [3]
Fait son cillement aqueduc [4],
Et ses reniflements à poivre !

La grand'ville a le pavé chaud
Malgré vos douches de pétrole,
Et décidément, il nous faut
Vous secouer dans votre rôle...

Et les Ruraux [5] qui se prélassent
Dans de longs accroupissements,
Entendront des rameaux qui cassent
Parmi les rouges froissements !

## MES PETITES AMOUREUSES [6]

Un hydrolat [7] lacrymal lave
Les cieux vert-chou :
Sous l'arbre tendronnier [8] qui bave,
Vos caoutchoucs

———

1. Des « tableaux de Corot », peintre français (1796-1875), dont
les paysages ont souvent des teintes rougeâtres.
2. *Hannetonner* : « faire la chasse aux hannetons » ; *tropes* : vieux
mot pour « troupes ».
3. Jules Favre, ministre des Affaires étrangères, avait signé la capi-
tulation le 10 mai 1871.
4. « Qui amène de l'eau », ici des larmes (hypocrites).
5. Les députés du parti des possédants fonciers, antirépublicains.
6. Ce titre parodie celui d'un poème sentimental de Glatigny, « Les
Petites Amoureuses » dans *Les Flèches d'or* (cf. p. 95, n. 1)
7. Solution chimique. Ici, probablement, et vu le contexte, les
larmes (de la pluie).
8. Jeu entre le sens littéral (« qui bourgeonne au printemps ») et
le *tendron*, ou jeune fille.

Blancs de lunes particulières
        Aux pialats [1] ronds,
Entrechoquez vos genouillères,
        Mes laiderons !

————

Nous nous aimions à cette époque,
        Bleu laideron !
On mangeait des œufs à la coque
        Et du mouron !

————

Un soir, tu me sacras poète,
        Blond laideron :
Descends ici, que je te fouette
        En mon giron ;

————

J'ai dégueulé ta bandoline [2],
        Noir laideron ;
Tu couperais ma mandoline
        Au fil du front.

————

Pouah ! mes salives desséchées,
        Roux laideron,
Infectent encor les tranchées
        De ton sein rond !

————

O mes petites amoureuses,
        Que je vous hais !
Plaquez de fouffes [3] douloureuses
        Vos tétons laids !

————

1. Mot difficile à interpréter ; création de Rimbaud. Plaques de peau ?
2. Sorte de pommade servant de brillantine.
3. Régionalisme pour *chiffon*.

Piétinez mes vieilles terrines
De sentiment ;
— Hop donc ! soyez-moi ballerines
Pour un moment !...

———

Vos omoplates se déboîtent,
O mes amours !
Une étoile à vos reins qui boitent
Tournez vos tours !

———

Et c'est pourtant pour ces éclanches[1]
Que j'ai rimé !
Je voudrais vous casser les hanches
D'avoir aimé !

———

Fade amas d'étoiles ratées,
Comblez les coins !
— Vous crèverez en Dieu, bâtées
D'ignobles soins !

———

Sous les lunes particulières
Aux pialats ronds,
Entrechoquez vos genouillères,
Mes laiderons !


# ACCROUPISSEMENTS

Bien tard, quand il se sent l'estomac écœuré,
Le frère Milotus, un œil à la lucarne
D'où le soleil, clair comme un chaudron récuré,
Lui darde une migraine et fait son regard darne[2],
Déplace dans les draps son ventre de curé.

———

1. Épaules du mouton.
2. Régionalisme : « pris de vertiges, ébloui ».

Il se démène sous sa couverture grise
Et descend, ses genoux à son ventre tremblant,
Effaré comme un vieux qui mangerait sa prise ;
Car il lui faut, le poing à l'anse d'un pot blanc,
À ses reins largement retrousser sa chemise !

Or, il s'est accroupi, frileux, les doigts de pied
Repliés, grelottant au clair soleil qui plaque
Des jaunes de brioche aux vitres de papier ;
Et le nez du bonhomme où s'alllume la laque
Renifle aux rayons, tel qu'un charnel polypier [1].
. . . . . . . . . . . . . . . . . . . . . . . . . . . . . . . . . . . . . . . . . . .

Le bonhomme mijote au feu, bras tordus, lippe
Au ventre : il sent glisser ses cuisses dans le feu,
Et ses chausses roussir, et s'éteindre sa pipe ;
Quelque chose comme un oiseau remue un peu
À son ventre serein comme un monceau de tripe !

Autour, dort un fouillis de meubles abrutis
Dans des haillons de crasse et sur de sales ventres ;
Des escabeaux, crapauds étranges, sont blottis
Aux coins noirs : des buffets ont des gueules de chantres
Qu'entr'ouvre un sommeil plein d'horribles appétits.

L'écœurante chaleur gorge la chambre étroite ;
Le cerveau du bonhomme est bourré de chiffons.
Il écoute les poils pousser dans sa peau moite,
Et, parfois, en hoquets fort gravement bouffons
S'échappe, secouant son escabeau qui boite...
. . . . . . . . . . . . . . . . . . . . . . . . . . . . . . . . . . . . . . . . . . .

Et le soir, aux rayons de lune, qui lui font
Aux contours du cul des bavures de lumière,
Une ombre avec détails s'accroupit, sur un fond
De neige rose ainsi qu'une rose trémière...
Fantasque, un nez poursuit Vénus au ciel profond.

1. Le nez, du fait de la boisson, s'est chargé d'excroissances et
d'une teinte rouge et luisante comme la laque.

# LES POÈTES DE SEPT ANS [1]

À M. P. Demeny.

Et la Mère, fermant le livre du devoir [2],
S'en allait satisfaite et très fière, sans voir,
Dans les yeux bleus et sous le front plein d'éminences,
L'âme de son enfant livrée aux répugnances.
Tout le jour il suait d'obéissance ; très
Intelligent ; pourtant des tics noirs, quelques traits,
Semblaient prouver en lui d'âcres hypocrisies.
Dans l'ombre des couloirs aux tentures moisies,
En passant il tirait la langue, les deux poings
À l'aine, et dans ses yeux fermés voyait des points.
Une porte s'ouvrait sur le soir : à la lampe
On le voyait, là-haut, qui râlait sur la rampe,
Sous un golfe de jour pendant du toit. L'été
Surtout, vaincu, stupide, il était entêté
À se renfermer dans la fraîcheur des latrines :
Il pensait là, tranquille et livrant ses narines.
Quand, lavé des odeurs du jour, le jardinet
Derrière la maison, en hiver, s'illunait [3],
Gisant au pied d'un mur, enterré dans la marne
Et pour des visions écrasant son œil darne [4],
Il écoutait grouiller les galeux espaliers [5].
Pitié ! Ces enfants seuls étaient ses familiers
Qui, chétifs, fronts nus, œil déteignant sur la joue,
Cachant de maigres doigts jaunes et noirs de boue
Sous des habits puant la foire [6] et tout vieillots,
Conversaient avec la douceur des idiots !

---

1. Poème inséré dans une lettre à Demeny du 10 juin 1871 (cf. p. 320), avec « Les Pauvres à l'église » et « Le Cœur du pitre » (cf. p. 128).
2. « Livre d'école » ou « Bible » ?
3. Déviant le terme latin, négatif, Rimbaud crée le sens « éclairé par la lune ».
4. Voir « Accroupissements », note 2, p. 122.
5. Obscur. Faut-il lire *escaliers* ?
6. *Foire* est à rattacher ici à *foireux*, « souillé d'excrément ».

Et si, l'ayant surpris à des pitiés immondes,
Sa mère s'effrayait ; les tendresses, profondes,
De l'enfant se jetaient sur cet étonnement.
C'était bon. Elle avait le bleu regard, — qui ment !

À sept ans, il faisait des romans, sur la vie
Du grand désert, où luit la Liberté ravie,
Forêts, soleils, rives, savanes ! — Il s'aidait
De journaux illustrés où, rouge, il regardait
Des Espagnoles rire et des Italiennes.
Quant venait, l'œil brun, folle, en robes d'indiennes,
— Huit ans, — la fille des ouvriers d'à côté,
La petite brutale, et qu'elle avait sauté,
Dans un coin, sur son dos, en secouant ses tresses,
Et qu'il était sous elle, il lui mordait les fesses,
Car elle ne portait jamais de pantalons ;
— Et, par elle meurtri des poings et des talons,
Remportait les saveurs de sa peau dans sa chambre.

Il craignait les blafards dimanches de décembre,
Où, pommadé, sur un guéridon d'acajou,
Il lisait une Bible à la tranche vert-chou ;
Des rêves l'oppressaient chaque nuit dans l'alcôve.
Il n'aimait pas Dieu ; mais les hommes, qu'au soir
                                              [fauve,
Noirs, en blouse, il voyait rentrer dans le faubourg
Où les crieurs, en trois roulements de tambour,
Font autour des édits rire et gronder les foules.
— Il rêvait la prairie amoureuse, où des houles
Lumineuses, parfums sains, pubescences [1] d'or,
Font leur remuement calme et prennent leur essor !

Et comme il savourait surtout les sombres choses,
Quand, dans la chambre nue aux persiennes closes,
Haute et bleue, âcrement prise d'humidité,
Il lisait son roman sans cesse médité,

---

1. Substantif formé sur *pubescent*, « garni de poils fins et courts,
de duvet ».

Plein de lourds ciels ocreux et de forêts noyées,
De fleurs de chair aux bois sidérals[1] déployées,
Vertige, écroulements, déroutes et pitié !
— Tandis que se faisait la rumeur du quartier,
En bas, — seul, et couché sur des pièces de toile
Écrue, et pressentant violemment la voile !

26 mai 1871.

## LES PAUVRES À L'ÉGLISE

Parqués entre des bancs de chêne, aux coins d'église
Qu'attiédit puamment leur souffle, tous leurs yeux
Vers le chœur ruisselant d'orrie[2] et la maîtrise
Aux vingt gueules gueulant les cantiques pieux ;

Comme un parfum de pain humant l'odeur de cire,
Heureux, humiliés comme des chiens battus,
Les Pauvres au bon Dieu, le patron et le sire,
Tendent leurs oremus risibles et têtus.

Aux femmes, c'est bien bon de faire des bancs lisses,
Après les six jours noirs où Dieu les fait souffrir !
Elles bercent, tordus dans d'étranges pelisses,
Des espèces d'enfants qui pleurent à mourir.

Leurs seins crasseux dehors, ces mangeuses de soupe,
Une prière aux yeux et ne priant jamais,
Regardent parader mauvaisement un groupe
De gamines avec leurs chapeaux déformés.

1. Dans « Le Bateau ivre », Rimbaud écrit *sidéraux*.
2. Régionalisme ardennais ; « ornements en or ».

•◆ Voir *Au fil du texte*, p. X.

Dehors, le froid, la faim, l'homme en ribote[1] :
C'est bon. Encore une heure ; après, les maux sans
                                              [noms !
— Cependant, alentour, geint, nasille, chuchote
Une collection de vieilles à fanons[2] :

Ces effarés y sont et ces épileptiques
Dont on se détournait hier aux carrefours ;
Et, fringalant[3] du nez dans des missels antiques,
Ces aveugles qu'un chien introduit dans les cours.

Et tous, bavant la foi mendiante et stupide,
Récitent la complainte infinie à Jésus
Qui rêve en haut, jauni par le vitrail livide,
Loin des maigres mauvais et des méchants pansus,

Loin des senteurs de viande et d'étoffes moisies,
Farce prostrée et sombre aux gestes repoussants ;
— Et l'oraison fleurit d'expressions choisies,
Et les mysticités prennent des tons pressants,

Quand, des nefs où périt le soleil, plis de soie
Banals, sourires verts, les Dames des quartiers
Distingués, — ô Jésus ! — les malades du foie
Font baiser leurs longs doigts jaunes aux bénitiers.

                                              1871.

1. Vers faux.
2. Replis de peau pendant au cou des bovins.
3. Néologisme rimbaldien.

# LE CŒUR VOLÉ [1]

Mon triste cœur bave à la poupe,
Mon cœur couvert de caporal [2] :
Ils y lancent des jets de soupe,
Mon triste cœur bave à la poupe :
Sous les quolibets de la troupe
Qui pousse un rire général,
Mon triste cœur bave à la poupe,
Mon cœur couvert de caporal !

Ithyphalliques [3] et pioupiesques [4]
Leurs quolibets l'ont dépravé !
Au gouvernail on voit des fresques
Ithyphalliques et pioupiesques.
O flots abracadabrantesques,
Prenez mon cœur, qu'il soit lavé !
Ithyphalliques et pioupiesques
Leurs quolibets l'ont dépravé !

Quand ils auront tari leurs chiques,
Comment agir, ô cœur volé ?
Ce seront des hoquets bachiques
Quand ils auront tari leurs chiques :
J'aurai des sursauts stomachiques,
Moi, si mon cœur est ravalé [5] :
Quand ils auront tari leurs chiques
Comment agir, ô cœur volé ?

Mai 1871.

1. Poème envoyé à Izambard dans la lettre du 13 mai 1871 (cf. p. 312) sous le titre « Le Cœur supplicié », puis le 10 juin à Demeny sous le titre « Le Cœur du pitre » (cf. p. 124).
2. Tabac des soldats, ainsi appelé parce qu'il est d'une qualité supérieure au tabac de troupe.
3. Normalement : « en érection ». Ce terme, d'ordinaire appliqué à des sculptures de divinités païennes (et plus bas à des peintures), est pris au figuré dans son rapport à *quolibets*.
4. Formé sur « pioupiou », cf. p. 96, n. 2.
5. « Dégradé ».

# L'ORGIE PARISIENNE
## OU
## PARIS SE REPEUPLE [1]

O lâches, la voilà ! Dégorgez dans les gares !
Le soleil essuya de ses poumons ardents
Les boulevards qu'un soir comblèrent les Barbares [2].
Voilà la Cité sainte, assise à l'occident !

Allez ! on préviendra les reflux d'incendie,
Voilà les quais, voilà les boulevards, voilà
Les maisons sur l'azur léger qui s'irradie
Et qu'un soir la rougeur des bombes étoila [3] !

Cachez les palais morts dans des niches de planches !
L'ancien jour effaré rafraîchit vos regards.
Voici le troupeau roux des tordeuses de hanches :
Soyez fous, vous serez drôles, étant hagards !

Tas de chiennes en rut mangeant des cataplasmes,
Le cri des maisons d'or vous réclame. Volez !
Mangez ! Voici la nuit de joie aux profonds spasmes
Qui descend dans la rue. O buveurs désolés,

Buvez ! Quand la lumière arrive intense et folle,
Fouillant à vos côtés les luxes ruisselants,
Vous n'allez pas baver, sans geste, sans parole,
Dans vos verres, les yeux perdus aux lointains blancs ?

---

1. Poème envoyé à Verlaine en août 1871. Rimbaud se souvient
sans doute du « Sacre de Paris » de Leconte de Lisle. Mais, au lieu
du siège de la capitale par les Allemands en 1870, il évoque ici le
retour des bourgeois versaillais, « vainqueurs » de la Commune.
2. Les Allemands ? Ou les Communards vus par les bourgeois ?
3. Cf. « Chant de guerre parisien », p. 119, n. 3.

Avalez, pour la Reine aux fesses cascadantes !
Écoutez l'action des stupides hoquets
Déchirants ! Écoutez sauter aux nuits ardentes
Les idiots râleux, vieillards, pantins, laquais !

O cœurs de saleté, bouches épouvantables,
Fonctionnez plus fort, bouches de puanteurs !
Un vin pour ces torpeurs ignobles, sur ces tables...
Vos ventres sont fondus de hontes, ô Vainqueurs !

Ouvrez votre narine aux superbes nausées !
Trempez de poisons forts les cordes de vos cous !
Sur vos nuques d'enfants baissant ses mains croisées
Le Poète vous dit : « O lâches, soyez fous !

Parce que vous fouillez le ventre de la Femme,
Vous craignez d'elle encore une convulsion
Qui crie, asphyxiant votre nichée infâme
Sur sa poitrine, en une horrible pression.

Syphilitiques, fous, rois, pantins, ventriloques,
Qu'est-ce que ça peut faire à la putain Paris,
Vos âmes et vos corps, vos poisons et vos loques ?
Elle se secouera de vous, hargneux pourris !

Et quand vous serez bas, geignant sur vos entrailles,
Les flancs morts, réclamant votre argent, éperdus,
La rouge courtisane aux seins gros de batailles
Loin de votre stupeur tordra ses poings ardus !

Quand tes pieds ont dansé si fort dans les colères,
Paris ! quand tu reçus tant de coups de couteau,
Quand tu gis, retenant dans tes prunelles claires
Un peu de la bonté du fauve renouveau,

O cité douloureuse, ô cité quasi morte,
La tête et les deux seins jetés vers l'Avenir
Ouvrant sur ta pâleur ses milliards de portes,
Cité que le Passé sombre pourrait bénir :

Corps remagnétisé pour les énormes peines,
Tu rebois donc la vie effroyable ! tu sens
Sourdre le flux des vers livides en tes veines,
Et sur ton clair amour rôder les doigts glaçants !

Et ce n'est pas mauvais. Les vers, les vers livides
Ne gêneront pas plus ton souffle de Progrès
Que les Stryx [1] n'éteignaient l'œil des Cariatides [2]
Où des pleurs d'or astral tombaient des bleus degrés. »

Quoique ce soit affreux de te revoir couverte
Ainsi ; quoiqu'on n'ait fait jamais d'une cité
Ulcère plus puant à la Nature verte,
Le Poète te dit : « Splendide est ta Beauté ! »

L'orage t'a sacrée suprême poésie ;
L'immense remuement des forces te secourt ;
Ton œuvre bout, la mort gronde, Cité choisie !
Amasse les strideurs [3] au cœur du clairon sourd.

Le Poète prendra le sanglot des Infâmes,
La haine des Forçats, la clameur des Maudits ;
Et ses rayons d'amour flagelleront les Femmes.
Ses strophes bondiront : Voilà ! voilà ! bandits !

— Société, tout est rétabli : — les orgies
Pleurent leur ancien râle aux anciens lupanars :
Et les gaz en délire, aux murailles rougies,
Flambent sinistrement vers les azurs blafards !

Mai 1871.

1. Orthographe de type parnassien, pour *stryge*, qui est une hellénisation fantaisiste de *strige*, vampire chez les Latins.
2. Ornement d'architecture (corps de femmes soutenant une avancée) inventé, dit la légende, sur le modèle de jolies filles de Carya, dans le Péloponnèse. Mot à prendre ici comme le symbole de la richesse et de la splendeur culturelles.
3. Terme rare affectionné de Rimbaud, formé sur *strident*. Voir aussi « Voyelles », p. 137.

# LES MAINS DE JEANNE-MARIE [1]

Jeanne-Marie a des mains fortes [2],
Mains sombres que l'été tanna,
Mains pâles comme des mains mortes.
— Sont-ce des mains de Juana [3] ?

Ont-elles pris les crèmes brunes
Sur les mares des voluptés ?
Ont-elles trempé dans les lunes
Aux étangs de sérénités ?

Ont-elles bu des cieux barbares,
Calmes sur les genoux charmants ?
Ont-elles roulé des cigares
Ou trafiqué des diamants ?

Sur les pieds ardents des Madones
Ont-elles fané des fleurs d'or ?
C'est le sang noir des belladones [4]
Qui dans leur paume éclate et dort.

---

1. Ce poème, évoqué par Verlaine dans *Les Poètes maudits*, n'a
été retrouvé qu'en 1919.
2. Rimbaud exalte ici les mains des combattantes de la Commune,
les « pétroleuses ».
3. Difficile à interpréter. Plus que don Juan, semble évoquer
Carmen, qui dans la nouvelle de Mérimée et l'opéra de Bizet « roule
des cigares » (strophe 3).
4. Diversement expliqué. Cette plante (« belle femme », en ita-
lien) fournissait un fard. Mais elle donne aussi un poison, ce qui est
plus compatible avec le contexte du vers et la fin du texte.

Mains chasseresses des diptères [1]
Dont bombinent [2] les bleuisons [3]
Aurorales, vers les nectaires [4] ?
Mains décanteuses de poisons ?

Oh ! quel Rêve les a saisies
Dans les pandiculations [5] ?
Un rêve inouï des Asies,
Des Khenghavars [6] ou des Sions [7] ?

— Ces mains n'ont pas vendu d'oranges,
Ni bruni sur les pieds des dieux :
Ces mains n'ont pas lavé les langes
Des lourds petits enfants sans yeux.

Ce ne sont pas mains de cousine
Ni d'ouvrières aux gros fronts
Que brûle, aux bois puant l'usine,
Un soleil ivre de goudrons.

Ce sont des ployeuses d'échines,
Des mains qui ne font jamais mal,
Plus fatales que des machines,
Plus fortes que tout un cheval !

---

1. Désignation scientifique des insectes à deux ailes, comme les mouches.
2. Mot forgé peut-être par le poète. Voir aussi « Voyelles », note 2, p. 137.
3. Rimbaud dit *bleuités* dans « Les Premières communions », note 4, p. 149, et dans « Le Bateau ivre », note 3, p. 154.
4. Organe de la fleur où se forme le nectar, ou suc.
5. « Mouvement automatique qui consiste à étendre les bras en haut en renversant la tête et le tronc en arrière tout en allongeant les jambes. » (Robert.)
6. Invention ? Déformation ? Il existe une ville de Kengawer en Perse.
7. Sion est le nom de la colline où est bâtie Jérusalem. Ces deux noms de villes semblent compléter *inouï* du vers précédent.

Remuant comme des fournaises,
Et secouant tous ses frissons,
Leur chair chante des Marseillaises
Et jamais les Eleisons[1] !

Ça serrerait vos cous, ô femmes
Mauvaises, ça broierait vos mains,
Femmes nobles, vos mains infâmes
Pleines de blancs et de carmins.

L'éclat de ces mains amoureuses
Tourne le crâne des brebis !
Dans leurs phalanges savoureuses
Le grand soleil met un rubis !

Une tache de populace
Les brunit comme un sein d'hier ;
Le dos de ces Mains est la place
Qu'en baisa tout Révolté fier !

Elles ont pâli, merveilleuses,
Au grand soleil d'amour chargé,
Sur le bronze des mitrailleuses
À travers Paris insurgé !

Ah ! quelquefois, ô Mains sacrées,
À vos poings, Mains où tremblent nos
Lèvres jamais désenivrées,
Crie une chaîne aux clairs anneaux[2] !

Et c'est un soubresaut étrange
Dans nos êtres, quand, quelquefois,
On veut vous déhâler, Mains d'ange,
En vous faisant saigner les doigts !

---

1. Ou *Kyrie eleison*, hymne religieux (« Seigneur, aie pitié »).
2. Allusion aux menottes enchaînant les prisonniers communards
lors de la répression versaillaise.

# LES SŒURS DE CHARITÉ [1]

Le jeune homme dont l'œil est brillant, la peau brune,
Le beau corps de vingt ans qui devrait aller nu,
Et qu'eût, le front cerclé de cuivre, sous la lune
Adoré, dans la Perse un Génie inconnu,

Impétueux avec des douceurs virginales
Et noires, fier de ses premiers entêtements,
Pareil aux jeunes mers, pleurs de nuits estivales,
Qui se retournent sur des lits de diamants ;

Le jeune homme, devant les laideurs de ce monde
Tressaille dans son cœur largement irrité,
Et plein de la blessure éternelle et profonde,
Se prend à désirer sa sœur de charité.

Mais, ô Femme, monceau d'entrailles, pitié douce,
Tu n'es jamais la Sœur de charité, jamais [2],
Ni regard noir, ni ventre où dort une ombre rousse,
Ni doigts légers, ni seins splendidement formés.

Aveugle irréveillée aux immenses prunelles,
Tout notre embrassement n'est qu'une question :
C'est toi qui pends à nous, porteuse de mamelles,
Nous te berçons, charmante et grave Passion.

---

1. Poème envoyé à Verlaine en août 1871. On y reconnaît des souvenirs de Baudelaire et de Vigny (« Les Destinées », « La Maison du berger »).
2. « Il est des misérables qui, femme ou idée, ne trouveront jamais la Sœur de Charité » (Lettre à Demeny, 17 avril 1871).

Tes haines, tes torpeurs fixes, tes défaillances
Et les brutalités souffertes autrefois,
Tu nous rends tout, ô Nuit pourtant sans malveillances,
Comme un excès de sang épanché tous les mois.

— Quand la femme, portée un instant, l'épouvante,
Amour, appel de vie et chanson d'action,
Viennent la Muse verte [1] et la Justice ardente
Le déchirer de leur auguste obsession.

Ah ! sans cesse altéré des splendeurs et des calmes,
Délaissé des deux Sœurs implacables, geignant
Avec tendresse après la science aux bras almes [2],
Il porte à la nature en fleur son front saignant.

Mais la noire alchimie et les saintes études
Répugnent au blessé, sombre savant d'orgueil ;
Il sent marcher sur lui d'atroces solitudes.
Alors, et toujours beau, sans dégoût du cercueil,

Qu'il croie aux vastes fins, Rêves ou Promenades
Immenses, à travers les nuits de Vérité,
Et t'appelle en son âme et ses membres malades,
O Mort mystérieuse, ô sœur de charité.

Juin 1871.

1. Entendre : la Muse de la Nature. On a pu expliquer aussi
l'expression comme une périphrase pour l'*absinthe* (A. Adam) ; la
« Justice ardente » serait alors la *Révolution*.
2. Latinisme : « nourriciers ».

# VOYELLES [1]

A noir, E blanc, I rouge, U vert, O bleu : voyelles,
Je dirai quelque jour vos naissances latentes :
A, noir corset velu des mouches éclatantes
Qui bombinent [2] autour des puanteurs cruelles [3],

Golfes d'ombre ; E, candeurs des vapeurs et des tentes,
Lances des glaciers fiers, rois blancs, frissons d'ombelles ;
I, pourpres, sang craché, rire des lèvres belles
Dans la colère ou les ivresses pénitentes ;

U, cycles, vibrement divins des mers virides [4],
Paix des pâtis semés d'animaux, paix des rides
Que l'alchimie imprime aux grands fronts studieux ;

O, suprême Clairon plein des strideurs [5] étranges,
Silences traversés des Mondes et des Anges :
— O l'Oméga [6], rayon violet de Ses Yeux !


L'étoile a pleuré rose au cœur de tes oreilles,
L'infini roulé blanc de ta nuque à tes reins
La mer a perlé rousse à tes mammes vermeilles
Et l'Homme saigné noir à ton flanc souverain.


1. Cf. « Alchimie du Verbe » : « J'inventai la couleur des voyel-
les », p. 211. Ce poème (écrit sans doute à Paris au début de 1872)
a suscité une multitude d'interprétations qui vont de l'ésotérisme
(J. Gengoux) à l'érotisme (R. Faurisson) en passant par les *corres-
pondances* baudelairiennes et l'*audition colorée*. Cf. Étiemble : *Le
Sonnet des voyelles*, Gallimard, 1968.
2. Latinisme, d'après un verbe mal attesté, et d'après le nom de
la mouche *Bombylius*.
3. Si l'adjectif est à prendre en son sens latin, il faut entendre « san-
glantes », comme *candeurs* vaut pour blancheurs.
4. Latinisme (« vert comme la mer »).
5. Bruits aigus (vieux mot). Cf. « L'Orgie parisienne », note 3,
p. 131.
6. Dernière lettre de l'alphabet grec.

Voir *Au fil du texte*, p. XII.

# L'HOMME JUSTE [1]

Le Juste restait droit sur ses hanches solides :
Un rayon lui dorait l'épaule ; des sueurs
Me prirent : « Tu veux voir rutiler les bolides ?
Et, debout, écouter bourdonner les flueurs [2]
D'astres lactés, et les essaims d'astéroïdes ?

« Par des farces de nuit ton front est épié,
O Juste ! Il faut gagner un toit. Dis ta prière,
La bouche dans ton drap doucement expié ;
Et si quelque égaré choque ton ostiaire [3],
Dis : Frère, va plus loin, je suis estropié ! »

Et le Juste restait debout, dans l'épouvante
Bleuâtre des gazons après le soleil mort :
« Alors, mettrais-tu tes genouillères en vente,
O Vieillard ? Pèlerin sacré ! Barde d'Armor !
Pleureur des Oliviers ! Main que la pitié gante !

« Barbe de la famille et poing de la cité,
Croyant très doux : ô cœur tombé dans les calices,
Majestés et vertus, amour et cécité,
Juste ! plus bête et plus dégoûtant que les lices [4] !
Je suis celui qui souffre et qui s'est révolté !

« Et ça me fait pleurer sur mon ventre, ô stupide,
Et bien rire, l'espoir fameux de ton pardon !
Je suis maudit, tu sais ! Je suis soûl, fou, livide,
Ce que tu veux ! Mais va te coucher, voyons donc,
Juste ! Je ne veux rien à ton cerveau torpide.

---

1. Il ne reste de ce poème que 55 vers, alors que, selon Verlaine,
il en comptait 75, ce qui rend son interprétation malaisée. Selon
certains commentateurs, le Juste serait le Christ. D'autres veulent
y voir une caricature de V. Hugo qui, après la Commune, prêchait
la réconciliation nationale.
2. « Écoulements », d'ordinaire dans le langage médical.
3. Normalement, « portier ». Ici, « porte ».
4. Chien de chasse femelle.

« C'est toi le Juste, enfin, le Juste ! C'est assez !
C'est vrai que ta tendresse et ta raison sereines
Reniflent dans la nuit comme des cétacés !
Que tu te fais proscrire, et dégoises des thrènes [1]
Sur d'effroyables becs de cane fracassés !

« Et c'est toi l'œil de Dieu ! le lâche ! Quand les plantes
Froides des pieds divins passeraient sur mon cou,
Tu es lâche ! O ton front qui fourmille de lentes !
Socrates et Jésus, Saints et Justes, dégoût !
Respectez le Maudit suprême aux nuits sanglantes ! »

J'avais crié cela sur la terre, et la nuit
Calme et blanche occupait les cieux pendant ma fièvre.
Je relevai mon front : le fantôme avait fui,
Emportant l'ironie atroce de ma lèvre…
— Vents nocturnes, venez au Maudit ! Parlez-lui !

Cependant que, silencieux sous les pilastres
D'azur, allongeant les comètes et les nœuds
D'univers, remuement énorme sans désastres,
L'ordre, éternel veilleur, rame aux cieux lumineux
Et de sa drague en feu laisse filer les astres !

Ah ! qu'il s'en aille, la gorge cravatée
De honte, ruminant toujours mon ennui, doux
Comme le sucre sur la denture gâtée.
— Tel que la chienne après l'assaut des fiers toutous,
Léchant son flanc d'où pend une entraille emportée.

Qu'il dise charités crasseuses et progrès…
— J'exècre tous ces yeux de Chinois à bedaines,
Mais qui chante : nana, comme un tas d'enfants près
De mourir, idiots doux aux chansons soudaines :
O Justes, nous chierons dans vos ventres de grès !

Juillet 1871.

_____

1. Chant de deuil, dans l'Antiquité païenne.

# CE QU'ON DIT AU POÈTE
# À PROPOS DE FLEURS[1]

*À Monsieur Théodore de Banville.*

I

Ainsi, toujours, vers l'azur noir
Où tremble la mer des topazes,
Fonctionneront dans ton soir
Les Lys, ces clystères d'extases !

À notre époque de sagous[2],
Quand les Plantes sont travailleuses,
Le Lys boira les bleus dégoûts
Dans tes Proses religieuses !

— Le lys de monsieur de Kerdrel[3],
Le Sonnet de mil huit cent trente,
Le Lys qu'on donne au Ménestrel
Avec l'œillet et l'amarante[4] !

Des lys ! Des lys ! On n'en voit pas !
Et dans ton Vers, tel que les manches
Des Pécheresses aux doux pas,
Toujours frissonnent ces fleurs blanches !

Toujours, Cher, quand tu prends un bain,
Ta chemise aux aisselles blondes
Se gonfle aux brises du matin
Sur les myosotis immondes !

---

1. Poème envoyé à Banville le 15 août 1871 (cf. p. 322). Satire
et parodie de la poésie parnassienne. Rimbaud incite les poètes moder-
nes à proposer « du nouveau, idées et formes » (cf. Lettre à Demeny,
15 mai 1871, p. 314).
2. Plante exotique, sorte de palmier, donnant une fécule.
3. Royaliste ardent.
4. Ces trois sortes de fleurs, ainsi que les violettes (v. 23), sont
attribuées en récompense aux poètes lauréats des Jeux floraux de
Toulouse (les « Ménestrels »).

L'amour ne passe à tes octrois
Que les Lilas, — ô balançoires !
Et les Violettes du Bois,
Crachats sucrés des Nymphes noires !...


## II


O Poètes, quand vous auriez
Les Roses, les Roses soufflées,
Rouges sur tiges de lauriers,
Et de mille octaves enflées !

Quand BANVILLE en ferait neiger,
Sanguinolentes, tournoyantes,
Pochant l'œil fou de l'étranger
Aux lectures mal bienveillantes !

De vos forêts et de vos prés,
O très paisibles photographes !
La Flore est diverse à peu près
Comme des bouchons de carafes !

Toujours les végétaux Français,
Hargneux, phtisiques, ridicules,
Où le ventre des chiens bassets
Navigue en paix, aux crépuscules ;

Toujours, après d'affreux dessins
De Lotos [1] bleus ou d'Hélianthes [2],
Estampes roses, sujets saints
Pour de jeunes communiantes !

---

1. Faire sonner la consonne finale : hellénisation parnassienne du
*lotus.*
2. Fleur courante, au nom exotique.

L'Ode Açoka [1] cadre avec la
Strophe en fenêtre de lorette ;
Et de lourds papillons d'éclat
Fientent sur la Pâquerette.

Vieilles verdures, vieux galons [2] !
O croquignoles [3] végétales !
Fleurs fantasques des vieux Salons !
— Aux hannetons, pas aux crotales [4],

Ces poupards végétaux en pleurs
Que Grandville [5] eût mis aux lisières [6],
Et qu'allaitèrent de couleurs
De méchants astres à visières !

Oui, vos bavures de pipeaux
Font de précieuses glucoses [7] !
— Tas d'œufs frits dans de vieux chapeaux,
Lys, Açokas, Lilas et Roses !...


III

O blanc Chasseur, qui cours sans bas
À travers le Pâtis panique [8],
Ne peux-tu pas, ne dois-tu pas
Connaître un peu ta botanique ?


1. Arbre des Indes.
2. Les marchands d'habits ambulants criaient : « Vieux habits !
vieux galons ! »
3. Petits biscuits croquants.
4. Autre nom du « serpent à sonnette ».
5. Caricaturiste français (1803-1847) qui représenta les ridicules
de son temps en les prêtant à des animaux et à des plantes.
6. Voir « Les Assis », note 2, p. 116.
7. « Sucres ». Le mot était féminin, d'après l'Académie.
8. Le « pâturage universel » (du dieu *Pan*, ou grand *Tout*).

Tu ferais succéder, je crains,
Aux Grillons roux les Cantharides,
L'or des Rios au bleu des Rhins, —
Bref, aux Norwèges les Florides :

Mais, Cher, l'Art n'est plus, maintenant,
— C'est la vérité, — de permettre
À l'Eucalyptus étonnant
Des constrictors d'un hexamètre [1] :

Là !... Comme si les Acajous
Ne servaient, même en nos Guyanes,
Qu'aux cascades des sapajous,
Au lourd délire des lianes !

— En somme, une Fleur, Romarin
Ou Lys, vive ou morte, vaut-elle
Un excrément d'oiseau marin ?
Vaut-elle un seul pleur de chandelle ?

— Et j'ai dit ce que je voulais !
Toi, même assis là-bas, dans une
Cabane de bambous, — volets
Clos, tentures de perse brune, —

Tu torcherais des floraisons
Dignes d'Oises extravagantes !...
— Poète ! ce sont des raisons
Non moins risibles qu'arrogantes !...

1. Vers latin.

## IV

Dis, non les pampas [1] printaniers
Noirs d'épouvantables révoltes,
Mais les tabacs, les cotonniers !
Dis les exotiques récoltes !

Dis, front blanc que Phébus [2] tanna,
De combien de dollars se rente
Pedro Velasquez, Habana ;
Incague [3] la mer de Sorrente [4]

Où vont les Cygnes par milliers ;
Que tes strophes soient des réclames
Pour l'abatis des mangliers [5]
Fouillés des hydres et des lames !

Ton quatrain plonge aux bois sanglants
Et revient proposer aux Hommes
Divers sujets de sucres blancs,
De pectoraires [6] et de gommes !

Sachons par Toi si les blondeurs
Des Pics neigeux, vers les Tropiques,
Sont ou des insectes pondeurs
Ou des lichens microscopiques !

Trouve, ô Chasseur, nous le voulons,
Quelques garances [7] parfumées
Que la Nature en pantalons
Fasse éclore ! — pour nos Armées !

1. Bien que le mot soit normalement féminin, il convient de le maintenir, pour le sens, au lieu de *pampres* proposé par certains.
2. Dieu de la poésie... et du Soleil.
3. « Conchie ».
4. Symbole d'une poésie sentimentale et mièvre.
5. Palétuviers.
6. Sirop propre à calmer la toux.
7. Plante qui fournit une teinture rouge. Les uniformes avaient cette couleur.

Trouve, aux abords du Bois qui dort,
Les fleurs, pareilles à des mufles,
D'où bavent des pommades d'or
Sur les cheveux sombres des Buffles !

Trouve, aux prés fous, où sur le Bleu
Tremble l'argent des pubescences,
Des calices pleins d'Œufs de feu
Qui cuisent parmi les essences !

Trouve des Chardons cotonneux
Dont dix ânes aux yeux de braises
Travaillent à filer les nœuds !
Trouve des Fleurs qui soient des chaises !

Oui, trouve au cœur des noirs filons
Des fleurs presque pierres, — fameuses ! —
Qui vers leurs durs ovaires blonds
Aient des amygdales gemmeuses !

Sers-nous, ô Farceur, tu le peux,
Sur un plat de vermeil splendide
Des ragoûts de Lys sirupeux
Mordant nos cuillers Alfénide [1] !


V


Quelqu'un dira le grand Amour,
Voleur des sombres Indulgences :
Mais ni Renan [2], ni le chat Murr [3]
N'ont vu les Bleus Thyrses [4] immenses !

1. Nom d'un alliage.
2. Historien et écrivain français (1823-1892).
3. Personnage-titre d'un *Conte* fantastique de Hoffmann. Le prononcer à l'allemand, pour la rime, qui semble bien être sa seule justification ici.
4. Bâton portant des feuilles de lierre ou de vigne, et surmonté d'une pomme de pin ; attribut de Bacchus.

Toi, fais jouer dans nos torpeurs,
Par les parfums les hystéries ;
Exalte-nous vers les candeurs
Plus candides que les Maries...

Commerçant ! colon ! médium !
Ta Rime sourdra, rose ou blanche,
Comme un rayon de sodium,
Comme un caoutchouc qui s'épanche !

De tes noirs Poèmes, — Jongleur !
Blancs, verts, et rouges dioptriques,
Que s'évadent d'étranges fleurs
Et des papillons électriques !

Voilà ! c'est le Siècle d'enfer !
Et les poteaux télégraphiques
Vont orner, — lyre aux chants[1] de fer,
Tes omoplates magnifiques !

Surtout, rime une version
Sur le mal des pommes de terre !
— Et, pour la composition
De poèmes pleins de mystère

Qu'on doive lire de Tréguier[2]
À Paramaribo[3], rachète
Des Tomes de Monsieur Figuier[4],
— Illustrés ! — chez Monsieur Hachette !

14 juillet 1871.

ALCIDE BAVA.
A. R.

1. Peut-être faut-il entendre *chant* non au sens musical, mais au sens technique, « face étroite d'un volume régulier ».
2. Patrie de Renan.
3. En Guyane.
4. Naturaliste. Autant dire « une encyclopédie ».

# LES PREMIÈRES COMMUNIONS [1]

## I

Vraiment, c'est bête, ces églises des villages
Où quinze laids marmots encrassant les piliers
Écoutent, grasseyant les divins babillages,
Un noir grotesque dont fermentent les souliers [2] :
Mais le soleil éveille, à travers les feuillages,
Les vieilles couleurs des vitraux irréguliers.

La pierre sent toujours la terre maternelle,
Vous verrez des monceaux de ces cailloux terreux
Dans la campagne en rut qui frémit solennelle,
Portant près des blés lourds, dans les sentiers ocreux,
Ces arbrisseaux brûlés où bleuit la prunelle,
Des nœuds de mûriers noirs et de rosiers fuireux [3].

Tous les cent ans on rend ces granges respectables
Par un badigeon d'eau bleue et de lait caillé :
Si des mysticités grotesques sont notables
Près de la Notre Dame ou du Saint empaillé,
Des mouches sentant bon l'auberge et les étables
Se gorgent de cire au plancher ensoleillé.

L'enfant se doit surtout à la maison, famille
Des soins naïfs, des bons travaux abrutissants ;
Ils sortent, oubliant que la peau leur fourmille
Où le Prêtre du Christ plaqua ses doigts puissants.
On paie au Prêtre un toit ombré d'une charmille
Pour qu'il laisse au soleil tous ces fronts brunissants.

Le premier habit noir, le plus beau jour de tartes,
Sous le Napoléon ou le Petit Tambour

---

1. Poème envoyé à Verlaine pendant l'été 1871. Isabelle Rimbaud
avait fait sa communion en mai de la même année.
2. Il s'agit d'un prêtre. Cf. « Un Cœur sous une soutane »,
p. 53-59.
3. Régionalisme ardennais pour « églantiers », selon A. Adam.

Quelque enluminure où les Josephs et les Marthes
Tirent la langue avec un excessif amour
Et que joindront, au jour de science, deux cartes,
Ces seuls doux souvenirs lui restent du grand jour.

Les filles vont toujours à l'église, contentes
De s'entendre appeler garces par les garçons
Qui font du genre après Messe ou vêpres chantantes.
Eux qui sont destinés au chic des garnisons,
Ils narguent au café les maisons importantes,
Blousés neuf [1], et gueulant d'effroyables chansons.

Cependant le Curé choisit pour les enfances
Des dessins ; dans son clos, les vêpres dites, quand
L'air s'emplit du lointain nasillement des danses,
Ils se sent, en dépit des célestes défenses,
Les doigts de pied ravis et le mollet marquant [2] ;

— La nuit vient, noir pirate aux cieux d'or débarquant.


II


Le Prêtre a distingué parmi les catéchistes,
Congrégés des Faubourgs ou des Riches Quartiers,
Cette petite fille inconnue, aux yeux tristes,
Front jaune. Les parents semblent de doux portiers.
« Au grand Jour, le marquant parmi les Catéchistes,
Dieu fera sur ce front neiger ses bénitiers. »


III


La veille du grand Jour, l'enfant se fait malade.
Mieux qu'à l'Église haute aux funèbres rumeurs,
D'abord le frisson vient, — le lit n'étant pas fade —
Un frisson surhumain qui retourne : « Je meurs... »

---

1. « Vêtus de blouses neuves ».
2. « Qui marque la mesure ».

Et, comme un vol d'amour fait à ses sœurs stupides,
Elle compte, abattue et les mains sur son cœur,
Les Anges, les Jésus et ses Vierges nitides [1]
Et, calmement, son âme a bu tout son vainqueur.

Adonaï [2] !... — Dans les terminaisons latines,
Des cieux moirés de vert baignent les Fronts vermeils
Et tachés du sang pur des célestes poitrines
De grands linges neigeux tombent sur les soleils !

— Pour ses virginités présentes et futures
Elle mord aux fraîcheurs de ta Rémission,
Mais plus que les lys d'eau, plus que les confitures,
Tes pardons sont glacés, ô Reine de Sion [3] !

## IV

Puis la Vierge n'est plus que la vierge du livre.
Les mystiques élans se cassent quelquefois...
Et vient la pauvreté des images, que cuivre
L'ennui, l'enluminure atroce et les vieux bois ;

Des curiosités vaguement impudiques
Épouvantent le rêve aux chastes bleuités [4]
Qui s'est surpris autour des célestes tuniques,
Du linge dont Jésus voile ses nudités.

Elle veut, elle veut, pourtant, l'âme en détresse,
Le front dans l'oreiller creusé par les cris sourds,
Prolonger les éclairs suprêmes de tendresse,
Et bave... — L'ombre emplit les maisons et les cours.

---

1. « D'un blanc resplendissant » (latinisme).
2. « Seigneur », en hébreu ; mot passé dans la liturgie catholique.
3. Un des noms de Marie, dans les litanies de la Vierge.
4. Rimbaud dit ailleurs *bleuisons* (voir « Les Mains de Jeanne-Marie », p. 133) et emploie aussi ce néologisme dans « Le Bateau ivre », p. 154.

Et l'enfant ne peut plus. Elle s'agite, cambre
Les reins et d'une main ouvre le rideau bleu
Pour amener un peu la fraîcheur de la chambre
Sous le drap, vers son ventre et sa poitrine en feu...


V


À son réveil, — minuit, — la fenêtre était blanche.
Devant le sommeil bleu des rideaux illunés [1],
La vision la prit des candeurs du dimanche ;
Elle avait rêvé rouge. Elle saigna du nez,

Et se sentant bien chaste et pleine de faiblesse
Pour savourer en Dieu son amour revenant,
Elle eut soif de la nuit où s'exalte et s'abaisse
Le cœur, sous l'œil des cieux doux, en les devinant ;

De la nuit, Vierge-Mère impalpable, qui baigne
Tous les jeunes émois de ses silences gris,
Elle eut soif de la nuit forte où le cœur qui saigne
Écoule sans témoin sa révolte sans cris.

Et faisant la victime et la petite épouse,
Son étoile la vit, une chandelle aux doigts,
Descendre dans la cour où séchait une blouse,
Spectre blanc, et lever les spectres noirs des toits.


VI


Elle passa sa nuit sainte dans des latrines.
Vers la chandelle, aux trous du toit coulait l'air blanc,
Et quelque vigne folle aux noirceurs purpurines,
En deçà d'une cour voisine s'écroulant.

1. Voir « Les Poètes de sept ans », note 3, p. 124.

La lucarne faisait un cœur de lueur vive
Dans la cour où les cieux bas plaquaient d'ors vermeils
Les vitres ; les pavés puant l'eau de lessive
Soufraient l'ombre des murs bondés de noirs sommeils.
. . . . . . . . . . . . . . . . . . . . . . . . . . . . . . . . . . . . . . . .


### VII

Qui dira ces langueurs et ces pitiés immondes,
Et ce qu'il lui viendra de haine, ô sales fous,
Dont le travail divin déforme encor les mondes,
Quand la lèpre à la fin mangera ce corps doux ?
. . . . . . . . . . . . . . . . . . . . . . . . . . . . . . . . . . . . . . . .


### VIII [1]

Et quand, ayant rentré tous ses nœuds d'hystéries,
Elle verra, sous les tristesses du bonheur,
L'amant rêver au blanc million des Maries,
Au matin de la nuit d'amour, avec douleur :

« Sais-tu que je t'ai fait mourir ? J'ai pris ta bouche,
Ton cœur, tout ce qu'on a, tout ce que vous avez ;
Et moi, je suis malade : Oh ! je veux qu'on me couche
Parmi les Morts des eaux nocturnes abreuvés !

« J'étais bien jeune, et Christ a souillé mes haleines,
Il me bonda jusqu'à la gorge de dégoûts !
Tu baisais mes cheveux profonds comme les laines,
Et je me laissais faire... ah ! va, c'est bon pour vous,

1. On passe ici, sans transition, de la première communion à la nuit de noces.

« Hommes ! qui songez peu que la plus amoureuse
Est, sous sa conscience aux ignobles terreurs,
La plus prostituée et la plus douloureuse,
Et que tous nos élans vers vous sont des erreurs !

« Car ma Communion première est bien passée.
Tes baisers, je ne puis jamais les avoir sus :
Et mon cœur et ma chair par ta chair embrassée
Fourmillent du baiser putride de Jésus ! »

IX

Alors l'âme pourrie et l'âme désolée
Sentiront ruisseler tes malédictions.
— Ils auront couché sur ta Haine inviolée,
Échappés, pour la mort, des justes passions,

Christ ! ô Christ, éternel voleur des énergies,
Dieu qui pour deux mille ans vouas à ta pâleur,
Cloués au sol, de honte et de céphalalgies[1],
Ou renversés, les fronts des femmes de douleur.

Juillet 1871.

## LES CHERCHEUSES DE POUX[2]

Quand le front de l'enfant, plein de rouges tourmentes,
Implore l'essaim blanc des rêves indistincts,
Il vient près de son lit deux grandes sœurs charmantes
Avec de frêles doigts aux ongles argentins.

---

1. « Maux de tête », « migraines ».
2. On ne sait si ce poème — dont il ne reste pas d'autographe —
date de 1870 ou de 1872.

Elles assoient l'enfant devant une croisée
Grande ouverte où l'air bleu baigne un fouillis de fleurs,
Et dans ses lourds cheveux où tombe la rosée
Promènent leurs doigts fins, terribles et charmeurs.

Il écoute chanter leurs haleines craintives
Qui fleurent de longs miels végétaux et rosés,
Et qu'interrompt parfois un sifflement, salives
Reprises sur la lèvre ou désirs de baisers.

Il entend leurs cils noirs battant sous les silences
Parfumés ; et leurs doigts électriques et doux
Font crépiter parmi ses grises indolences
Sous leurs ongles royaux la mort des petits poux.

Voilà que monte en lui le vin de la Paresse,
Soupir d'harmonica qui pourrait délirer ;
L'enfant se sent, selon la lenteur des caresses,
Sourdre et mourir sans cesse un désir de pleurer.


# LE BATEAU IVRE [1]

Comme je descendais des Fleuves impassibles,
Je ne me sentis plus guidé par les haleurs :
Des Peaux-Rouges criards les avaient pris pour cibles,
Les ayant cloués nus aux poteaux de couleurs.

1. En quittant Charleroi pour Paris, la dernière semaine de sep-
tembre 1871, Rimbaud emportait ce poème pour le « présenter en
arrivant » aux poètes parisiens. Il le donna à Verlaine, qui lui avait
écrit : « Venez, chère grande âme, on vous appelle, on vous attend. »
Ce texte est rempli de souvenirs de lecture : J. Verne, E.A. Poe, Bau-
delaire, Hugo, articles de revues *(Le Magasin pittoresque, Le Tour
du monde),* poèmes parnassiens où les symboles du bateau et du
voyage étaient très fréquents. Pourtant « on n'a rien écrit encore de
semblable », selon la formule de Rimbaud à Delahaye...

◆◗ Voir *Au fil du texte*, p. XI.

J'étais insoucieux de tous les équipages,
Porteur de blés flamands ou de cotons anglais.
Quand avec mes haleurs ont fini ces tapages,
Les Fleuves m'ont laissé descendre où je voulais.

Dans les clapotements furieux des marées,
Moi, l'autre hiver, plus sourd que les cerveaux
                                          [d'enfants,
Je courus ! Et les Péninsules démarrées
N'ont pas subi tohu-bohus plus triomphants.

La tempête a béni mes éveils maritimes.
Plus léger qu'un bouchon j'ai dansé sur les flots
Qu'on appelle rouleurs éternels de victimes,
Dix nuits, sans regretter l'œil niais des falots !

Plus douce qu'aux enfants la chair des pommes sures,
L'eau verte pénétra ma coque de sapin
Et des taches de vins bleus et des vomissures
Me lava, dispersant gouvernail et grappin.

Et dès lors, je me suis baigné dans le Poème
De la Mer, infusé d'astres, et lactescent [1],
Dévorant les azurs verts ; où [2], flottaison blême
Et ravie, un noyé pensif parfois descend ;

Où, teignant tout à coup les bleuités [3], délires
Et rythmes lents sous les rutilements du jour,
Plus fortes que l'alcool, plus vastes que nos lyres,
Fermentent les rousseurs amères de l'amour !

Je sais les cieux crevant en éclairs, et les trombes
Et les ressacs et les courants : je sais le soir,

1. « Qui commence à prendre un aspect laiteux » (latinisme).
2. Le mot doit se rattacher à *Poème*.
3. Néologisme. Voir p. 133, « Les Mains de Jeanne-Marie »,
note 3.

L'Aube exaltée ainsi qu'un peuple de colombes,
Et j'ai vu quelquefois ce que l'homme a cru voir !

J'ai vu le soleil bas, taché d'horreurs mystiques,
Illuminant de longs figements violets,
Pareils à des acteurs de drames très antiques
Les flots roulant au loin leurs frissons de volets !

J'ai rêvé la nuit verte aux neiges éblouies,
Baiser montant aux yeux des mers avec lenteurs,
La circulation des sèves inouïes,
Et l'éveil jaune et bleu des phosphores chanteurs[1] !

J'ai suivi, des mois pleins, pareille aux vacheries
Hystériques, la houle à l'assaut des récifs,
Sans songer que les pieds lumineux des Maries[2]
Pussent forcer le mufle aux Océans poussifs !

J'ai heurté, savez-vous, d'incroyables Florides
Mêlant aux fleurs des yeux de panthères à peaux
D'hommes ! Des arcs-en-ciel tendus comme des brides
Sous l'horizon des mers, à de glauques troupeaux !

J'ai vu fermenter les marais énormes, nasses
Où pourrit dans les joncs tout un Léviathan[3] !
Des écroulements d'eaux au milieu des bonaces[4],
Et les lointains vers les gouffres cataractant !

Glaciers, soleils d'argent, flots nacreux, cieux de braises !
Échouages hideux au fond des golfes bruns
Où les serpents géants dévorés des punaises
Choient, des arbres tordus, avec de noirs parfums !

---

1. Minuscules organismes sphériques et luminescents, également appelés *noctiluques*.
2. Évocation probable de la Camargue, avec ses troupeaux de tau-reaux *(vacheries)* et ses *Saintes-Maries-de-la-Mer*.
3. Monstre dans la Bible.
4. Calme plat, dans le vocabulaire maritime.

J'aurais voulu montrer aux enfants ces dorades
Du flot bleu, ces poissons d'or, ces poissons chantants.
— Des écumes de fleurs ont bercé mes dérades [1]
Et d'ineffables vents m'ont ailé par instants.

Parfois, martyr lassé des pôles et des zones,
La mer dont le sanglot faisait mon roulis doux
Montait vers moi ses fleurs d'ombre aux ventouses
                                          [jaunes
Et je restais, ainsi qu'une femme à genoux...

Presque île, ballottant sur mes bords les querelles
Et les fientes d'oiseaux clabaudeurs [2] aux yeux blonds.
Et je voguais, lorsqu'à travers mes liens frêles
Des noyés descendaient dormir, à reculons !

Or moi, bateau perdu sous les cheveux des anses [3],
Jeté par l'ouragan dans l'éther sans oiseau,
Moi dont les Monitors [4] et les voiliers des Hanses [5]
N'auraient pas repêché la carcasse ivre d'eau ;

Libre, fumant, monté de brumes violettes,
Moi qui trouais le ciel rougeoyant comme un mur
Qui porte, confiture exquise aux bons poètes,
Des lichens de soleil et des morves d'azur ;

Qui courais, taché de lunules électriques,
Planche folle, escorté des hippocampes noirs,
Quand les juillets faisaient crouler à coups de triques
Les cieux ultramarins aux ardents entonnoirs ;

1. *Dérader*, « sortir de la rade », fournit à Rimbaud l'occasion
de forger ce mot.
2. Proprement, « qui protestent sans motif ». Ici, « criaillants ».
3. Demi-dieux de la mythologie scandinave.
4. Navires de guerre américains.
5. Ligues, au Moyen Âge, de villes maritimes commerçantes.

Moi qui tremblais, sentant geindre à cinquante lieues
Le rut des Béhémots [1] et les Maelstroms [2] épais,
Fileur éternel des immobilités bleues,
Je regrette l'Europe aux anciens parapets !

J'ai vu des archipels sidéraux ! et des îles
Dont les cieux délirants sont ouverts au vogueur :
— Est-ce en ces nuits sans fonds que tu dors et t'exiles,
Million d'oiseaux d'or, ô future Vigueur ?

Mais, vrai, j'ai trop pleuré ! Les Aubes sont navrantes.
Toute lune est atroce et tout soleil amer :
L'âcre amour m'a gonflé de torpeurs enivrantes.
O que ma quille éclate ! O que j'aille à la mer !

Si je désire une eau d'Europe, c'est la flache [3]
Noire et froide où vers le crépuscule embaumé
Un enfant accroupi plein de tristesse, lâche
Un bateau frêle comme un papillon de mai.

Je ne puis plus, baigné de vos langueurs, ô lames,
Enlever leur sillage [4] aux porteurs de cotons,
Ni traverser l'orgueil des drapeaux et des flammes [5],
Ni nager sous les yeux horribles des pontons [6].

---

1. L'hippopotame, selon le terme que lui assigne la Bible, et que reprend Hugo, dans *Les Travailleurs de la mer.*
2. Le *Maelstrom* est un bras de mer entre des îles au large de la côte norvégienne, et tenu longtemps pour le passage le plus dangereux du monde.
3. Régionalisme pour « mare », « flaque ».
4. « Suivre », en termes de navigation.
5. « Pavillons ».
6. Bâtiments de guerre désaffectés et aménagés pour y garder les prisonniers, sous l'Empire.

# DERNIERS VERS

# LARME [1]

Loin des oiseaux, des troupeaux, des villageoises,
Je buvais, accroupi dans quelque bruyère
Entourée de tendres bois de noisetiers,
Par un brouillard d'après-midi tiède et vert.

Que pouvais-je boire dans cette jeune Oise,
Ormeaux sans voix, gazon sans fleurs, ciel ouvert.
Que tirais-je à la gourde de colocase [2] ?
Quelque liqueur d'or [3], fade et qui fait suer.

Tel, j'eusse été mauvaise enseigne d'auberge.
Puis l'orage changea le ciel, jusqu'au soir.
Ce furent des pays noirs, des lacs, des perches,
Des colonnades sous la nuit bleue, des gares.

L'eau des bois se perdait sur des sables vierges,
Le vent, du ciel, jetait des glaçons aux mares...
Or ! tel qu'un pêcheur d'or ou de coquillages,
Dire que je n'ai pas eu souci de boire [4] !

Mai 1872.

1. Poème repris, avec des différences sensibles, dans « Alchimie du Verbe », p. 212.
2. Fleur tropicale : cette erreur technique est à imputer au goût du poète pour les sonorités, sans plus. Voir aussi, dans *Une Saison en Enfer*, « Délires II », p. 212.
3. On peut penser ici à l'*aurum potabile* des alchimistes.
4. Dans « Alchimie du Verbe », le dernier quatrain se réduit à un seul vers, qui semble dire l'échec du *Voyant*.

# LA RIVIÈRE DE CASSIS

La Rivière de Cassis[1] roule ignorée
    En des vaux étranges :
La voix de cent corbeaux l'accompagne, vraie
    Et bonne voix d'anges :
Avec les grands mouvements des sapinaies[2]
    Quand plusieurs vents plongent.

Tout roule avec des mystères révoltants
    De campagnes d'anciens temps,
De donjons visités, de parcs importants :
    C'est en ces bords qu'on entend
Les passions mortes des chevaliers errants :
    Mais que salubre est le vent !

Que le piéton[3] regarde à ces claires-voies :
    Il ira plus courageux.
Soldats des forêts que le Seigneur envoie,
    Chers corbeaux délicieux[4] !
Faites fuir d'ici le paysan matois[5]
    Qui trinque d'un moignon vieux.

Mai 1872.

---

1. Peut-être faut-il lire « cassis » et entendre « couleur de cassis »,
d'un violet sombre ?
2. Néologisme, formé sur *hêtraie, chênaie...*
3. Rimbaud ? Cf. lettre à Demeny, 28 août 1871 : « Je suis un
piéton et rien de plus. » *Claires-voies* serait alors à rapprocher de
la *voyance* du poète : « Je voyais très franchement... » p. 213.
4. Cf. « Les Corbeaux », p. 114.
5. Cf. « Mauvais sang » : « ...tous paysans, ignobles », p. 196.

# COMÉDIE DE LA SOIF [1]

### 1. LES PARENTS

Nous sommes tes Grands-Parents,
    Les Grands [2] !
Couverts des froides sueurs
De la lune et des verdures.
Nos vins secs avaient du cœur [3] !
Au soleil sans imposture
Que faut-il à l'homme ? boire.

MOI — Mourir aux fleuves barbares.

Nous sommes tes Grands-Parents
    Des champs.
L'eau est au fond des osiers :
Vois le courant du fossé
Autour du Château mouillé.
Descendons en nos celliers ;
Après, le cidre et le lait.

MOI — Aller où boivent les vaches.

Nous sommes tes Grands-Parents ;
    Tiens, prends
Les liqueurs dans nos armoires ;
Le Thé, le Café, si rares,
Frémissent dans les bouilloires.
— Vois les images, les fleurs.
Nous rentrons du cimetière.

MOI — Ah ! tarir toutes les urnes !

1. Autre titre donné par les manuscrits : « L'Enfer de la soif ».
La *soif* (spirituelle autant que physique) est un thème récurrent chez
Rimbaud.
2. La famille de M<sup>me</sup> Rimbaud possédait d'assez importantes pro-
priétés rurales en Ardenne.
3. La locution courante est plutôt « un vin qui a du *corps* ».

## 2. L'ESPRIT

Éternelles Ondines,
    Divisez l'eau fine.
Vénus, sœur de l'azur,
    Émeus le flot pur.
Juifs errants de Norwège,
    Dites-moi la neige.
Anciens exilés chers,
    Dites-moi la mer.


MOI — Non, plus ces boissons pures,
    Ces fleurs d'eau pour verres ;
Légendes ni figures
    Ne me désaltèrent [1] ;
Chansonnier, ta filleule
    C'est ma soif si folle
Hydre [2] intime sans gueules
    Qui mine et désole.


## 3. LES AMIS [3]

Viens, les Vins vont aux plages,
Et les flots par millions !
Vois le Bitter sauvage
Rouler du haut des monts !

Gagnons, pèlerins sages,
L'Absinthe aux verts piliers...


1. Cf. le rejet de la « vieillerie poétique », « Alchimie du Verbe »,
p. 213.
2. Dans la légende d'Hercule, l'*hydre*, monstre aquatique, avait
plusieurs têtes, toujours renaissantes.
3. Les poètes et artistes parisiens, en particulier Forain (à qui Rim-
baud a donné les manuscrits de « Larme », « La Rivière de Cassis »
et « Comédie de la soif ») et Verlaine, tous grands buveurs de *bitter*
(alcool de genièvre très *amer*) et d'*absinthe*.

MOI — Plus ces paysages.
       Qu'est l'ivresse, Amis ?

       J'aime autant, mieux, même,
       Pourrir dans l'étang,
       Sous l'affreuse crème,
       Près des bois flottants.

### 4. LE PAUVRE SONGE

Peut-être un Soir m'attend
Où je boirai tranquille
En quelque vieille Ville,
Et mourrai plus content :
Puisque je suis patient !

Si mon mal se résigne,
Si j'ai jamais quelque or,
Choisirai-je le Nord
Ou le Pays des Vignes ?...
— Ah songer est indigne

Puisque c'est pure perte !
Et si je redeviens
Le voyageur ancien
Jamais l'auberge verte [1]
Ne peut bien m'être ouverte.

### 5. CONCLUSION

Les pigeons qui tremblent dans la prairie,
Le gibier, qui court et qui voit la nuit,
Les bêtes des eaux, la bête asservie,
Les derniers papillons !... ont soif aussi.

---

1. Dans « Voyelles », le *vert* est la couleur de la *paix* (p. 137) ;
cf. aussi « Au Cabaret-Vert », p. 110.

Mais fondre où fond ce nuage sans guide,
— Oh ! favorisé de ce qui est frais !
Expirer en ces violettes humides
Dont les aurores chargent ces forêts ?

Mai 1872.

## BONNE PENSÉE DU MATIN[1]

À quatre heures du matin, l'été[2],
Le Sommeil d'amour dure encore.
Sous les bosquets l'aube évapore
          L'odeur du soir fêté.

Mais là-bas dans l'immense chantier
Vers le soleil des Hespérides[3],
En bras de chemise, les charpentiers
          Déjà s'agitent.

Dans leur désert de mousse, tranquilles,
Ils préparent les lambris précieux
Où la richesse de la ville
          Rira sous de faux cieux.

Ah ! pour ces Ouvriers charmants
Sujets d'un roi de Babylone,
Vénus ! laisse un peu les Amants,
          Dont l'âme est en couronne.

---

1. Cf. « Alchimie du Verbe », p. 212.
2. Cf. *Illuminations*, p. 264 : « J'ai embrassé l'aube d'été » ; lettre à Delahaye, p. 327 : « Cette heure indicible, première du matin. »
3. Dans la mythologie antique, le jardin des Hespérides constituait la limite ouest du monde connu.

O Reine des Bergers [1] !
Porte aux travailleurs l'eau-de-vie,
Pour que leurs forces soient en paix
En attendant le bain dans la mer, à midi.

Mai 1872.


# FÊTES DE LA PATIENCE

## BANNIÈRES DE MAI [2]

Aux branches claires des tilleuls
Meurt un maladif hallalli.
Mais des chansons spirituelles
Voltigent parmi les groseilles.
Que notre sang rie en nos veines,
Voici s'enchevêtrer les vignes
Le ciel est joli comme un ange,
L'azur et l'onde communient.
Je sors. Si un rayon me blesse
Je succomberai sur la mousse.

Qu'on patiente et qu'on s'ennuie
C'est trop simple. Fi de mes peines.
Je veux que l'été dramatique
Me lie à son char de fortune.
Que par toi beaucoup, ô Nature,
— Ah moins seul et moins nul ! — je meure.
Au lieu que les Bergers [3], c'est drôle,
Meurent à peu près par le monde.


1. La formule évoque à la fois Vénus (la déesse et l'étoile du Berger) qui protège les amants et les litanies de la Vierge.
2. Autre titre, « Patience ».
3. Peut-être les *amants*, dont l'amour est détruit par le monde, par la société et ses conventions.

Je veux bien que les saisons m'usent.
À toi, Nature, je me rends ;
Et ma faim et toute ma soif.
Et, s'il te plaît, nourris, abreuve.
Rien de rien ne m'illusionne ;
C'est rire aux parents, qu'au soleil,
Mais moi je ne veux rire à rien ;
Et libre soit cette infortune.

Mai 1872.

### CHANSON DE LA PLUS HAUTE TOUR [1]

Oisive jeunesse
À tout asservie,
Par délicatesse
J'ai perdu ma vie.
Ah ! Que le temps vienne
Où les cœurs s'éprennent.

Je me suis dit : laisse,
Et qu'on ne te voie :
Et sans la promesse
De plus hautes joies.
Que rien ne t'arrête,
Auguste retraite.

J'ai tant fait patience
Qu'à jamais j'oublie ;
Craintes et souffrances
Aux cieux sont parties.
Et la soif malsaine
Obscurcit mes veines.

1. Dans « Alchimie du Verbe », Rimbaud cite ce texte (dans une version remaniée et réduite) comme exemple des « espèces de romances » où il disait « adieu au monde », p. 213. Le rythme — comme dans les deux pièces suivantes — est très verlainien.

Ainsi la Prairie
À l'oubli livrée,
Grandie, et fleurie
D'encens et d'ivraies
Au bourdon farouche
De cent sales mouches.

Ah ! Mille veuvages
De la si pauvre âme
Qui n'a que l'image
De la Notre-Dame !
Est-ce que l'on prie
La Vierge Marie ?

Oisive jeunesse
À tout asservie,
Par délicatesse
J'ai perdu ma vie.
Ah ! Que le temps vienne
Où les cœurs s'éprennent !

Mai 1872.


L'ÉTERNITÉ [1]

Elle est retrouvée.
Quoi ? — L'Éternité.
C'est la mer allée
Avec le soleil.

Âme sentinelle,
Murmurons l'aveu
De la nuit si nulle
Et du jour en feu.

---

1. Dans « Alchimie du Verbe », Rimbaud parle, pour ce poème, d'une « expression bouffonne et égarée au possible », p. 216.

Des humains suffrages,
Des communs élans
Là tu te dégages
Et voles selon [1].

Puisque de vous seules,
Braises de satin,
Le Devoir s'exhale
Sans qu'on dise : enfin.

Là pas d'espérance,
Nul orietur [2],
Science avec patience,
Le supplice est sûr.

Elle est retrouvée.
Quoi ? — L'Éternité.
C'est la mer allée
Avec le soleil.

Mai 1872.

### ÂGE D'OR

Quelqu'une des voix
Toujours angélique
— Il s'agit de moi, —
Vertement s'explique :

Ces mille questions
Qui se ramifient
N'amènent, au fond,
Qu'ivresse et folie [3] ;

1. « À ton gré », « selon ton envie ».
2. Mot latin (« il naîtra ») qui, chez Virgile comme dans la Bible,
évoque une promesse divine. Donc, signe d'*espérance*.
3. Cf. « Alchimie du Verbe » : « À moi. L'histoire d'une de mes
folies », p. 211.

Reconnais ce tour
Si gai, si facile :
Ce n'est qu'onde, flore,
Et c'est ta famille !

Puis elle chante. O
Si gai, si facile,
Et visible à l'œil nu [1]...
— Je chante avec elle, —

Reconnais ce tour
Si gai, si facile,
Ce n'est qu'onde, flore,
Et c'est ta famille !... etc...

Et puis une Voix
— Est-elle angélique ! —
Il s'agit de moi,
Vertement s'explique ;

Et chante à l'instant
En sœur des haleines :
D'un ton Allemand,
Mais ardente et pleine :

Le monde est vicieux ;
Si cela t'étonne !
Vis et laisse au feu
L'obscure infortune [2].

O ! joli château !
Que ta vie est claire !
De quel Âge es-tu,
Nature princière
De notre grand frère ! etc...

---

1. Ce vers, dénué de rime, de rythme, et de plus prosaïque, est
volontairement faux.
2. Cf. « Bannières de mai » : « Et libre soit cette infortune » p. 168.

Je chante aussi, moi :
Multiples sœurs ! Voix
Pas du tout publiques !
Environnez-moi
De gloire pudique... etc...

Juin 1872.

## JEUNE MÉNAGE[1]

La chambre est ouverte au ciel bleu-turquin[2],
Pas de place : des coffrets et des huches !
Dehors le mur est plein d'aristoloches[3]
Où vibrent les gencives des lutins.

Que ce sont bien intrigues de génies
Cette dépense et ces désordres vains !
C'est la fée africaine qui fournit
La mûre, et les résilles[4] dans les coins.

Plusieurs entrent, marraines mécontentes,
En pans de lumière dans les buffets,
Puis y restent ! le ménage s'absente
Peu sérieusement, et rien ne se fait.

Le marié a le vent qui le floue[5]
Pendant son absence, ici, tout le temps.
Même des esprits des eaux, malfaisants
Entrent vaguer aux sphères de l'alcôve.

1. S'agit-il du « drôle de ménage » (p. 206) de « Vierge folle »
et de « l'Époux infernal » auquel s'oppose Mathilde Verlaine, « prin-
cesse souris » (Verlaine) ici changée en *malin rat* ? Ou de celui de
Verlaine et de Mathilde, troublé par le *lutin*, le mauvais *génie*
Rimbaud ?
2. « Bleu tirant sur l'ardoise » selon Littré, ou « bleu turquoise ».
3. Plantes grimpantes.
4. Toiles d'araignées ?
5. Argotique : « tromper ».

La nuit, l'amie oh ! la lune de miel
Cueillera leur sourire et remplira
De mille bandeaux de cuivre le ciel.
Puis ils auront affaire au malin rat.

— S'il n'arrive pas un feu follet blême,
Comme un coup de fusil, après des vêpres.
— O spectres saints et blancs de Bethléem,
Charmez plutôt le bleu de leur fenêtre !

27 juin 1872.

*Bruxelles,*
*Juillet* [1]                    *Boulevard du Régent.*

Plates-bandes d'amarantes jusqu'à
L'agréable palais de Jupiter [2].
— Je sais que c'est Toi qui, dans ces lieux,
Mêles ton Bleu presque de Sahara !

Puis, comme rose et sapin du soleil
Et liane ont ici leurs jeux enclos,
Cage de la petite veuve [3] !...
                         Quelles
Troupes d'oiseaux, ô iaio, iaio !...

— Calmes maisons, anciennes passions !
Kiosque de la Folle par affection.
Après les fesses [4] des rosiers, balcon
Ombreux et très bas de la Juliette.

1. La datation du poème est incertaine : 1872 ou 1873 ? Avant
ou après le drame de Bruxelles ?
2. Le palais des Académies et le parc de Bruxelles avec ses « fleurs
rouges ».
3. Verlaine ? cf. p. 207.
4. Régionalisme : branche souple, ici servant de tuteur aux rosiers.
Peut-être aussi « faisse », longue bande de terre, plate-bande.

— La Juliette, ça rappelle l'Henriette[1],
Charmante station du chemin de fer,
Au cœur d'un mont, comme au fond d'un verger
Où mille diables bleus[2] dansent dans l'air !

Banc vert où chante au paradis d'orage[3],
Sur la guitare, la blanche Irlandaise.
Puis, de la salle à manger guyanaise,
Bavardage des enfants et des cages.

Fenêtre du duc qui fais que je pense
Au poison des escargots et du buis
Qui dort ici-bas au soleil.
                    Et puis
C'est trop beau ! trop ! Gardons notre silence.

— Boulevard sans mouvement ni commerce,
Muet, tout drame et toute comédie,
Réunion des scènes infinie,
Je te connais et t'admire en silence.


Est-elle almée[4] ?... aux premières heures bleues
Se détruira-t-elle comme les fleurs feues...
Devant la splendide étendue où l'on sente
Souffler la ville[5] énormément florissante !

C'est trop beau ! c'est trop beau ! mais c'est nécessaire
— Pour la Pêcheuse et la chanson du Corsaire,
Et aussi puisque les derniers masques crurent
Encore aux fêtes de nuit sur la mer pure !

                          Juillet 1872.

---

1. Obscur. Certains commentateurs y voient une allusion aux héroïnes de Shakespeare *(Roméo et Juliette)* et de Molière *(Les Femmes savantes)* mais sans pour autant expliquer la *station du chemin de fer*...
2. En anglais *blue-devils* signifie « cauchemars ».
3. Cf. « Villes II », p. 259 : « Le paradis des orages s'effondre. »
4. Mot très employé dans les textes du XIXᵉ siècle : « danseuse », dans le monde arabe et aux Indes.
5. Peut-être un souvenir du séjour à Londres avec Verlaine ?

# FÊTES DE LA FAIM

Ma faim, Anne, Anne [1],
Fuis sur ton âne.

Si j'ai du *goût*, ce n'est guères
Que pour la terre et les pierres
Dinn ! dinn ! dinn ! dinn ! je pais l'air,
Le roc, les Terres, le fer.

Tournez, les faims ! paissez, faims,
    Le pré des sons !
L'aimable et vibrant venin
    Des liserons ;

Les cailloux qu'un pauvre brise,
Les vieilles pierres d'églises,
Les galets, fils des déluges [2],
Pains couchés aux vallées grises !

Mes faims, c'est les bouts d'air noir ;
    L'azur sonneur ;
— C'est l'estomac qui me tire.
    C'est le malheur.

Sur terre ont paru les feuilles :
Je vais aux chairs de fruits blettes [3],
Au sein du sillon je cueille
La doucette [4] et la violette.

---

1. Cf. Perrault : *Barbe-Bleue*.
2. Cf. la légende des pierres jetées par Deucalion et qui deviennent des hommes, dans les *Métamorphoses* d'Ovide.
3. Fruits (prunelles, par exemple) que l'on mange au printemps quand les gelées les ont « ramollis ».
4. Sorte de salade printanière, appelée aussi « mâche ».

Ma faim, Anne, Anne !
Fuis sur ton âne.

                                    Août 1872[1].


Qu'est-ce pour nous, mon cœur, que les nappes de sang
Et de braise, et mille meurtres, et les longs cris
De rage, sanglots de tout enfer renversant
Tout ordre[2] ; et l'Aquilon[3] encor sur les débris ;

Et toute vengeance ? Rien !... — Mais si, toute encor,
Nous la voulons ! Industriels, princes, sénats :
Périssez ! puissance, justice, histoire : à bas !
Ça nous est dû. Le sang ! le sang ! la flamme d'or !

Tout à la guerre de la vengeance, à la terreur,
Mon esprit ! Tournons dans la morsure : Ah ! passez,
Républiques de ce monde ! Des empereurs,
Des régiments, des colons, des peuples, assez !

Qui remuerait les tourbillons de feu furieux,
Que nous[4] et ceux que nous nous imaginons frères ?
À nous, romanesques amis : ça va nous plaire.
Jamais nous ne travaillerons, ô flots de feux !

Europe, Asie, Amérique, disparaissez.
Notre marche vengeresse a tout occupé,
Cités et campagnes ! — Nous serons écrasés !
Les volcans sauteront ! Et l'Océan frappé...

---

1. On ne sait trop si ce poème a été écrit à Londres (Rimbaud y
a connu la misère et la faim) ou à Bruxelles (il évoquerait alors le
*goût* des vagabondages et il s'agirait plutôt d'une *faim* symbolique
de liberté).
2. Rimbaud, une fois de plus, évoque ici la Commune, ses espoirs
révolutionnaires, son échec et sa répression. Voir une analyse de ce
poème dans J. Roubaud, *La Vieillesse d'Alexandre*, Ramsay, 1988,
p. 19-35.
3. Vent du Nord, violent et froid.
4. Entendre : « *qui* d'autre *que nous* »...

Oh ! mes amis ! — Mon cœur, c'est sûr, ils sont des
                                            [frères :
Noirs inconnus, si nous allions ! Allons ! allons !
O malheur ! je me sens frémir, la vieille terre,
Sur moi de plus en plus à vous ! la terre fond.

Ce n'est rien ! j'y suis ! j'y suis toujours.


Entends comme brame
près des acacias
en avril la rame
viride[1] du pois !

Dans sa vapeur nette,
vers Phœbé[2] ! tu vois
s'agiter la tête
de saints d'autrefois...

Loin des claires meules
des caps, des beaux toits,
ces chers Anciens veulent
ce philtre sournois...

Or ni fériale[3]
ni astrale ! n'est
la brume qu'exhale
ce nocturne effet.

Néanmoins ils restent,
— Sicile, Allemagne,
dans ce brouillard triste
et blêmi, justement[4] !

1. Voir « Voyelles », note 4, p. 137.
2. Un des noms de la lune, dans la mythologie classique.
3. « De fête » (terme liturgique).
4. Rime pour l'œil seul.

# MICHEL ET CHRISTINE [1]

Zut alors, si le soleil quitte ces bords !
Fuis, clair déluge [2] ! voici l'ombre des routes
Dans les saules, dans la vieille cour d'honneur,
L'orage d'abord jette ses larges gouttes.

O cent agneaux, de l'idylle soldats blonds,
Des aqueducs, des bruyères amaigries,
Fuyez ! plaine, déserts, prairie, horizons
Sont à la toilette rouge de l'orage !

Chien noir, brun pasteur dont le manteau s'engouffre,
Fuyez l'heure des éclairs supérieurs ;
Blond troupeau, quand voici nager ombre et soufre,
Tâchez de descendre à des retraits meilleurs.

Mais moi, Seigneur ! voici que mon esprit vole,
Après les cieux glacés de rouge, sous les
Nuages célestes qui courent et volent
Sur cent Solognes longues comme un railway.

Voilà mille loups, mille graines sauvages
Qu'emporte, non sans aimer les liserons,
Cette religieuse après-midi d'orage
Sur l'Europe ancienne où cent hordes iront !

Après le clair de lune ! partout la lande,
Rougissant leurs fronts aux cieux noirs, les guerriers
Chevauchent lentement leurs pâles coursiers !
Les cailloux sonnent sous cette fière bande !

---

1. Un vaudeville de Scribe porte ce titre (cf. « Alchimie du Verbe »,
p. 213 : « Un titre de vaudeville dressait des épouvantes devant moi »)
mais cette référence n'éclaire pas le poème...
2. Cf. « Enfance I », p. 244 : « le clair déluge qui sourd des prés ».

Et verrai-je le bois jaune et le val clair,
L'Épouse aux yeux bleus, l'homme au front rouge,
                                    [ô Gaule,
Et le blanc Agneau Pascal, à leurs pieds chers,
— Michel et Christine, — et Christ ! fin de l'Idylle [1].

## HONTE [2]

Tant que la lame n'aura
Pas coupé cette cervelle,
Ce paquet blanc, vert et gras,
À vapeur jamais nouvelle,

(Ah ! Lui, devrait couper son
Nez, sa lèvre, ses oreilles,
Son ventre ! et faire abandon
De ses jambes ! ô merveille !)

Mais, non ; vrai, je crois que tant
Que pour sa tête la lame,
Que les cailloux pour son flanc,
Que pour ses boyaux la flamme,

N'auront pas agi, l'enfant
Gêneur [3], la si sotte bête,
Ne doit cesser un instant
De ruser et d'être traître,

1. S'agit-il de la « fin de l'idylle » avec Verlaine et de la reconsti-
tution du couple légal ?
2. On ne sait si ce poème date de 1872 ou de 1873.
3. Rimbaud ?

Comme un chat des Monts-Rocheux[1],
D'empuantir toutes sphères !
Qu'à sa mort pourtant, ô mon Dieu !
S'élève quelque prière !

# MÉMOIRE

## I

L'eau claire ; comme le sel des larmes d'enfance,
L'assaut au soleil des blancheurs des corps de femmes ;
la soie, en foule et de lys pur, des oriflammes
sous les murs dont quelque pucelle eut la défense ;

l'ébat des anges ; — Non... le courant d'or en marche,
meut ses bras, noirs, et lourds, et frais surtout, d'herbe. [Elle
sombre, ayant le Ciel bleu pour ciel-de-lit, appelle
pour rideaux l'ombre de la colline et de l'arche.

## II

Eh ! l'humide carreau tend ses bouillons limpides !
L'eau meuble d'or pâle et sans fond les couches prêtes.
Les robes vertes et déteintes des fillettes
font les saules, d'où sautent les oiseaux sans brides.

Plus pure qu'un louis, jaune et chaude paupière,
le souci d'eau[2] — ta foi conjugale, ô l'Épouse ! —

---

1. Chat sauvage des montagnes Rocheuses, aux États-Unis. Mais les *Monts-Rocheux* peuvent aussi faire allusion à Roche, la propriété familiale des Rimbaud. Delahaye, dans une lettre à Verlaine (31 décembre 1881), désigne Rimbaud comme « le monstre hypothétiquement rocheux » (entendre « qui se trouve peut-être à Roche »).
2. Le nénuphar.

au midi prompt, de son terne miroir, jalouse
au ciel gris de chaleur la Sphère rose et chère [1].


## III


Madame se tient trop debout dans la prairie
prochaine où neigent les fils du travail ; l'ombrelle
aux doigts ; foulant l'ombelle ; trop fière pour elle ;
des enfants lisant dans la verdure fleurie

leur livre de maroquin rouge ! Hélas, Lui, comme
mille anges blancs qui se séparent sur la route,
s'éloigne par-delà la montagne ! Elle, toute
froide, et noire, court ! après le départ de l'homme !


## IV


Regret des bras épais et jeunes d'herbe pure !
Or des lunes d'avril au cœur du saint lit ! Joie
des chantiers riverains à l'abandon, en proie
aux soirs d'août qui faisaient germer ces pourritures !

Qu'elle pleure à présent sous les remparts ! l'haleine
des peupliers d'en haut est pour la seule brise.
Puis, c'est la nappe, sans reflets, sans source, grise :
un vieux, dragueur [2], dans sa barque immobile, peine.


## V


Jouet de cet œil d'eau morne, je n'y puis prendre,
ô canot immobile ! oh ! bras trop courts ! ni l'une
ni l'autre fleur : ni la jaune qui m'importune,
là ; ni la bleue, amie à l'eau couleur de cendre.


1. Périphrase pour le soleil ?
2. Pêcheur muni d'un filet raclant le fond.

Ah ! la poudre des saules qu'une aile secoue !
Les roses des roseaux dès longtemps dévorées !
Mon canot, toujours fixe ; et sa chaîne tirée
Au fond de cet œil d'eau sans bords, — à quelle boue ?


O saisons, ô châteaux,
Quelle âme est sans défauts [1] ?

O saisons, ô châteaux,

J'ai fait la magique étude
Du Bonheur, que nul n'élude.

O vive lui, chaque fois
Que chante son coq gaulois [2].

Mais ! je n'aurai plus d'envie,
Il s'est chargé de ma vie.

Ce Charme ! il prit âme et corps,
Et dispersa tous efforts.

Que comprendre à ma parole ?
Il fait qu'elle fuie et vole !

O saisons, ô châteaux !

Et, si le malheur m'entraîne,
Sa disgrâce m'est certaine.

Il faut que son dédain, las !
Me livre au plus prompt trépas !

— O Saisons, ô Châteaux !
Quelle âme est sans défauts ?


1. Dernier poème cité (version modifiée et abrégée) dans « Alchi-
mie du Verbe », p. 217.
2. Cf. « Alchimie du Verbe », p. 217 : « Le bonheur ! Sa dent,
douce à la mort, m'avertissait au chant du coq... »

## « RÊVE [1] »

On a faim dans la chambrée —
    C'est vrai...
Émanations, explosions. Un génie :
    « Je suis le gruère ! —
Lefêbvre : « Keller ! »
Le génie : « Je suis le Brie ! —
Les soldats coupent sur leur pain :
    « C'est la vie !
Le génie. — « Je suis le Roquefort !
    — « Ça s'ra not' mort !...
    Je suis le gruère
    Et le Brie !... etc.


## VALSE

On nous a joints, Lefêbvre et moi, etc.


1. Ce texte, qui figure dans une lettre à Delahaye (14 octobre 1875, p. 330) sous le titre « Rêve », est sans doute le dernier des poèmes en vers de Rimbaud.

# PROSES DIVERSES

# LES DÉSERTS DE L'AMOUR [1]

## AVERTISSEMENT

Ces écritures-ci sont d'un jeune, tout jeune *homme* [2], dont la vie s'est développée n'importe où ; sans mère, sans pays, insoucieux de tout ce qu'on connaît, fuyant toute force morale, comme furent déjà plusieurs pitoyables jeunes hommes. Mais, lui, si ennuyé et si troublé, qu'il ne fit que s'amener à la mort comme à une pudeur terrible et fatale. N'ayant pas aimé de femmes, — quoique plein de sang ! — il eut son âme et son cœur, toute sa force, élevés en des erreurs étranges et tristes. Des rêves suivants, — ses amours ! — qui lui vinrent dans ses lits ou dans les rues, et de leur suite et de leur fin, de douces considérations religieuses se dégagent. Peut-être se rappellera-t-on le sommeil continu des Mahométans légendaires [3], — braves pourtant et circoncis ! Mais, cette bizarre souffrance possédant une autorité inquiétante, il faut sincèrement désirer que cette Âme, égarée parmi nous tous, et qui veut la mort, ce semble, rencontre en cet instant-là des consolations sérieuses et soit digne !

A. RIMBAUD.

1. Selon son ami Delahaye, Rimbaud aurait composé ces « poèmes en prose » au printemps 1871. Ils constitueraient le début d'une série inspirée par la « lecture de Baudelaire ». On pense aujourd'hui qu'ils datent plutôt de 1872.
2. Rimbaud a dix-sept (ou dix-huit) ans.
3. Cf. la légende des *Sept Dormants* dans le Coran (sourate XVIII).

C'est, certes, la même campagne. La même maison rustique de mes parents : la salle même où les dessus de portes sont des bergeries [1] roussies, avec des armes et des lions. Au dîner, il y a un salon avec des bougies et des vins et des boiseries rustiques. La table à manger est très grande. Les servantes ! elles étaient plusieurs, autant que je m'en suis souvenu. — Il y avait là un de mes jeunes amis anciens, prêtre et vêtu en prêtre, maintenant : c'était pour être plus libre. Je me souviens de sa chambre de pourpre, à vitres de papier jaune : et ses livres, cachés, qui avaient trempé dans l'océan !

Moi, j'étais abandonné, dans cette maison de campagne sans fin : lisant dans la cuisine, séchant la boue de mes habits devant les hôtes, aux conversations du salon : ému jusqu'à la mort par le murmure du lait du matin et de la nuit du siècle dernier.

J'étais dans une chambre très sombre : que faisais-je ? Une servante vint près de moi : je puis dire que c'était un petit chien [2] : quoiqu'elle fût belle, et d'une noblesse maternelle inexprimable pour moi : pure, connue, toute charmante ! Elle me pinça le bras.

Je ne me rappelle même plus bien sa figure : ce n'est pas pour me rappeler son bras, dont je roulai la peau dans mes deux doigts ; ni sa bouche, que la mienne saisit comme une petite vague désespérée, minant sans fin quelque chose. Je la renversai dans une corbeille de coussins et de toiles de navire, en un coin noir. Je ne me rappelle plus que son pantalon à dentelles blanches.

Puis, ô désespoir, la cloison devint vaguement l'ombre des arbres, et je me suis abîmé sous la tristesse amoureuse de la nuit.

---

1. Tapisseries représentant des scènes pastorales.
2. Cf. « Alchimie du Verbe », p. 217 : « Cette famille est une nichée de chiens ».

Cette fois, c'est la Femme que j'ai vue dans la Ville, et à qui j'ai parlé et qui me parle.

J'étais dans une chambre, sans lumière. On vint me dire qu'elle était chez moi : et je la vis dans mon lit, toute à moi, sans lumière ! Je fus très ému, et beaucoup parce que c'était la maison de famille : aussi une détresse me prit ! J'étais en haillons, moi, et elle, mondaine qui se donnait : il lui fallait s'en aller ! Une détresse sans nom : je la pris, et la laissai tomber hors du lit, presque nue ; et, dans ma faiblesse indicible, je tombai sur elle et me traînai avec elle parmi les tapis, sans lumière. La lampe de la famille rougissait l'une après l'autre les chambres voisines. Alors, la femme disparut. Je versai plus de larmes que Dieu n'en a pu jamais demander.

Je sortis dans la ville sans fin. O fatigue ! Noyé dans la nuit sourde et dans la fuite du bonheur. C'était comme une nuit d'hiver, avec une neige pour étouffer le monde décidément. Les amis, auxquels je criais : où reste-t-elle, répondaient faussement. Je fus devant les vitrages de là où elle va tous les soirs : je courais dans un jardin enseveli. On m'a repoussé. Je pleurais énormément, à tout cela. Enfin, je suis descendu dans un lieu plein de poussière, et, assis sur des charpentes, j'ai laissé finir toutes les larmes de mon corps avec cette nuit. — Et mon épuisement me revenait pourtant toujours.

J'ai compris qu'Elle était à sa vie de tous les jours ; et que le tour de bonté serait plus long à se reproduire qu'une étoile. Elle n'est pas revenue, et ne reviendra jamais, l'Adorable qui s'était rendue chez moi, — ce que je n'aurais jamais présumé. Vrai, cette fois j'ai pleuré[1] plus que tous les enfants du monde.

1. Cf. « Le Bateau ivre » : « Mais, vrai, j'ai trop pleuré... »

# [SUITE ÉVANGÉLIQUE]

## I

À Samarie [1], plusieurs ont manifesté leur foi en lui.
Il ne les a pas vus. Samarie s'enorgueillissait la parve-
nue, la perfide, l'égoïste, plus rigide observatrice de sa
loi protestante que Juda des tables antiques [2]. Là la
richesse universelle permettait bien peu de discussion
éclairée. Le sophisme, esclave et soldat de la routine,
y avait déjà après les avoir flattés, égorgé plusieurs pro-
phètes.

C'était un mot sinistre, celui de la femme à la fon-
taine : « Vous êtes prophète, vous savez ce que j'ai
fait. »

Les femmes et les hommes croyaient aux prophètes.
Maintenant on croit à l'homme d'État.

À deux pas de la ville étrangère, incapable de la
menacer matériellement, s'il était pris comme prophète,
puisqu'il s'était montré là si bizarre, qu'aurait-il fait ?

Jésus n'a rien pu dire à Samarie.

## II

L'air léger et charmant de la Galilée : les habitants
le reçurent avec une joie curieuse : ils l'avaient vu,
secoué par la sainte colère, fouetter les changeurs et les

1. Selon l'Évangile de Jean (IV), Jésus traversa la Samarie, pro-
vince qui séparait la Judée de la Galilée, et y rencontra une *femme*
près d'une *fontaine*. Ici *Samarie* désigne une ville — la capitale ? —
de cette province.
2. Dans la Bible, les Samaritains ont une réputation exécrable (le
*bon* Samaritain est l'exception qui confirme la règle...). Ils accueil-
lirent fort mal Jésus (Luc, IX).

marchands de gibier du temple [1]. Miracle de la jeunesse pâle et furieuse, croyaient-ils.

Il sentit sa main aux mains chargées de bagues et à la bouche d'un officier [2]. L'officier était à genoux dans la poudre : et sa tête était assez plaisante, quoique à demi chauve.

Les voitures filaient dans les étroites rues de la ville ; un mouvement, assez fort pour ce bourg ; tout semblait devoir être trop content ce soir-là.

Jésus retira sa main : il eut un mouvement d'orgueil enfantin et féminin. « Vous autres, si vous ne voyez point des miracles, vous ne croyez point. »

Jésus n'avait point encor fait de miracle. Il avait, dans une noce, dans une salle à manger verte et rose, parlé un peu hautement à la Sainte Vierge. Et personne n'avait parlé du vin de Cana à Capharnaüm, ni sur le marché, ni sur les quais. Les bourgeois peut-être.

Jésus dit : « Allez, votre fils se porte bien. » L'officier s'en alla, comme on porte quelque pharmacie légère, et Jésus continua par les rues moins fréquentées. Des liserons oranges, des bourraches [3] montraient leur lueur magique entre les pavés. Enfin il vit au loin la prairie poussiéreuse, et les boutons d'or et les marguerites demandant grâce au jour.

### III

Bethsaïda [4], la piscine des cinq galeries, était un point d'ennui. Il semblait que ce fût un sinistre lavoir, toujours accablé de la pluie et noir ; et les mendiants

---

1. Cf. Jean, II.
2. Fonctionnaire royal, cf. Jean, IV.
3. Sans souci de *couleur locale*, Rimbaud ne cite que des plantes communes en France.
4. La piscine des Brebis, Bezatha — ou Bethsaïda —, à Jérusalem, dont l'eau était censée guérir malades et infirmes (cf. Jean, V). Rimbaud la métamorphose en lieu infernal et les infirmes en *damnés*.

s'agitant sur les marches intérieures ; — blêmies par
ces lueurs d'orages précurseurs des éclairs d'enfer, en
plaisantant sur leurs yeux bleus aveugles, sur les linges
blancs ou bleus dont s'entouraient leurs moignons.
O buanderie militaire, ô bain populaire. L'eau était
toujours noire, et nul infirme n'y tombait même en
songe.

C'est là que Jésus fit la première action grave ; avec
les infâmes infirmes. Il y avait un jour, de février, mars
ou avril, où le soleil de deux heures après midi, laissait
s'étaler une grande faux de lumière sur l'eau ensevelie, et comme, là-bas, loin derrière les infirmes, j'aurais
pu voir tout ce que ce rayon seul éveillait de bourgeons
et de cristaux et de vers, dans le reflet, pareil à un ange
blanc couché sur le côté, tous les reflets infiniment pâles
remuaient.

Alors tous les péchés, fils légers et tenaces du démon,
qui pour les cœurs un peu sensibles, rendaient ces hommes plus effrayants que les monstres, voulaient se jeter
à cette eau. Les infirmes descendaient, ne raillant plus ;
mais avec envie.

Les premiers entrés sortaient guéris, disait-on. Non.
Les péchés les rejetaient sur les marches, et les forçaient
de chercher d'autres postes : car leur Démon ne peut
rester qu'aux lieux où l'aumône est sûre.

Jésus entra aussitôt après l'heure de midi. Personne
ne lavait ni ne descendait de bêtes. La lumière dans la
piscine était jaune comme les dernières feuilles des
vignes. Le divin maître se tenait contre une colonne :
il regardait les fils du Péché ; le démon tirait sa langue
en leur langue ; et riait.

Le Paralytique se leva, qui était resté couché sur le
flanc, franchit la galerie et ce fut d'un pas singulièrement assuré qu'ils le virent franchir la galerie et disparaître dans la ville, les Damnés.

# UNE SAISON EN ENFER

*****

« Jadis, si je me souviens bien, ma vie était un festin
où s'ouvraient tous les cœurs, où tous les vins coulaient.

Un soir, j'ai assis la Beauté sur mes genoux. — Et
je l'ai trouvée amère. — Et je l'ai injuriée.

Je me suis armé contre la justice.

Je me suis enfui. O sorcières, ô misère, ô haine, c'est
à vous que mon trésor a été confié !

Je parvins à faire s'évanouir dans mon esprit toute
l'espérance humaine. Sur toute joie pour l'étrangler j'ai
fait le bond sourd de la bête féroce.

J'ai appelé les bourreaux pour, en périssant, mor-
dre la crosse de leurs fusils. J'ai appelé les fléaux, pour
m'étouffer avec le sable, le sang. Le malheur a été mon
dieu. Je me suis allongé dans la boue. Je me suis séché
à l'air du crime. Et j'ai joué de bons tours à la folie.

Et le printemps m'a apporté l'affreux rire de l'idiot.

Or, tout dernièrement m'étant trouvé sur le point de
faire le dernier *couac* ! [1] j'ai songé à rechercher la clef
du festin ancien, où je reprendrais peut-être appétit.

La charité est cette clef. — Cette inspiration prouve
que j'ai rêvé !

---

1. Allusion probable au drame de Bruxelles, comme dans
« L'Éclair », p. 221 : « Sur mon lit d'hôpital... ». Sur les rapports
Verlaine-Rimbaud, cf. Dossier littéraire, p. 343-349.

« Tu resteras hyène, etc…, » se récrie le démon qui me couronna de si aimables pavots. « Gagne la mort avec tous tes appétits, et ton égoïsme et tous les péchés capitaux. »

Ah ! j'en ai trop pris : — Mais, cher Satan, je vous en conjure, une prunelle moins irritée ! et en attendant les quelques petites lâchetés en retard[1], vous qui aimez dans l'écrivain l'absence des facultés descriptives ou instructives, je vous détache ces quelques hideux feuillets de mon carnet de damné.

## MAUVAIS SANG

J'ai de mes ancêtres gaulois l'œil bleu blanc, la cervelle étroite, et la maladresse dans la lutte. Je trouve mon habillement aussi barbare que le leur. Mais je ne beurre pas ma chevelure.

Les Gaulois étaient les écorcheurs de bêtes, les brûleurs d'herbes les plus ineptes de leur temps.

D'eux, j'ai : l'idolâtrie et l'amour du sacrilège ; — oh ! tous les vices, colère, luxure, — magnifique, la luxure ; — surtout mensonge et paresse.

J'ai horreur de tous les métiers. Maîtres et ouvriers, tous paysans, ignobles. La main à plume vaut la main à charrue. — Quel siècle à mains ! — Je n'aurai jamais ma main. Après, la domesticité mène trop loin. L'honnêteté de la mendicité me navre. Les criminels dégoûtent comme des châtrés : moi, je suis intact, et ça m'est égal.

Mais ! qui a fait ma langue perfide tellement qu'elle ait guidé et sauvegardé jusqu'ici ma paresse ? Sans me servir pour vivre même de mon corps, et plus oisif que le crapaud, j'ai vécu partout. Pas une famille d'Europe que je ne connaisse. — J'entends des familles comme

---

1. Il s'agit peut-être ici des textes des *Illuminations*.

la mienne, qui tiennent tout de la déclaration des Droits
de l'Homme. — J'ai connu chaque fils de famille !

---

Si j'avais des antécédents à un point quelconque de
l'histoire de France !

Mais non, rien.

Il m'est bien évident que j'ai toujours été de race infé-
rieure. Je ne puis comprendre la révolte. Ma race ne
se souleva jamais que pour piller : tels les loups à la
bête qu'ils n'ont pas tuée.

Je me rappelle l'histoire de la France fille aînée de
l'Église. J'aurais fait, manant, le voyage de terre sainte,
j'ai dans la tête des routes dans les plaines souabes, des
vues de Byzance, des remparts de Solyme[1] ; le culte
de Marie, l'attendrissement sur le crucifié s'éveillent en
moi parmi les mille féeries profanes. — Je suis assis,
lépreux, sur les pots cassés et les orties, au pied d'un
mur rongé par le soleil. — Plus tard, reître[2], j'aurais
bivaqué[3] sous les nuits d'Allemagne.

Ah ! encore : je danse le sabbat dans une rouge
clairière, avec des vieilles et des enfants.

Je ne me souviens pas plus loin que cette terre-ci et
le christianisme. Je n'en finirais pas de me revoir dans
ce passé. Mais toujours seul ; sans famille ; même,
quelle langue parlais-je ? Je ne me vois jamais dans les
conseils du Christ ; ni dans les conseils des Seigneurs,
— représentants du Christ.

Qu'étais-je au siècle dernier : je ne me retrouve
qu'aujourd'hui. Plus de vagabonds, plus de guerres
vagues. La race inférieure a tout couvert — le peuple,
comme on dit, la raison ; la nation et la science.

Oh ! la science ! On a tout repris. Pour le corps et

---

1. Évocation de l'itinéraire de la première croisade. *Solyme* est
un des noms bibliques de Jérusalem. Cf. « Nocturne vulgaire »,
p. 266 : « (...) et les Sodomes, — et les Solymes (...) »

2. « Soudard » dans le Moyen Âge germanique.

3. Forme ancienne de « bivouaquer ».

pour l'âme, — le viatique, — on a la médecine et la philosophie, — les remèdes de bonnes femmes et les chansons populaires arrangées. Et les divertissements des princes et les jeux qu'ils interdisaient ! Géographie, cosmographie, mécanique, chimie !...

La science, la nouvelle noblesse ! Le progrès. Le monde marche ! Pourquoi ne tournerait-il pas ?

C'est la vision des nombres. Nous allons à l'*Esprit*. C'est très certain, c'est oracle, ce que je dis. Je comprends, et ne sachant m'expliquer sans paroles païennes, je voudrais me taire.

---

Le sang païen revient ! L'Esprit est proche, pourquoi Christ ne m'aide-t-il pas, en donnant à mon âme noblesse et liberté. Hélas ! l'Évangile a passé ! l'Évangile ! l'Évangile.

---

J'attends Dieu avec gourmandise. Je suis de race inférieure de toute éternité.

Me voici sur la plage armoricaine. Que les villes s'allument dans le soir. Ma journée est faite ; je quitte l'Europe. L'air marin brûlera mes poumons ; les climats perdus me tanneront. Nager, broyer l'herbe, chasser, fumer surtout ; boire des liqueurs fortes comme du métal bouillant, — comme faisaient ces chers ancêtres autour des feux.

Je reviendrai, avec des membres de fer, la peau sombre, l'œil furieux : sur mon masque, on me jugera d'une race forte. J'aurai de l'or : je serai oisif et brutal. Les femmes soignent ces féroces infirmes retour des pays chauds. Je serai mêlé aux affaires politiques. Sauvé.

Maintenant je suis maudit, j'ai horreur de la patrie. Le meilleur, c'est un sommeil bien ivre, sur la grève.

---

On ne part pas. — Reprenons les chemins d'ici, chargé de mon vice, le vice qui a poussé ses racines de souffrance à mon côté, dès l'âge de raison — qui monte au ciel, me bat, me renverse, me traîne.

La dernière innocence et la dernière timidité. C'est dit. Ne pas porter au monde mes dégoûts et mes trahisons.

Allons ! La marche, le fardeau, le désert, l'ennui et la colère.

À qui me louer ? Quelle bête faut-il adorer ? Quelle sainte image attaque-t-on ? Quels cœurs briserai-je ? Quel mensonge dois-je tenir ? — Dans quel sang marcher ?

Plutôt, se garder de la justice. — La vie dure, l'abrutissement simple, — soulever, le poing desséché, le couvercle du cercueil, s'asseoir, s'étouffer. Ainsi point de vieillesse, ni de dangers : la terreur n'est pas française.

— Ah ! je suis tellement délaissé que j'offre à n'importe quelle divine image des élans vers la perfection.

O mon abnégation, ô ma charité merveilleuse ! ici-bas, pourtant !

*De profundis Domine* [1], suis-je bête !

————————

Encore tout enfant, j'admirais le forçat intraitable [2] sur qui se referme toujours le bagne ; je visitais les auberges et les garnis qu'il aurait sacrés par son séjour ; je voyais *avec son idée* le ciel bleu et le travail fleuri de la campagne ; je flairais sa fatalité dans les villes. Il avait plus de force qu'un saint, plus de bon sens qu'un voyageur — et lui, lui seul ! pour témoin de sa gloire et de sa raison.

Sur les routes, par des nuits d'hiver, sans gîte, sans habits, sans pain, une voix étreignait mon cœur gelé : « Faiblesse ou force : te voilà, c'est la force. Tu ne sais ni où tu vas ni pourquoi tu vas, entre partout, réponds à tout. On ne te tuera pas plus que si tu étais cadavre. »

————————

1. Latin : « Des Profondeurs… » Début du sixième psaume de la Pénitence, prière pour les morts.
2. Peut-être le Jean Valjean de Victor Hugo ?

Au matin j'avais le regard si perdu et la contenance si
morte, que ceux que j'ai rencontrés *ne m'ont peut-être
pas vu*.

Dans les villes la boue m'apparaissait soudainement
rouge et noire, comme une glace quand la lampe circule
dans la chambre voisine, comme un trésor dans la
forêt ! Bonne chance, criais-je, et je voyais une mer de
flammes et de fumée au ciel ; et, à gauche, à droite,
toutes les richesses flambant comme un milliard de ton-
nerres.

Mais l'orgie et la camaraderie des femmes m'étaient
interdites. Pas même un compagnon. Je me voyais
devant une foule exaspérée, en face du peloton d'exé-
cution, pleurant du malheur qu'ils n'aient pu compren-
dre, et pardonnant ! — Comme Jeanne d'Arc ! —
« Prêtres, professeurs, maîtres, vous vous trompez en
me livrant à la justice. Je n'ai jamais été de ce peuple-
ci ; je n'ai jamais été chrétien ; je suis de la race qui
chantait dans le supplice ; je ne comprends pas les lois ;
je n'ai pas le sens moral, je suis une brute : vous vous
trompez... »

Oui, j'ai les yeux fermés à votre lumière. Je suis une
bête, un nègre. Mais je puis être sauvé. Vous êtes de
faux nègres, vous maniaques, féroces, avares. Mar-
chand, tu es nègre ; magistrat, tu es nègre ; général,
tu es nègre ; empereur, vieille démangeaison, tu es
nègre : tu as bu d'une liqueur non taxée, de la fabri-
que de Satan. — Ce peuple est inspiré par la fièvre et
le cancer. Infirmes et vieillards sont tellement respec-
tables qu'ils demandent à être bouillis. — Le plus malin
est de quitter ce continent, où la folie rôde pour pour-
voir d'otages ces misérables. J'entre au vrai royaume
des enfants de Cham [1].

Connais-je encore la nature ? me connais-je ? — *Plus
de mots*. J'ensevelis les morts dans mon ventre. Cris,
tambour, danse, danse, danse, danse ! Je ne vois même

___

1. L'un des fils de Noé, d'où sortit la race noire, selon la Bible.

pas l'heure où, les blancs débarquant, je tomberai au néant.

Faim, soif, cris, danse, danse, danse, danse !

———————

Les blancs débarquent. Le canon ! Il faut se soumettre au baptême, s'habiller, travailler.

J'ai reçu au cœur le coup de la grâce. Ah ! je ne l'avais pas prévu !

Je n'ai point fait le mal. Les jours vont m'être légers, le repentir me sera épargné. Je n'aurai pas eu les tourments de l'âme presque morte au bien, où remonte la lumière sévère comme les cierges funéraires. Le sort du fils de famille, cercueil prématuré couvert de limpides larmes. Sans doute la débauche est bête, le vice est bête ; il faut jeter la pourriture à l'écart. Mais l'horloge ne sera pas arrivée à ne plus sonner que l'heure de la pure douleur ! Vais-je être enlevé comme un enfant, pour jouer au paradis dans l'oubli de tout le malheur !

Vite ! est-il d'autres vies ? — Le sommeil dans la richesse est impossible. La richesse a toujours été bien public. L'amour divin seul octroie les clefs de la science. Je vois que la nature n'est qu'un spectacle de bonté. Adieu chimères, idéals, erreurs.

Le chant raisonnable des anges s'élève du navire sauveur : c'est l'amour divin. — Deux amours ! je puis mourir de l'amour terrestre, mourir de dévouement. J'ai laissé des âmes dont la peine s'accroîtra de mon départ ! Vous me choisissez parmi les naufragés, ceux qui restent sont-ils pas mes amis ?

Sauvez-les !

La raison m'est née. Le monde est bon. Je bénirai la vie. J'aimerai mes frères. Ce ne sont plus des promesses d'enfance. Ni l'espoir d'échapper à la vieillesse et à la mort. Dieu fait ma force, et je loue Dieu.

———————

L'ennui n'est plus mon amour. Les rages, les débauches, la folie, dont je sais tous les élans et les désastres, — tout mon fardeau est déposé. Apprécions sans vertige l'étendue de mon innocence.

Je ne serais plus capable de demander le réconfort d'une bastonnade. Je ne me crois pas embarqué pour une noce avec Jésus-Christ pour beau-père.

Je ne suis pas prisonnier de ma raison. J'ai dit : Dieu. Je veux la liberté dans le salut : comment la poursuivre ? Les goûts frivoles m'ont quitté. Plus besoin de dévouement ni d'amour divin. Je ne regrette pas le siècle des cœurs sensibles. Chacun a sa raison, mépris et charité : je retiens ma place au sommet de cette angélique échelle de bon sens.

Quant au bonheur établi, domestique ou non... non, je ne peux pas. Je suis trop dissipé, trop faible. La vie fleurit par le travail, vieille vérité : moi, ma vie n'est pas assez pesante, elle s'envole et flotte loin au-dessus de l'action, ce cher point du monde.

Comme je deviens vieille fille, à manquer du courage d'aimer la mort !

Si Dieu m'accordait le calme céleste, aérien, la prière, — comme les anciens saints. — Les saints ! des forts ! les anachorètes, des artistes comme il n'en faut plus !

Farce continuelle ! Mon innocence me ferait pleurer. La vie est la farce à mener par tous.

———————

Assez ! voici la punition. — *En marche !*

Ah ! les poumons brûlent, les tempes grondent ! la nuit roule dans mes yeux, par ce soleil ! le cœur... les membres...

Où va-t-on ? au combat ? Je suis faible ! les autres avancent. Les outils, les armes... le temps !...

Feu ! feu sur moi ! Là ! ou je me rends. — Lâches ! — Je me tue ! Je me jette aux pieds des chevaux ! Ah !...

— Je m'y habituerai.

Ce serait la vie française[1], le sentier de l'honneur !


## NUIT DE L'ENFER[2]

J'ai avalé une fameuse gorgée de poison. — Trois fois béni soit le conseil qui m'est arrivé ! — Les entrailles me brûlent. La violence du venin tord mes membres, me rend difforme, me terrasse. Je meurs de soif, j'étouffe, je ne puis crier. C'est l'enfer, l'éternelle peine ! Voyez comme le feu se relève ! Je brûle comme il faut. Va, démon !

J'avais entrevu la conversion au bien et au bonheur, le salut. Puis-je décrire la vision, l'air de l'enfer ne souffre pas les hymnes ! C'était des millions de créatures charmantes, un suave concert spirituel, la force et la paix, les nobles ambitions, que sais-je ?

Les nobles ambitions !

Et c'est encore la vie ! — Si la damnation est éternelle ! Un homme qui veut se mutiler est bien damné, n'est-ce pas ? Je me crois en enfer, donc j'y suis. C'est l'exécution du catéchisme. Je suis esclave de mon baptême. Parents, vous avez fait mon malheur et vous avez fait le vôtre. Pauvre innocent ! l'enfer ne peut attaquer les païens. — C'est la vie encore ! Plus tard, les délices de la damnation seront plus profondes. Un crime, vite, que je tombe au néant, de par la loi humaine.

Tais-toi, mais tais-toi !... C'est la honte, le reproche, ici : Satan qui dit que le feu est ignoble, que ma colère est affreusement sotte. — Assez !... Des erreurs qu'on me souffle, magies, parfums faux, musiques

---

1. Cf. lettre à Demeny, 15 mai 1871 : « Tout est français, donc haïssable au suprême degré... », p. 319.
2. Texte sans doute écrit après le drame de Bruxelles. Titre primitif : « Fausse confession », cf. *Brouillons*, p. 229.

puériles. — Et dire que je tiens la vérité, que je vois la justice : j'ai un jugement sain et arrêté, je suis prêt pour la perfection... Orgueil. — La peau de ma tête se dessèche. Pitié ! Seigneur, j'ai peur. J'ai soif, si soif ! Ah ! l'enfance, l'herbe, la pluie, le lac sur les pierres, *le clair de lune quand le clocher sonnait douze*... le diable est au clocher, à cette heure. Marie ! Sainte-Vierge !... — Horreur de ma bêtise.

Là-bas, ne sont-ce pas des âmes honnêtes, qui me veulent du bien... Venez... J'ai un oreiller sur la bouche, elles ne m'entendent pas, ce sont des fantômes. Puis, jamais personne ne pense à autrui. Qu'on n'approche pas. Je sens le roussi, c'est certain.

Les hallucinations sont innombrables. C'est bien ce que j'ai toujours eu : plus de foi en l'histoire, l'oubli des principes. Je m'en tairai : poètes et visionnaires seraient jaloux. Je suis mille fois le plus riche, soyons avare comme la mer.

Ah çà ! l'horloge de la vie s'est arrêtée tout à l'heure. Je ne suis plus au monde. — La théologie est sérieuse, l'enfer est certainement *en bas* — et le ciel en haut. — Extase, cauchemar, sommeil dans un nid de flammes.

Que de malices dans l'attention dans la campagne... Satan, Ferdinand [1], court avec les graines sauvages... Jésus marche sur les ronces purpurines, sans les courber... Jésus marchait sur les eaux irritées. La lanterne nous le montra debout, blanc et des tresses brunes, au flanc d'une vague d'émeraude...

Je vais dévoiler tous les mystères : mystères religieux ou naturels, mort, naissance, avenir, passé, cosmogonie, néant. Je suis maître en fantasmagories.

Écoutez !...

J'ai tous les talents ! — Il n'y a personne ici et il y a quelqu'un : je ne voudrais pas répandre mon trésor.

---

1. Un nom donné par euphémisme au diable chez les paysans de la région de Vouziers.

— Veut-on des chants nègres, des danses de houris [1] ?
Veut-on que je disparaisse, que je plonge à la recher-
che de l'*anneau* [2] ? Veut-on ? Je ferai de l'or, des
remèdes.

Fiez-vous donc à moi, la foi soulage, guide, guérit.
Tous, venez, — même les petits enfants, — que je vous
console, qu'on répande pour vous son cœur, — le cœur
merveilleux ! — Pauvres hommes, travailleurs ! Je ne
demande pas de prières ; avec votre confiance seule-
ment, je serai heureux.

— Et pensons à moi. Ceci me fait peu regretter le
monde. J'ai de la chance de ne pas souffrir plus. Ma
vie ne fut que folies douces, c'est regrettable.

Bah ! faisons toutes les grimaces imaginables.

Décidément, nous sommes hors du monde. Plus
aucun son. Mon tact a disparu. Ah ! mon château, ma
Saxe, mon bois de saules. Les soirs, les matins, les nuits,
les jours... Suis-je las !

Je devrais avoir mon enfer pour la colère, mon enfer
pour l'orgueil, — et l'enfer de la caresse ; un concert
d'enfers.

Je meurs de lassitude. C'est le tombeau, je m'en
vais aux vers, horreur de l'horreur ! Satan, farceur, tu
veux me dissoudre, avec tes charmes. Je réclame. Je
réclame ! un coup de fourche, une goutte de feu.

Ah ! remonter à la vie ! Jeter les yeux sur nos dif-
formités. Et ce poison, ce baiser mille fois maudit ! Ma
faiblesse, la cruauté du monde ! Mon Dieu, pitié,
cachez-moi, je me tiens trop mal ! — Je suis caché et
je ne le suis pas.

C'est le feu qui se relève avec son damné.

---

1. Dans l'Islam, femmes promises au fidèle dans le paradis
d'Allah.
3. Allusion à la légende des Nibelungen.

# DÉLIRES

## I

## VIERGE FOLLE [1]

### L'ÉPOUX INFERNAL [2]

Écoutons la confession d'un compagnon d'enfer :
« O divin Époux, mon Seigneur, ne refusez pas la
confession de la plus triste de vos servantes. Je suis per-
due. Je suis soûle. Je suis impure. Quelle vie !

« Pardon, divin Seigneur, pardon [3] ! Ah ! pardon !
Que de larmes ! Et que de larmes encore plus tard,
j'espère !

« Plus tard, je connaîtrai le divin Époux ! Je suis née
soumise à Lui. — L'autre peut me battre maintenant !

« À présent, je suis au fond du monde ! O mes
amies !... non, pas mes amies... Jamais délires ni tor-
tures semblables... Est-ce bête !

« Ah ! je souffre, je crie. Je souffre vraiment. Tout
pourtant m'est permis, chargée du mépris des plus
méprisables cœurs.

« Enfin, faisons cette confidence, quitte à la répéter
vingt autres fois, — aussi morne, aussi insignifiante !

« Je suis esclave de l'Époux infernal, celui qui a
perdu les vierges folles [4]. C'est bien ce démon-là. Ce
n'est pas un spectre, ce n'est pas un fantôme. Mais moi
qui ai perdu la sagesse, qui suis damnée et morte au
monde, — on ne me tuera pas ! — Comment vous le

---

1. Verlaine.
2. Rimbaud, qui se met ici en scène tel qu'il apparaissait à Ver-
laine. Pour la version verlainienne de cette aventure, cf. *Crimen Amo-
ris, Laeti et Errabundi, Jadis et Naguère...*
3. Verlaine s'est converti pendant son incarcération à la prison
de Mons.
4. Allusion à la parabole racontée dans Matthieu, XXV, 1-13.

décrire ! Je ne sais même plus parler. Je suis en deuil, je pleure, j'ai peur. Un peu de fraîcheur, Seigneur, si vous voulez, si vous voulez bien !

« Je suis veuve [1]... — J'étais veuve... — mais oui, j'ai été bien sérieuse jadis, et je ne suis pas née pour devenir squelette !... — Lui était presque un enfant... Ses délicatesses mystérieuses m'avaient séduite. J'ai oublié tout mon devoir humain pour le suivre. Quelle vie ! La vraie vie est absente. Nous ne sommes pas au monde. Je vais où il va, il le faut. Et souvent il s'emporte contre moi, *moi, la pauvre âme.* Le Démon ! — C'est un Démon, vous savez, *ce n'est pas un homme.*

« Il dit : « Je n'aime pas les femmes. L'amour est à réinventer, on le sait. Elles ne peuvent plus que vouloir une position assurée. La position gagnée, cœur et beauté sont mis de côté : il ne reste que froid dédain, l'aliment du mariage, aujourd'hui. Ou bien je vois des femmes, avec les signes du bonheur, dont, moi, j'aurais pu faire de bonnes camarades, dévorées tout d'abord par des brutes sensibles comme des bûchers... »

« Je l'écoute faisant de l'infamie une gloire, de la cruauté un charme : « Je suis de race lointaine : mes pères étaient Scandinaves : ils se perçaient les côtes, buvaient leur sang. — Je me ferai des entailles par tout le corps, je me tatouerai, je veux devenir hideux comme un Mongol : tu verras, je hurlerai dans les rues. Je veux devenir bien fou de rage. Ne me montre jamais de bijoux, je ramperais et me tordrais sur le tapis. Ma richesse, je la voudrais tachée de sang partout. Jamais je ne travaillerai... » Plusieurs nuits, son démon me saisissant, nous nous roulions, je luttais avec lui ! — Les nuits, souvent, ivre, il se poste dans des rues ou dans des maisons, pour m'épouvanter mortellement. — « On me coupera vraiment le cou ; ce sera dégoûtant. » Oh ! ces jours où il veut marcher avec l'air du crime !

« Parfois il parle, en une façon de patois attendri, de

1. Verlaine écrira, mais plus tard, les *Mémoires d'un veuf.*

la mort qui fait repentir, des malheureux qui existent
certainement, des travaux pénibles, des départs qui
déchirent les cœurs. Dans les bouges où nous nous eni-
vrions, il pleurait en considérant ceux qui nous entou-
raient, bétail de la misère. Il relevait les ivrognes dans
les rues noires. Il avait la pitié d'une mère méchante
pour les petits enfants. — Il s'en allait avec des gentil-
lesses de petite fille au catéchisme. — Il feignait d'être
éclairé sur tout, commerce, art, médecine. — Je le sui-
vais, il le faut !

« Je voyais tout le décor dont, en esprit, il s'entou-
rait ; vêtements, draps, meubles : je lui prêtais des
armes, une autre figure. Je voyais tout ce qui le tou-
chait, comme il aurait voulu le créer pour lui. Quand
il me semblait avoir l'esprit inerte, je le suivais, moi,
dans des actions étranges et compliquées, loin, bonnes
ou mauvaises : j'étais sûre de ne jamais entrer dans son
monde. À côté de son cher corps endormi, que d'heures
des nuits j'ai veillé, cherchant pourquoi il voulait tant
s'évader de la réalité. Jamais l'homme n'eut pareil vœu.
Je reconnaissais, — sans craindre pour lui, — qu'il pou-
vait être un sérieux danger dans la société. — Il a peut-
être des secrets pour *changer la vie* [1] ? Non, il ne fait
qu'en chercher, me répliquais-je. Enfin sa charité est
ensorcelée, et j'en suis la prisonnière. Aucune autre âme
n'aurait assez de force, — force de désespoir ! — pour
la supporter, — pour être protégée et aimée par lui.
D'ailleurs, je ne me le figurais pas avec une autre âme :
on voit son Ange, jamais l'Ange d'un autre, — je crois.
J'étais dans son âme comme dans un palais qu'on a
vidé pour ne pas voir une personne si peu noble que
vous : voilà tout. Hélas ! je dépendais bien de lui. Mais
que voulait-il avec mon existence terne et lâche ? Il ne
me rendait pas meilleure, s'il ne me faisait pas mou-
rir ! Tristement dépitée, je lui dis quelquefois : « Je te
comprends. » Il haussait les épaules.

---

1. Unie à celle de Marx, « Changer le monde », cette formule
devint par la suite la devise des surréalistes.

« Ainsi, mon chagrin se renouvelant sans cesse, et me trouvant plus égarée à mes yeux, — comme à tous les yeux qui auraient voulu me fixer, si je n'eusse été condamnée pour jamais à l'oubli de tous ! — j'avais de plus en plus faim de sa bonté. Avec ses baisers et ses étreintes amies, c'était bien un ciel, un sombre ciel, où j'entrais, et où j'aurais voulu être laissée, pauvre, sourde, muette, aveugle. Déjà j'en prenais l'habitude. Je nous voyais comme deux bons enfants, libres de se promener dans le Paradis de tristesse. Nous nous accordions. Bien émus, nous travaillions ensemble. Mais, après une pénétrante caresse, il disait : « Comme ça te paraîtra drôle, quand je n'y serai plus, ce par quoi tu as passé. Quand tu n'auras plus mes bras sous ton cou, ni mon cœur pour t'y reposer, ni cette bouche sur tes yeux. Parce qu'il faudra que je m'en aille, très loin, un jour. Puis il faut que j'en aide d'autres : c'est mon devoir. Quoique ce ne soit guère ragoûtant..., chère âme... » Tout de suite je me pressentais, lui parti, en proie au vertige, précipitée dans l'ombre la plus affreuse : la mort. Je lui faisais promettre qu'il ne me lâcherait pas. Il l'a faite vingt fois, cette promesse d'amant. C'était aussi frivole que moi lui disant : « Je te comprends. »

« Ah ! je n'ai jamais été jalouse de lui. Il ne me quittera pas, je crois. Que devenir ? Il n'a pas une connaissance ; il ne travaillera jamais. Il veut vivre somnambule. Seules, sa bonté et sa charité lui donneraient-elles droit dans le monde réel ? Par instants, j'oublie la pitié où je suis tombée : lui me rendra forte, nous voyagerons, nous chasserons dans les déserts, nous dormirons sur les pavés des villes inconnues, sans soins, sans peines. Ou je me réveillerai, et les lois et les mœurs auront changé, — grâce à son pouvoir magique, — le monde, en restant le même, me laissera à mes désirs, joies, nonchalances. Oh ! la vie d'aventures qui existe dans les livres des enfants, pour me récompenser, j'ai tant souffert, me la donneras-tu ? Il ne peut pas. J'ignore son idéal. Il m'a dit avoir des regrets, des

espoirs : cela ne doit pas me regarder. Parle-t-il à Dieu ?
Peut-être devrais-je m'adresser à Dieu. Je suis au plus
profond de l'abîme, et je ne sais plus prier.

« S'il m'expliquait ses tristesses, les comprendrais-
je plus que ses railleries ? Il m'attaque, il passe des
heures à me faire honte de tout ce qui m'a pu toucher
au monde, et s'indigne si je pleure.

« — Tu vois cet élégant jeune homme, entrant dans
la belle et calme maison : il s'appelle Duval, Dufour,
Armand[1], Maurice, que sais-je ? Une femme s'est
dévouée à aimer ce méchant idiot : elle est morte, c'est
certes une sainte au ciel, à présent. Tu me feras mou-
rir comme il a fait mourir cette femme. C'est notre sort,
à nous, cœurs charitables... » Hélas ! il avait des jours
où tous les hommes agissant lui paraissaient les jouets
de délires grotesques : il riait affreusement, longtemps.
— Puis, il reprenait ses manières de jeune mère, de
sœur aimée. S'il était moins sauvage, nous serions sau-
vés ! Mais sa douceur aussi est mortelle. Je lui suis sou-
mise. — Ah ! je suis folle !

« Un jour peut-être il disparaîtra merveilleusement ;
mais il faut que je sache, s'il doit remonter à un ciel,
que je voie un peu l'assomption de mon petit ami ! »

Drôle de ménage !

---

1. Armand Duval est, dans *La Dame aux camélias*, d'A. Dumas,
l'amant de Marguerite Gautier.

# DÉLIRES

## II

## ALCHIMIE DU VERBE ✎

À moi. L'histoire d'une de mes folies[1].

Depuis longtemps je me vantais de posséder tous les paysages possibles, et trouvais dérisoires les célébrités de la peinture et de la poésie moderne.

J'aimais les peintures idiotes, dessus de portes, décors, toiles de saltimbanques, enseignes, enluminures populaires ; la littérature démodée, latin d'église, livres érotiques sans orthographe, romans de nos aïeules, contes de fées, petits livres de l'enfance, opéras vieux, refrains niais, rythmes naïfs.

Je rêvais croisades, voyages de découvertes dont on n'a pas de relations, républiques sans histoires, guerres de religion étouffées, révolutions de mœurs, déplacements de races et de continents : je croyais à tous les enchantements.

J'inventai la couleur des voyelles ! — *A* noir, *E* blanc, *I* rouge, *O* bleu, *U* vert. — Je réglai la forme et le mouvement de chaque consonne, et, avec des rythmes instinctifs, je me flattai d'inventer un verbe poétique accessible, un jour ou l'autre, à tous les sens. Je réservais la traduction.

Ce fut d'abord une étude. J'écrivais des silences, des nuits, je notais l'inexprimable. Je fixais des vertiges.

———————

1. Il s'agit ici de la période qui s'ouvre avec la lettre à Demeny du 15 mai 1871, dite « lettre du Voyant ». Les poèmes cités dans cette étrange anthologie en forme de bilan négatif d'une expérience de magie poétique datent tous de 1872.

✎ Voir *Au fil du texte*, p. XIII.

Loin des oiseaux, des troupeaux, des villageoises,
Que buvais-je, à genoux dans cette bruyère
Entourée de tendres bois de noisetiers,
Dans un brouillard d'après-midi tiède et vert ?

Que pouvais-je boire dans cette jeune Oise,
— Ormeaux sans voix, gazon sans fleurs, ciel couvert !
Boire à ces gourdes jaunes, loin de ma case
Chérie ? Quelque liqueur d'or qui fait suer.

Je faisais une louche enseigne d'auberge.
— Un orage vint chasser le ciel. Au soir
L'eau des bois se perdait sur les sables vierges,
Le vent de Dieu jetait des glaçons aux mares ;

Pleurant, je voyais de l'or — et ne pus boire[1]. —

———————

À quatre heures du matin, l'été,
Le sommeil d'amour dure encore.
Sous les bocages s'évapore
        L'odeur du soir fêté.

Là-bas, dans leur vaste chantier
Au soleil des Hespérides,
Déjà s'agitent — en bras de chemise —
        Les Charpentiers.

Dans leurs Déserts de mousse, tranquilles,
Ils préparent les lambris précieux
        Où la ville
    Peindra de faux cieux.

O, pour ces Ouvriers charmants
Sujets d'un roi de Babylone,

———————

1. Plusieurs variantes importantes (v. 7 et derniers vers notamment) distinguent le texte de « Larme », p. 161.

Vénus ! quitte un instant les Amants
    Dont l'âme est en couronne.


    O Reine des Bergers,
Porte aux travailleurs l'eau-de-vie,
Que leurs forces soient en paix
En attendant le bain dans la mer à midi.

————————————

La vieillerie poétique avait une bonne part dans mon
alchimie du verbe.

Je m'habituai à l'hallucination simple : je voyais très
franchement une mosquée à la place d'une usine, une
école de tambours faite par des anges, des calèches sur
les routes du ciel, un salon au fond d'un lac ; les mons-
tres, les mystères ; un titre de vaudeville [1] dressait des
épouvantes devant moi.

Puis j'expliquai mes sophismes magiques avec l'hal-
lucination des mots !

Je finis par trouver sacré le désordre de mon esprit.
J'étais oisif, en proie à une lourde fièvre : j'enviais la
félicité des bêtes, — les chenilles, qui représentent
l'innocence des limbes, les taupes, le sommeil de la vir-
ginité !

Mon caractère s'aigrissait. Je disais adieu au monde
dans d'espèces de romances :


CHANSON DE LA PLUS HAUTE TOUR

    Qu'il vienne, qu'il vienne,
    Le temps dont on s'éprenne [2].


1. Cf. « Michel et Christine », p. 178.
2. Comparer avec la p. 168. Rimbaud a ici supprimé toute allu-
sion à l'amour.

J'ai tant fait patience
Qu'à jamais j'oublie.
Craintes et souffrances
Aux cieux sont parties.
Et la soif malsaine
Obscurcit mes veines.

Qu'il vienne, qu'il vienne,
Le temps dont on s'éprenne.

Telle la prairie
À l'oubli livrée,
Grandie, et fleurie
D'encens et d'ivraies,
Au bourdon farouche
Des sales mouches[1].

Qu'il vienne, qu'il vienne,
Le temps dont on s'éprenne.


J'aimai le désert, les vergers brûlés, les boutiques
fanées, les boissons tiédies. Je me traînais dans les
ruelles puantes et, les yeux fermés, je m'offrais au
soleil, dieu de feu[2].

« Général, s'il reste un vieux canon sur tes remparts
en ruines, bombarde-nous avec des blocs de terre sèche.
Aux glaces des magasins splendides ! dans les salons !
Fais manger sa poussière à la ville. Oxyde les gargouil-
les. Emplis les boudoirs de poudre de rubis brûlante... »

Oh ! le moucheron enivré à la pissotière de l'auberge,
amoureux de la bourrache, et que dissout un rayon !

---

1. Rimbaud se cite lui-même (de mémoire ?) avec une grande désin-
volture, sans souci de la musicalité, de l'euphonie ou du rythme de
ses vers (« vieillerie poétique »...) et mutile la plupart des textes qu'il
cite.

2. Cf. « Vagabonds » : « fils du soleil » p. 260.

### FAIM

Si j'ai du goût, ce n'est guère
Que pour la terre et les pierres.
Je déjeune toujours d'air,
De roc, de charbons, de fer.

Mes faims, tournez. Paissez, faims,
    Le pré des sons.
Attirez le gai venin
    Des liserons.

Mangez les cailloux qu'on brise,
Les vieilles pierres d'églises ;
Les galets des vieux déluges,
Pains semés dans les vallées grises.

———————

Le loup criait sous les feuilles [1]
En crachant les belles plumes
De son repas de volailles :
Comme lui je me consume.

Les salades, les fruits
N'attendent que la cueillette ;
Mais l'araignée de la haie
Ne mange que des violettes.

Que je dorme ! que je bouille
Aux autels de Salomon.
Le bouillon court sur la rouille,
Et se mêle au Cédron.

Enfin, ô bonheur, ô raison, j'écartai du ciel l'azur,
qui est du noir, et je vécus, étincelle d'or de la lumière

---

1. Ce poème n'est pas édité ailleurs et ne reproduit donc rien qui
nous soit connu des *Poésies* ou des *Dernières Poésies*.

*nature.* De joie, je prenais une expression bouffonne
et égarée au possible :

> Elle est retrouvée !
> Quoi ? l'éternité.
> C'est la mer mêlée
>     Au soleil.

> Mon âme éternelle,
> Observe ton vœu
> Malgré la nuit seule
> Et le jour en feu.

> Donc tu te dégages
> Des humains suffrages,
> Des communs élans !
> Tu voles selon...

> — Jamais l'espérance.
>     Pas d'*orietur.*
> Science et patience,
> Le supplice est sûr.

> Plus de lendemain,
> Braises de satin,
>     Votre ardeur
>     Est le devoir.

> Elle est retrouvée !
> — Quoi ? — l'Éternité.
> C'est la mer mêlée
>     Au soleil.

———————

Je devins un opéra fabuleux : je vis que tous les êtres
ont une fatalité de bonheur : l'action n'est pas la vie,
mais une façon de gâcher quelque force, un énerve-
ment. La morale est la faiblesse de la cervelle.

À chaque être, plusieurs *autres* vies me semblaient

dues. Ce monsieur ne sait ce qu'il fait : il est un ange. Cette famille est une nichée de chiens. Devant plusieurs hommes, je causai tout haut avec un moment d'une de leurs autres vies. — Ainsi, j'ai aimé un porc[1].

Aucun des sophismes de la folie, — la folie qu'on enferme, — n'a été oublié par moi : je pourrais les redire tous, je tiens le système.

Ma santé fut menacée. La terreur venait. Je tombais dans des sommeils de plusieurs jours, et, levé, je continuais les rêves les plus tristes. J'étais mûr pour le trépas, et par une route de dangers ma faiblesse me menait aux confins du monde et de la Cimmérie[2], patrie de l'ombre et des tourbillons.

Je dus voyager, distraire les enchantements assemblés sur mon cerveau. Sur la mer, que j'aimais comme si elle eût dû me laver d'une souillure, je voyais se lever la croix consolatrice. J'avais été damné par l'arc-en-ciel. Le Bonheur était ma fatalité, mon remords, mon ver : ma vie serait toujours trop immense pour être dévouée à la force et à la beauté.

Le Bonheur ! Sa dent, douce à la mort, m'avertissait au chant du coq, — *ad matutinum*[3], au *Christus venit*, — dans les plus sombres villes :

> O saisons, ô châteaux !
> Quelle âme est sans défauts ?
>
> J'ai fait la magique étude
> Du bonheur, qu'aucun n'élude[4].
>
> Salut à lui, chaque fois
> Que chante le coq gaulois.

---

1. Verlaine ?
2. Homère, *Odyssée*, XI, y place, parmi les brumes et les nuées, l'entrée du séjour des morts.
3. « Au matin », allusion probable au reniement de saint Pierre.
4. Cf. note 1, p. 214.

Ah ! je n'aurai plus d'envie :
Il s'est chargé de ma vie.

Ce charme a pris âme et corps
Et dispersé les efforts.

O saisons, ô châteaux !

L'heure de sa fuite, hélas !
Sera l'heure du trépas.

O saisons, ô châteaux !

———————

Cela s'est passé. Je sais aujourd'hui saluer la beauté.


## L'IMPOSSIBLE

Ah ! cette vie de mon enfance, la grande route par
tous les temps, sobre surnaturellement, plus désinté-
ressé que le meilleur des mendiants, fier de n'avoir ni
pays, ni amis, quelle sottise c'était. — Et je m'en aper-
çois seulement !

— J'ai eu raison de mépriser ces bonshommes qui
ne perdraient pas l'occasion d'une caresse, parasites de
la propreté et de la santé de nos femmes, aujourd'hui
qu'elles sont si peu d'accord avec nous.

J'ai eu raison dans tous mes dédains : puisque je
m'évade !

Je m'évade !

Je m'explique.

Hier encore, je soupirais : « Ciel ! sommes-nous assez
de damnés ici-bas ! Moi j'ai tánt de temps déjà dans
leur troupe ! Je les connais tous. Nous nous reconnais-
sons toujours ; nous nous dégoûtons. La charité nous
est inconnue. Mais nous sommes polis ; nos relations
avec le monde sont très convenables. » Est-ce étonnant ?

Le monde ! les marchands, les naïfs ! — Nous ne sommes pas déshonorés. — Mais les élus, comment nous recevraient-ils ? Or il y a des gens hargneux et joyeux, de faux élus, puisqu'il nous faut de l'audace ou de l'humilité pour les aborder. Ce sont les seuls élus. Ce ne sont pas des bénisseurs !

M'étant retrouvé deux sous de raison — ça passe vite ! — je vois que mes malaises viennent de ne m'être pas figuré assez tôt que nous sommes à l'Occident. Les marais occidentaux ! Non que je croie la lumière altérée, la forme exténuée, le mouvement égaré.... Bon ! voici que mon esprit veut absolument se charger de tous les développements cruels qu'a subis l'esprit depuis la fin de l'Orient... Il en veut, mon esprit !

...Mes deux sous de raison sont finis ! — L'esprit est autorité, il veut que je sois en Occident. Il faudrait le faire taire pour conclure comme je voulais.

J'envoyais au diable les palmes des martyrs, les rayons de l'art, l'orgueil des inventeurs, l'ardeur des pillards ; je retournais à l'Orient et à la sagesse première et éternelle. — Il paraît que c'est un rêve de paresse grossière !

Pourtant, je ne songeais guère au plaisir d'échapper aux souffrances modernes. Je n'avais pas en vue la sagesse bâtarde du Coran. — Mais n'y a-t-il pas un supplice réel en ce que, depuis cette déclaration de la science, le christianisme, l'homme *se joue*, se prouve les évidences, se gonfle du plaisir de répéter ces preuves, et ne vit que comme cela ! Torture subtile, niaise ; source de mes divagations spirituelles. La nature pourrait s'ennuyer, peut-être M. Prudhomme [1] est né avec le Christ.

N'est-ce pas parce que nous cultivons la brume ! Nous mangeons la fièvre avec nos légumes aqueux. Et l'ivrognerie ! et le tabac ! et l'ignorance ! et les dévoue-

---

1. Personnage d'H. Monnier (1857), qui symbolise le bourgeois borné et satisfait.

ments ! — Tout cela est-il assez loin de la pensée de
la sagesse de l'Orient, la patrie primitive ? Pourquoi
un monde moderne, si de pareils poisons s'inventent !

Les gens d'Église diront : C'est compris. Mais vous
voulez parler de l'Éden. Rien pour vous dans l'histoire
des peuples orientaux. — C'est vrai ; c'est à l'Éden que
je songeais ! Qu'est-ce que c'est pour mon rêve [1], cette
pureté des races antiques !

Les philosophes : Le monde n'a pas d'âge. L'huma-
nité se déplace, simplement. Vous êtes en Occident,
mais libre d'habiter dans votre Orient, quelque ancien
qu'il vous le faille, — et d'y habiter bien. Ne soyez pas
un vaincu. Philosophes, vous êtes de votre Occident.

Mon esprit, prends garde. Pas de partis de salut vio-
lents. Exerce-toi ! — Ah ! la science ne va pas assez
vite pour nous !

— Mais je m'aperçois que mon esprit dort.

S'il était bien éveillé toujours à partir de ce moment,
nous serions bientôt à la vérité, qui peut-être nous
entoure avec ses anges pleurant !... — S'il avait été
éveillé jusqu'à ce moment-ci, c'est que je n'aurais pas
cédé aux instincts délétères, à une époque immémo-
riale !... — S'il avait toujours été bien éveillé, je vogue-
rais en pleine sagesse !...

O pureté ! pureté !

C'est cette minute d'éveil qui m'a donné la vision de
la pureté ! — Par l'esprit on va à Dieu !

Déchirante infortune !

---

1. Entendre : « Ce n'est rien par rapport à mon rêve que... »

# L'ÉCLAIR

Le travail humain ! c'est l'explosion qui éclaire mon abîme de temps en temps.

« Rien n'est vanité[1] ; à la science, et en avant ! » crie l'Ecclésiaste moderne, c'est-à-dire *Tout le monde*. Et pourtant les cadavres des méchants et des fainéants tombent sur le cœur des autres... Ah ! vite, vite un peu ; là-bas, par-delà la nuit, ces récompenses futures, éternelles... les échappons-nous[2] ?...

— Qu'y puis-je ? Je connais le travail ; et la science est trop lente. Que la prière galope et que la lumière gronde... je le vois bien. C'est trop simple, et il fait trop chaud ; on se passera de moi. J'ai mon devoir, j'en serai fier à la façon de plusieurs, en le mettant de côté.

Ma vie est usée. Allons ! feignons, fainéantons, ô pitié ! Et nous existerons en nous amusant, en rêvant amours monstres et univers fantastiques, en nous plaignant et en querellant les apparences du monde, saltimbanque, mendiant, artiste, bandit, — prêtre ! Sur mon lit d'hôpital, l'odeur de l'encens m'est revenue si puissante ; gardien des aromates sacrés, confesseur, martyr...

Je reconnais là ma sale éducation d'enfance. Puis quoi !... Aller mes vingt ans, si les autres vont vingt ans...

Non ! non ! à présent je me révolte contre la mort ! Le travail paraît trop léger à mon orgueil : ma trahison au monde serait un supplice trop court. Au dernier moment, j'attaquerais à droite, à gauche...

Alors, — oh ! — chère pauvre âme, l'éternité serait-elle pas perdue pour nous !

---

1. Réécriture inverse de *L'Ecclésiaste* : « Vanité des vanités, tout est vanité. »
2. Entendre : « les manquons-nous ? », « nous échappent-elles ? ».

# MATIN

N'eus-je pas *une fois* une jeunesse aimable, héroï-
que, fabuleuse, à écrire sur des feuilles d'or, — trop
de chance ! Par quel crime, par quelle erreur, ai-je
mérité ma faiblesse actuelle ? Vous qui prétendez que
des bêtes poussent des sanglots de chagrin, que des
malades désespèrent, que des morts rêvent mal, tâchez
de raconter ma chute et mon sommeil. Moi, je ne puis
pas plus m'expliquer que le mendiant avec ses conti-
nuels *Pater* et *Ave Maria*. *Je ne sais plus parler !*

Pourtant, aujourd'hui, je crois avoir fini la relation
de mon enfer. C'était bien l'enfer ; l'ancien, celui dont
le fils de l'homme ouvrit les portes [1].

Du même désert, à la même nuit, toujours mes yeux
las se réveillent à l'étoile d'argent, toujours, sans que
s'émeuvent les Rois de la vie, les trois mages, le cœur,
l'âme, l'esprit. Quand irons-nous, par-delà les grèves
et les monts, saluer la naissance du travail nouveau,
la sagesse nouvelle, la fuite des tyrans et des démons,
la fin de la superstition, adorer — les premiers ! — Noël
sur la terre !

Le chant des cieux, la marche des peuples ! Escla-
ves, ne maudissons pas la vie.

---

1. Dans la Bible, le Christ est désigné comme « le Fils de
l'Homme ». Mais il ouvre les porte du paradis... Il est vrai qu'on
peut ici comprendre qu'il ouvre les portes de l'enfer pour en libérer
les damnés...

# ADIEU [1]

L'automne déjà ! — Mais pourquoi regretter un éternel soleil, si nous sommes engagés à la découverte de la clarté divine, — loin des gens qui meurent sur les saisons.

L'automne. Notre barque élevée dans les brumes immobiles tourne vers le port de la misère, la cité énorme au ciel taché de feu et de boue. Ah ! les haillons pourris, le pain trempé de pluie, l'ivresse, les mille amours qui m'ont crucifié ! Elle ne finira donc point cette goule [2] reine de millions d'âmes et de corps morts *et qui seront jugés* ! Je me revois la peau rongée par la boue et la peste, des vers plein les cheveux et les aisselles et encore de plus gros vers dans le cœur, étendu parmi les inconnus sans âge, sans sentiment... J'aurais pu y mourir... L'affreuse évocation ! J'exècre la misère.

Et je redoute l'hiver parce que c'est la saison du comfort [3] !

— Quelquefois je vois au ciel des plages sans fin couvertes de blanches nations en joie. Un grand vaisseau d'or, au-dessus de moi, agite ses pavillons multicolores sous les brises du matin. J'ai créé toutes les fêtes, tous les triomphes, tous les drames. J'ai essayé d'inventer de nouvelles fleurs, de nouveaux astres, de nouvelles chairs, de nouvelles langues. J'ai cru acquérir des pouvoirs surnaturels. Eh bien ! je dois enterrer mon imagination et mes souvenirs ! Une belle gloire d'artiste et de conteur emportée !

Moi ! moi qui me suis dit mage ou ange, dispensé de

1. On a longtemps interprété ce texte comme un congé définitif donné à la littérature, donc, implicitement, comme une condamnation des *Illuminations*...
2. Vampire qui, dans les cimetières, dévore les cadavres.
3. Orthographe anglaise, comme chez Baudelaire.

◆▶ Voir *Au fil du texte*, p. XI.

toute morale, je suis rendu au sol, avec un devoir à chercher, et la réalité rugueuse à étreindre ! Paysan !

Suis-je trompé ? la charité serait-elle sœur de la mort, pour moi ?

Enfin, je demanderai pardon pour m'être nourri de mensonge. Et allons.

Mais pas une main amie ! et où puiser le secours ?

———————

Oui, l'heure nouvelle est au moins très sévère.

Car je puis dire que la victoire m'est acquise : les grincements de dents, les sifflements de feu, les soupirs empestés se modèrent. Tous les souvenirs immondes s'effacent. Mes derniers regrets détalent, — des jalousies pour les mendiants, les brigands, les amis de la mort, les arriérés de toutes sortes. — Damnés, si je me vengeais !

Il faut être absolument moderne.

Point de cantiques : tenir le pas gagné. Dure nuit ! le sang séché fume sur ma face, et je n'ai rien derrière moi, que cet horrible arbrisseau !… Le combat spirituel est aussi brutal que la bataille d'hommes ; mais la vision de la justice est le plaisir de Dieu seul.

Cependant c'est la veille. Recevons tous les influx de vigueur et de tendresse réelle. Et à l'aurore, armés d'une ardente patience, nous entrerons aux splendides villes [1].

Que parlais-je de main amie ! Un bel avantage, c'est que je puis rire des vieilles amours mensongères, et frapper de honte ces couples menteurs, — j'ai vu l'enfer des femmes là-bas ; — et il me sera loisible de *posséder la vérité dans une âme et un corps.*

Avril-août, 1873.

———————

1. Le recueil — malgré l'échec avoué de l'*Alchimie du verbe* — s'achève sur une note d'espoir, ce qui a, entre autres, autorisé la constitution du mythe d'un Rimbaud converti, illuminé par la foi chrétienne.

# BROUILLONS
## D'*UNE SAISON EN ENFER*[1]

1. Nous reproduisons le texte établi par S. Bernard et A. Guyaux dans l'édition Garnier des *Œuvres* de Rimbaud avec leurs annotations.

Ces brouillons ont, semble-t-il, été conservés par Verlaine. Le second (« Fausse conversion », premier état de « Nuit de l'enfer ») et le troisième (qui deviendra « Alchimie du Verbe ») ont été publiés pour la première fois par Paterne Berrichon (*Nouvelle Revue française*, 1er août 1914) puis par Bouillane de Lacoste (*Une Saison en Enfer*, 1941). Le premier (« Mauvais sang » ; quatrième et dernière séquences) a été publié par H. Matarasso et Bouillane de Lacoste en 1948 (*Mercure de France*, 1er janvier).

Ils sont écrits sur les mêmes feuillets que les [Proses évangéliques], « Mauvais sang » au recto de la première (« À Samarie... ») et de la seconde (« L'air léger et charmant... »), « Fausse conversion » au dos de la troisième (« Bethsaïda... »).

La comparaison de ces ébauches (en tenant compte des très nombreuses ratures et surcharges déchiffrées par S. Bernard et A. Guyaux) avec leur version définitive permet de saisir l'écriture rimbaldienne en son surgissement, mais aussi — et surtout — dans son élaboration. On constate alors que si, bien souvent, ce que le *voyant* « rapporte de là-bas » est « informe » (S. Bernard parle « d'un magma originel »), le *travail* du poète consiste à lui *donner forme*.

Pour faciliter cette comparaison, nous avons numéroté les trois brouillons ([I], [II], [III]) et distingué deux séquences ([a], [b]) dans « Mauvais sang ».

# [I]

## MAUVAIS SANG

[a]

Oui, c'est un vice que j'ai, qui s'arrête et qui marche[a] avec moi, et, ma poitrine ouverte, je verrais un horrible cœur infirme. Dans mon enfance, j'entends les[b] racines de souffrance jetée à mon flanc ; aujourd'hui elle a poussé[c] au ciel, elle est[d] bien plus forte que moi, elle me bat, me traîne, me jette à terre[e].

C'est dit[f]. —

Donc renier la joie, éviter le devoir, ne pas [.....][g] au monde mon dégoût et mes trahisons supérieures [...] la dernière innocence, la dernière timidité.

Allons, la marche ! le désert, le fardeau, les coups[h], le malheur, l'ennui, la colère. — l'enfer, la science et les délices de l'esprit et des sens dispersés.

Texte du ms. autographe de la collection Jacques Guérin. Les crochets encadrent les lectures conjecturales, les mots ou lettres restitués et les passages qui n'ont pu être déchiffrés.

a. marche *surcharge* reprend
b. les, *dans l'interligne, remplace* ses, *biffé*
c. a poussé *remplace* monte, *biffé*
d. est *remplace* me, *biffé*
e. terre *remplace* bas, *biffé*
f. *ajouté*
g. *on a lu* porter
h. les coups *ajouté*

À quel démon me louer[a] ? Quelle bête faut-il adorer ? Dans quel sang faut-il marcher ? Quels cris faut-il pousser ? Quel mensonge faut-il soutenir ? Quelle[b] sainte image faut-il attaquer ? Quels cœurs faut-il briser ?

Plutôt, éviter la [main] bruta[le][c] de la mort, j'entendrais les[d] complaintes chantées[e] dans les marchés. Point de popularité.

la dure vie, l'abrutissement pur, — et puis soulever d'un poing séché le couvercle du cercueil, s'asseoir et s'étouffer. Pas de vieillesse[f]. Point de dangers, la terreur n'est pas française.

Ah ! Je suis tellemennt délaissé, que j'offre à n'importe quelle divine image des élans vers la perfection. Autre marché grotesque.

O mon abnégation[g], ô ma[h] charité inouïes. De[i] profundis, domine ! je[j] suis bête ?

[b]

Assez. Voici la punition ! Plus à parler d'innocence. En marche. Oh ! les reins se déplantent, le cœur gronde, la poitrine brûle, la tête est battue, la nuit roule dans les yeux, au Soleil.

Où va-t-on[k] ? À la bataille ?

Ah ! mon ami, ma sale jeunesse ! Va..., va, les autres avancent[l] les autels, les armes.

Oh ! oh. C'est la faiblesse, c'est la bêtise, moi !

Allons, feu sur moi. Ou je me rends ! Qu'on me

a. je suis à *dans l'interligne*
b. A *biffé*
c. [...] la stupide justice *dans l'interligne*
d. les *remplace* la, *biffé*
e. [...] *ajouté dans l'interligne après* chantées
f. Je ne vieillierai *biffé avant* Pas
g. À quoi servent *biffé avant* O mon
h. et *biffé avant* ô ma
i. mon la *biffé avant* De
j. que *biffé avant* je
k. Sais-je où je vais *biffé avant* Où
l. remuent *biffé entre* avancent *et* les

blesse, je me jette à plat ventre, foulé aux pieds des chevaux.

Ah !

Je m'y habituerai.

Ah ça, je mènerais la vie française, et je suivrais le sentier de l'honneur.


# [II]

## FAUSSE CONVERSION

Jour de malheur ! J'ai avalé une fameuse gorgée [a] de poison. La rage du désespoir m'emporte contre tout [:] la nature, les objets, moi, que je veux déchirer. Trois fois béni soit le conseil qui m'est arrivé. Mes [b] entrailles me brûlent [,] la violence du venin tord mes membres, me rend difforme, je m[eu]rs de soif. J'étouffe. Je ne puis crier. C'est [c] l'enfer [,] l'éternité de la peine. Voilà comme le [d] feu se relève. Va [dé]mon [e], attise-le. Je brûle comme il faut [f]. C'est [un] bon enfer, un bel et bon [enfer] [g]...

J'avais entrevu la conversion [h], le bien, le bon[heu]r, le salut. Puis-je décrire la vision, on n'est pas poète en [i] enfer. C'était [j] des milliers d'opéras charmants [k],

a. un fameux verre ; gorgée *surcharge* verre
b. Mes *surcharge* les
c. C *surcharge* L
d. le *surcharge* la
e. va diable, va Satan, *biffé après* démon
f. comme il faut, *dans l'interligne, remplace* bien, *biffé*
g. un bel et bon [enfer] *ajouté dans l'interligne inférieur*
h. le Salut *biffé entre* entrevu *et* la conversion
i. en *surcharge* dans
j. C'était *surcharge* Dès que ; l'apparition de *biffé entre* C'était *et* des
k. d'opéras *surcharge* de femmes ; *le* e *de* charmantes *n'est pas biffé*

un admirable concert spirituel, la force et la paix, les nobles ambitions, que sais-je !

Ah ! les nobles ambitions ! ma haine. C'est [a] l'existence enragée : la colère dans le sang, l'abêtissement [b], et c'est encore la vie ! Si la damnation est éternelle [c]. C'est l'exécution des lois religieuses, pourquoi a-t-on semé une foi pareille dans mon esprit. Mes [d] parents ont fait mon malheur, et le leur, ce qui m'importe peu. On a abusé de mon innocence. Oh ! l'idée du baptême. Il y en a qui ont vécu mal, qui vivent mal, et qui ne sentent rien ! C'est mon [e] baptême et ma [f] faiblesse dont [g] je suis esclave. C'est la vie encore ! Plus tard, les délices de la damnation seront plus profondes. Je reconnais [h] la damnation. Un [i] homme qui veut se mutiler est [j] damné n'est-ce pas. Je me crois en enfer donc j'y suis [k]. Un crime, vite, que je tombe au néant, par la loi des [l] hommes.

Tais-toi mais tais-toi ! C'est la honte [m] et le reproche à côté [n] de moi ; c'est Satan qui me dit que son feu est ignoble, idiot ; et que ma colère est affreusement laide. Assez. Tais-toi ! ce sont des erreurs qu'on

---

a. C'est *surcharge le début de* Recommence, *dont la première lettre* R *surcharge un* Je

b. la vie bestiale *biffé entre* sang *et* l'abêtissement ; *à la suite de* abêtissement, *une ligne ajoutée et partiellement biffée :* le malheur, mon malheur et le malheur des autres, ce qui m'importe peu

c. *après* éternelle, *une phrase partiellement biffée :* C'est encore la vie, encore

d. Mes *surcharge* On a les *(?)*

e. mon *surcharge* le

f. ma *surcharge* la

g. dont *surcharge* qu'on a

h. bien *biffé avant* la damnation

i. Un *surcharge* Quand

j. bien *biffé entre* est *et* damné

k. Je me crois (...) suis *ajouté dans l'interligne*

l. des *surcharge* hu (*début de* humaine)

m. le doute *corrigé en* la honte (*surcharge de* e *par* a *et de* d *par* h)

n. à côté *surcharge* qu'on me

me souffle à l'oreille[,], les [a] magie[s], les [b] alchimies, les mysticismes, les parfums faux [c], les musiques naïves [d]. C'est Satan qui se charge de cela. Alors les poètes sont damnés. Non ce n'est pas cela [e].

Et dire que je tiens la vérité. Que j'ai un jugement sain et arrêté sur toute chose, que je suis tout prêt pour la perfection. [C'est] [f] l'orgueil ! à présent. Je ne suis qu'un bonhomme en bois, la peau de ma tête se dessèche. Oh [g] ! mon Dieu ! mon Dieu. J'ai peur, pitié. Ah ! j'ai soif, o mon enfance, mon village, les prés [h], le lac  ! et la grève[,] le clair de lune quand le clocher sonnait douze. Satan [i] est au clocher. Que je deviens bête. O Marie, Sainte Vierge, faux sentiment, fausse prière.

# [III]

Enfin [j] mon esprit devin [................................]
de [Londres ou de Pékin [k] ou Ber] [...................]

a. la *corrigé en* les ; s *de* magie *omis*
b. l' *corrigé en* les
c. faux *surcharge* maudits
d. *un* les *excédant, dans l'interligne, au-dessus du point qui suit* naïves
e. Alors (…) cela *ajouté dans l'interligne, entre les deux paragraphes*
f. Tais-toi : c'est *biffé entre* C'est *(incertain) et* l'orgueil
g. Oh *surcharge* Et Dieu
h. prés *surcharge un autre mot*
i. Satan *surchargé par un ou deux mots, peut-être* le diable
j. *Ici commence le brouillon de ce qui deviendra* Alchimie du Verbe ; *le feuillet est déchiré, sur l'espace de cinq à six lignes, dans le coin supérieur (droit pour le recto, gauche pour le verso) ; nous n'avons donc, pour ce premier paragraphe, que des bribes de phrases, correspondant à la moitié gauche des lignes.*
k. Par[is] *dans l'interligne, au-dessus de* Pékin

qui disparaisse [.................]<sup>a</sup> sur <sup>b</sup> [................]
de réjouissance populaire. [Voilà] [....................]
des petit[s]<sup>c</sup> [.................]<sup>d</sup>

J'aurais voulu le désert orageux<sup>e</sup> de [ma campagne]<sup>f</sup>

J'adorai les boissons tiédies, les boutiques<sup>g</sup> fanées, les vergers brûlés<sup>h</sup>. Je restais de longues heures la langue pendante, comme les bêtes harassées, je me traînais dans les ruelles<sup>i</sup> puantes, et<sup>j</sup>, les yeux fermés, je m'offrais au<sup>k</sup> Dieu de feu, qu'il me renversât<sup>l</sup>. Général, roi, disais-je, s'il reste<sup>m</sup> un vieux canon<sup>n</sup> sur tes remparts<sup>o</sup> qui dégringolent, bombarde les hommes avec des morceaux<sup>p</sup> de terre sèche. Aux<sup>q</sup> glaces des magasins<sup>r</sup> splendides<sup>s</sup> ! Dans les salons frais ! <sup>t</sup> [.......
....... Fais]<sup>u</sup> manger sa poussière à la ville ! Oxyde des

a.  *un mot non déchiffré : peut-être* tourne *ou* se tourmente
b.  *cette moitié de ligne et la précédente sont biffées*
c.  petit[s] *biffé, remplacé dans l'interligne par* fournaise
d.  *deux mots en surcharge, non déchiffrés, après* petits
e.  *Bouillane de Lacoste lisait* crayeux
f.  *la phrase est biffée imparfaitement ; des deux derniers mots seule apparaît la partie inférieure, à cause de la déchirure, incurvée vers le bas.*
g.  *les premières lettres surchargent le début d'un autre mot :* op
h.  brulées
i.  rues *corrigé en* ruelles
j.  et *surcharge le début d'un autre mot*
k.  m'offrais au *surcharge* priais le soleil
l.  un *et biffé entre* renversât *et* Général
m.  si tu *surchargé par* s'il ; as encore *biffé, et surchargé par* reste
n.  canons
o.  remparts *surcharge* créneaux
p.  morceaux (*Bouillane de Lacoste lisait* monceaux) *surcharge* mottes
q.  *le* A *de* Aux *surcharge une autre lettre, peut-être un* V
r.  *le* m *initial surcharge* bou (*début de* boutiques)
s.  *le* s *initial surcharge une autre lettre, sans doute un* d
t.  Que les *(non biffé)* araignées *(biffé), entre les deux phrases*
u.  À la *(biffé), suivi d'un ou de deux mots en surcharge, commençant par* s *et se terminant par* ais *: peut-être* Fais*, comme dans le texte imprimé, mais précédé d'une autre surcharge, non déchiffrée.*

gargouilles. À l'heure emplis [les] boudoirs [de] sable
brûla[nt] de rubis [a].

[————] je [————] cassais [b] des pierres sur des
routes balayées toujours. Le soleil souverain [c] donnait
une [d] merde, dans la vallée [e], au centre de la terre, le
mou[che]ron [f] enivré à la pissotière de l'auberge isolée,
amoureux de la bourrache, et dissous au Soleil [g].


## Faim *


Je [h] réfléchis au bonheur [i] des bêtes ; les chenilles
étaient les foule[s], succession [de] petits corps blancs
des limbes [j] : l'araignée faisait [k] l'ombre romantique
envahie par l'aube opale [l] ; la punaise[,], brune per-

---

a. *la phrase deviendra dans le texte imprimé :* Emplis les boudoirs
de poudre de rubis brûlante. *Ici, on déchiffre péniblement :*
À l'heure lance du sable de rubis les, *où du* semble biffé *; emplis
est ajouté dans l'interligne inférieur, entre* heure *et* lance *; bou-
doirs et* brûla[nt] *sont ajoutés dans l'interligne supérieur*

b. *Au début du paragraphe :* Je portais des vêtements de toile *biffé,
suivi de* Je me colorais [*très incertain*] du [......] (*non déchif-
fré*) *; puis* je, *puis un autre mot non déchiffré, terminé par* ais *;
enfin* cassais

c. souverain *dans l'interligne*

d. donnait *remplace* descendait vers *biffé ;* une *surcharge* la

e. dans la vallée *ajouté dans l'interligne, peut-être pour rempla-
cer* au centre de la terre, *partiellement surchargé par le mot*
vallée

f. son *(?) au-dessus du début de* moucheron, *dont la syllabe cen-
trale est cachée par une tache d'encre*

g. et qui va se fondre en un rayon, *partiellement biffé et partiel-
lement surchargé par* et dissous au soleil

h. Je *surcharge* J'ai

i. *le début du mot surcharge* bêtes ; *le* aux *est resté avec* x

j. *le ms. porte :* foule succession, corp blancs des limbes ; *avec*
corp blancs *biffé,* petits *ajouté dans l'interligne et biffé, entre*
succession *et* corp ; *en outre :* les *dans l'interligne, après* petits
*et* innocents, *dans l'interligne aussi, au-dessus de* des

k. faisait *dans l'interligne, au-dessus de* romantique, *biffé*

l. l'araignée (...) opale *biffé*

sonne, attendait qu'on passionne. Heureuse[a] la taupe, sommeil de toute la Virginité[b] !

Je m'éloignais du contact[c]. Étonnante virginité, de l'écrire[d] avec une espèce de romance.

      * Chanson de la plus haute tour.

Je crus avoir trouvé[e] raison et bonheur. J'écartais le[f] ciel, l'azur, qui est du noir, et je vivais, étincelle d'or de la lumière *nature*. C'était très sérieux. J'exprimai le plus[g] bêtement

      * Éternité

De[h] joie, je devins un[i] opéra fabuleux[j]. *Âge d'or.

C'était[k] ma vie éternelle, non écrite, non chantée, — quelque chose comme la Providence[,] les lois du monde, l'essence[l] à laquelle on croit et qui ne chante pas.

Après ces[m] nobles minutes, stupidité[n] complète. Je vis[o] une fatalité[p] de bonheur dans tous les êtres : l'action n'était qu'une façon[q] de gâcher une satiété[r]

---

a. le sommeil *ajouté dans l'interligne après* Heureuse
b. *le* g *surcharge un* l
c. Je (...) contact *biffé imparfaitement*
d. de l'écrire *surcharge* que j'essaie
e. crus avoir trouvé, *dans l'interligne inférieur, remplace deux ou trois mots en surcharge*
f. le *surcharge* du
g. plus *biffé*
h. Et pour comble de *biffé partiellement, en tête du paragraphe*
i. un *dans l'interligne*
j. *le début du mot* fabuleux *surcharge d'autres lettres*
k. À cette période, c'était *biffé partiellement, en tête du paragraphe*
l. les lois du monde, l'essence *dans l'interligne ; très conjectural*
m. ces *surchargé par un autre mot*
n. *le début du mot surcharge* vint
o. mis *corrigé en* vis
p. fatalité *surcharge un autre mot*
q. pas la vie mauvaise *ajouté dans l'interligne, après* façon ; instinctive *biffé entre* façon *et* de gâcher
r. une *et le début de* satiété *surchargent d'autres lettres*

de vie[a] : [un] hasard sinistre et doux, un énervement[b], errement. La morale[c] était la faiblesse de la cervelle. [...............][d] êtres et toutes choses m'apparaissent [...........] d'autres vies autour d'elles. Ce monsieur [......................] un ange. Cette famille n'est pas [.....................] [......][e]. Avec plusieurs hommes [...................] moment d'une de leurs autres vies [..............] histoire[f] plus de principes. Pas un des sophismes [...............] la folie enfermée. Je pourrais les redire tous, et d'autres[g] et bien d'autres, et d'autres. Je sais le système[h]. Je n'éprouvais[i] plus rien[j],

Mais maintenant, je n'essaierais[k] pas de me faire écouter.

Un mois de cet exercice[l] : ma[m] santé fut menacée[n]. J'avais bien autre chose à faire que de vivre. Les hallucinations étant plus vives[o], la terreur venait[p] ! Je faisais des sommeils de plusieurs jours, et, levé[q], continuais les rêves les plus tristes, égaré[r] partout.

---

a.  seulement, moi, je laissais en sachant *biffé entre* vie : *et* [un] hasard

b.  déviation *biffé entre* énervement *et* errement

c.  morale *surcharge un autre mot, commençant par* g

d.  *Déchirure au coin inférieur gauche du feuillet. La première moitié des six dernières lignes a disparu (voyez la note j, p. 231)*

e.  *cinq lettres, environ, biffées*

f.  *surcharge un autre mot*

g.  Je pourrais les redire tous et d'autres *ajouté dans l'interligne supérieur*

h.  Je sais le système *dans l'interligne inférieur*

i.  éprouvais *surcharge un autre mot*

j.  *Ici, une phrase partiellement biffée :* Les hallucinations tourbillonnaient [*surchargeant* étaient] trop

k.  ne voudrais *dans l'interligne, au-dessus de* n'essaierais

l.  je crus *dans l'interligne, après* exercice

m.  ma *surcharge* la

n.  fut menacée *remplace* s'ébranla *biffé*

o.  plus épouvantes *biffé entre* plus vives *et* la terreur

p.  venait *surcharge* plus

q.  levé *dans l'interligne*

r.  les plus tristes, égaré *dans l'interligne*

## * Mémoire.

Je me trouvais mûr pour le trépas[a] et ma faiblesse me tirait jusqu'aux confins du monde et de la vie, où le tourbillon dans la Cimmérie noire ; parmi des morts, où un grand [....................] une route de dangers[b] laissé presque toute l'âme aux[c] épouvantes[d].

## * Confins du monde

Je voyageai un peu. J'allai au nord : je fermai mon[e] cerveau. Je voulus reconnaître là[f] toutes mes odeurs féodales, bergères, sources sauvages. J'aimais la mer[g], [bonhomme de peu], isoler les principes[h], l'anneau magique dans l'eau lumineuse[i] comme si elle dût me laver [d'une] souillure[j], je voyais la croix consolante. J'avais été damné par l'arc-en-ciel et les magies[k] religieuses ; et pour le Bonheur, ma fatalité[l], mon ver, et qui[m]

a.   le trépas *dans l'interligne remplace* la mort *biffé*
b.   *un mot non déchiffré, puis* une, *puis* route de *en surcharge*
c.   aux *biffé, remplacé par* après une, *suivi de* emb[arca]tion, *biffé ; sur* une *dans l'interligne, au-dessus de* emb[arca]tion
d.   *le début du mot surcharge d'autres lettres*
e.   formé mon *dans l'interligne (en surcharge d'un ou deux autres mots) remplace* rappelai au *biffé*
f.   Je voulus reconnaître là *ajouté dans l'interligne inférieur. La phrase était donc initialement :* je rappelai au cerveau toutes mes odeurs féodales (...)
g.   J'aimais la mer *remplace, dans l'interligne inférieur, deux ou trois mots surchargés et biffés*
h.   bonhomme (...) principes *dans l'interligne*
i.   éclairée *dans l'interligne, au-dessus de* lumineuse. *Tout ce passage :* anneau (...) lumineuse *est plus ou moins biffé. Le mot* lumineuse *est suivi de* J'aim [*biffé*]
j.   comment me laver de ces aberrations *biffé entre* me laver [d'une] *et* souillure
k.   magies *surcharge un autre mot*
l.   mon remords *dans l'interligne, biffé entre* Bonheur *et* ma fatalité *; le* m *de* ma *surcharge deux autres lettres, sans doute* qu
m.   *le* m *de* mon *surcharge un* b *; la phrase reste suspendue à ce* qui

Quoique[a] le monde me parût très nouveau, à moi qui avais levé toutes les impressions possibles[b] : faisant ma vie trop immense[c] pour aimer [bien réellement][d] la force et la beauté.

Dans les plus grandes villes, à l'aube, ad matutinum[e], au Christus venit[f], quand pour les hommes forts le Christ vient[g], sa dent, douce à la mort, m'avertissait avec le chant du coq. * Bon[heu]r[h].

Si faible, je ne me crus plus supportable dans la société, qu'à force de bienveill[ance][i]. Quel cloître possible pour ce beau dégoût[j] ? Tout cela s'est passé peu à peu.

Je hais maintenant les élans mystiques et les bizarreries de style.

Maintenant je[k] puis dire que l'art est une sottise. [Nos[l] grands[m] poètes] art aussi facile : l'art est une sottise.

Salut à la bont[

a. *le* Q *surcharge un* Je
b. Quoique (...) possibles *plus ou moins biffé*
c. énervait même après que me devrais *plus ou moins biffé entre* immense *et* pour
d. [bien réellement], *dans l'interligne inférieur, remplace un autre adverbe biffé, peut-être :* seulement
e. matutinum *surcharge* diluculum
f. au Christus venit *ajouté dans l'interligne*
g. hommes (...) vient *biffé*
h. *abrégé* Bonr
i. Si faible (...) bienveill[ance] *ajouté entre les deux paragraphes*
j. Quel [malheur pitié] *ajouté en marge*
k. je *surcharge d'autres lettres*
l. Nos *surcharge un autre mot, peut-être* Les
m. *un autre mot, au-dessus de* grands, *qui est peut-être biffé*

# ILLUMINATIONS

*Le « problème des* Illuminations *» (S. Bernard) a fait couler beaucoup d'encre et il continue aujourd'hui à préoccuper la critique rimbaldienne* [1].

*De quand exactement datent ces textes ? Sont-ils antérieurs à* Une Saison en Enfer, *qui serait alors le définitif congé donné par Rimbaud à la littérature et la condamnation sans appel des* dérèglements *du* Voyant ? *Faut-il au contraire en croire Verlaine : « Le livre que nous présentons au public fut écrit de 1873 à 1875, parmi des voyages tant en Belgique qu'en Angleterre et dans toute l'Allemagne » (*La Vogue, *1886) ? Peut-on, comme Bouillane de Lacoste, limiter le temps de leur rédaction au séjour que fit Rimbaud à Londres, en 1874, avec G. Nouveau, qui recopia une partie des poèmes ? Ou, au contraire, estimer que Rimbaud a continué d'écrire au-delà de 1875, voire jusqu'en 1878 ? Mais Verlaine ne déclarait-il pas dans une lettre à Delahaye, le 1er mai 1875, que Rimbaud l'avait prié, « deux mois » plus tôt, « d'envoyer, pour être imprimés, des* poèmes *en prose siens (que j'avais) à […] Nouveau… On peut penser qu'il s'agissait bien des* Illuminations [2], *considérées donc à cette date par leur auteur comme achevées…*

1. Cf. C. Zissmann : *Ce que révèle le manuscrit des* Illuminations (1990).
2. En 1888 *(Les Hommes d'aujourd'hui)*, Verlaine devait préciser (mais en modifiant quelque peu sa version des faits) : « En février 1875 à Stuttgart […] le manuscrit des *Illuminations* fut remis à quelqu'un qui en eut soin… »

*Le plus raisonnable (et le plus vraisemblable en l'état
actuel de nos connaissances) est sans doute de consi-
dérer comme A. Guyaux (*Poétique du Fragment, *1985)
que les textes réunis sous le titre *Illuminations *ont été
écrits, à des dates diverses, entre 1872[1] et 1874.*

*Après 1875, le manuscrit semble avoir disparu[2],
sans doute confié par G. Nouveau au beau-frère de
Verlaine, Charles de Sivry. Il resurgit en 1886, date de
la première publication des *Illuminations *par les soins
de La Vogue, dans la revue d'abord, puis en plaquette.*

*Autre problème : celui du titre. Selon Verlaine,
« c'est le sous-titre que M. Rimbaud avait donné à son
manuscrit ». Lequel, dit-il encore, « se compose de
courtes pièces, prose exquise ou vers délicieusement
faux exprès » (*La Vogue, 1886). *Mais rien dans les
manuscrits ne vient étayer cette assertion...*

*La signification même du titre demeure incertaine.
Selon Verlaine, « le mot *Illuminations *est anglais et
veut dire gravures coloriées — *coloured plates *» (ibid.).
Mais en 1878 il parlait de *« painted plates ». *Enlumi-
nures, planches en couleurs, textes illuminés, visions
d'un illuminé... : à supposer que le titre soit bien à met-
tre au crédit de Rimbaud, peut-être l'a-t-il choisi jus-
tement pour son incertitude, pour les flottements de
sens qu'il autorise...*

---

1. Delahaye disait se souvenir d'avoir entendu « en lire quelques-
unes par leur auteur qui les appelait alors — en 1872 — *Poèmes en
prose *».
2. Verlaine : *Les Poètes maudits, *1883 : « ... en prose encore une
série de superbes fragments, les *Illuminations, *à jamais perdus, nous
le craignons bien. »

# APRÈS LE DÉLUGE

Aussitôt après que l'idée [1] du Déluge se fut rassise,
Un lièvre s'arrêta dans les sainfoins et les clochettes
mouvantes et dit sa prière à l'arc-en-ciel à travers la
toile de l'araignée.

Oh les pierres précieuses qui se cachaient, — les fleurs
qui regardaient déjà.

Dans la grande rue sale les étals se dressèrent, et l'on
tira les barques vers la mer étagée là-haut comme sur
les gravures.

Le sang coula, chez Barbe-Bleue, — aux abattoirs,
— dans les cirques, où le sceau de Dieu blêmit les fenê-
tres. Le sang et le lait coulèrent.

Les castors bâtirent. Les « mazagrans [2] » fumèrent
dans les estaminets.

Dans la grande maison de vitres encore ruisselante
les enfants en deuil regardèrent les merveilleuses images.

Une porte claqua, et sur la place du hameau, l'enfant
tourna ses bras, compris des girouettes et des coqs des
clochers de partout, sous l'éclatante giboulée.
Madame*** établit un piano dans les Alpes. La messe
et les premières communions se célébrèrent aux cent
mille autels de la cathédrale.

Les caravanes partirent. Et le Splendide Hôtel fut
bâti dans le chaos de glaces et de nuit du pôle.

Depuis lors, la Lune entendit les chacals piaulant par

---

1. Hellénisme pour « vision », « spectre ».
2. Café à l'eau-de-vie servi en verre ou en récipient sans anse.

les déserts de thym, — et les églogues [1] en sabots gro-
gnant dans le verger. Puis, dans la futaie violette, bour-
geonnante, Eucharis [2] me dit que c'était le printemps.

— Sourds [3], étang, — Écume, roule sur le pont, et
par-dessus les bois ; — draps noirs et orgues, — éclairs
et tonnerre, — montez et roulez ; — Eaux et tristes-
ses, montez et relevez les Déluges.

Car depuis qu'ils se sont dissipés, — oh les pierres
précieuses s'enfouissant, et les fleurs ouvertes ! — c'est
un ennui ! et la Reine, la Sorcière qui allume sa braise
dans le pot de terre, ne voudra jamais nous raconter
ce qu'elle sait, et que nous ignorons.

# ENFANCE

## I

Cette idole, yeux noirs et crin jaune, sans parents ni
cour, plus noble que la fable, mexicaine et flamande ;
son domaine, azur et verdure insolents, court sur des
plages nommées, par des vagues sans vaisseaux, de
noms férocement grecs, slaves, celtiques.

À la lisière de la forêt — les fleurs de rêve tintent,
éclatent, éclairent, — la fille à lèvre d'orange, les
genoux croisés dans le clair déluge qui sourd des prés,
nudité qu'ombrent, traversent et habillent les arcs-en-
ciel, la flore, la mer.

Dames qui tournoient sur les terrasses voisines de la
mer ; enfantes et géantes, superbes, noires dans la
mousse vert-de-gris, bijoux debout sur le sol gras des
bosquets et des jardinets dégelés — jeunes mères et

1. Ou « bucoliques », poèmes rustiques.
2. « De belle grâce », en grec. Nom d'une nymphe dans le *Télé-
maque* de Fénelon.
3. Du verbe *sourdre.*

grandes sœurs aux regards pleins de pèlerinages, sultanes, princesses de démarche et de costume tyranniques, petites étrangères et personnes doucement malheureuses.

Quel ennui, l'heure du « cher corps » et « cher cœur ».

## II

C'est elle, la petite morte, derrière les rosiers. — La jeune maman trépassée descend le perron. — La calèche du cousin crie sur le sable. — Le petit frère — (il est aux Indes !) là, devant le couchant, sur le pré d'œillets. — Les vieux qu'on a enterrés tout droits dans le remparts aux giroflées.

L'essaim des feuilles d'or entoure la maison du général. Ils sont dans le midi. — On suit la route rouge pour arriver à l'auberge vide. Le château est à vendre ; les persiennes sont détachées. — Le curé aura emporté la clef de l'église. — Autour du parc, les loges des gardes sont inhabitées. Les palissades sont si hautes qu'on ne voit que les cimes bruissantes. D'ailleurs il n'y a rien à voir là-dedans.

Les prés remontent aux hameaux sans coqs, sans enclumes. L'écluse est levée. O les calvaires et les moulins du désert, les îles et les meules.

Des fleurs magiques bourdonnaient. Les talus le berçaient. Des bêtes d'une élégance fabuleuse circulaient. Les nuées s'amassaient sur la haute mer faite d'une éternité de chaudes larmes.

## III

Au bois il y a un oiseau, son chant vous arrête et vous fait rougir.

Il y a une horloge qui ne sonne pas.

Il y a une fondrière avec un nid de bêtes blanches.

Il y a une cathédrale qui descend et un lac qui monte.

Il y a une petite voiture abandonnée dans le taillis, ou qui descend le sentier en courant, enrubannée.

Il y a une troupe de petits comédiens en costumes, aperçus sur la route à travers la lisière du bois.

Il y a enfin, quand l'on a faim et soif, quelqu'un qui vous chasse.

## IV

Je suis le saint, en prière sur la terrasse, — comme les bêtes pacifiques paissent jusqu'à la mer de Palestine.

Je suis le savant au fauteuil sombre. Les branches et la pluie se jettent à la croisée de la bibliothèque.

Je suis le piéton de la grand'route par les bois nains ; la rumeur des écluses couvre mes pas. Je vois longtemps la mélancolique lessive d'or du couchant.

Je serais bien l'enfant abandonné sur la jetée partie à la haute mer, le petit valet, suivant l'allée dont le front touche le ciel.

Les sentiers sont âpres. Les monticules se couvrent de genêts. L'air est immobile. Que les oiseaux et les sources sont loin ! Ce ne peut être que la fin du monde, en avançant.

## V

Qu'on me loue enfin ce tombeau, blanchi à la chaux avec les lignes du ciment en relief — très loin sous terre.

Je m'accoude à la table, la lampe éclaire très vivement ces journaux que je suis idiot de relire, ces livres sans intérêt.

À une distance énorme au-dessus de mon salon souterrain, les maisons s'implantent, les brumes s'assemblent. La boue est rouge ou noire. Ville monstrueuse, nuit sans fin !

Moins haut, sont des égouts. Aux côtés, rien que

l'épaisseur du globe. Peut-être les gouffres d'azur, des puits de feu. C'est peut-être sur ces plans que se rencontrent lunes et comètes, mers et fables.

Aux heures d'amertume je m'imagine des boules de saphir, de métal. Je suis maître du silence. Pourquoi une apparence de soupirail blêmirait-elle au coin de la voûte ?

# CONTE

Un Prince était vexé de ne s'être employé jamais qu'à la perfection des générosités vulgaires. Il prévoyait d'étonnantes révolutions de l'amour, et soupçonnait ses femmes de pouvoir mieux que cette complaisance agrémentée de ciel et de luxe. Il voulait voir la vérité, l'heure du désir et de la satisfaction essentiels. Que ce fût ou non une aberration de piété, il voulut. Il possédait au moins un assez large pouvoir humain.

Toutes les femmes qui l'avaient connu furent assassinées. Quel saccage du jardin de la beauté ! Sous le sabre, elles le bénirent. Il n'en commanda point de nouvelles. — Les femmes réapparurent.

Il tua tous ceux qui le suivaient, après la chasse ou les libations. — Tous le suivaient.

Il s'amusa à égorger les bêtes de luxe. Il fit flamber les palais. Il se ruait sur les gens et les taillait en pièces. — La foule, les toits d'or, les belles bêtes existaient encore.

Peut-on s'extasier dans la destruction, se rajeunir par la cruauté ! Le peuple ne murmura pas. Personne n'offrit le concours de ses vues.

Un soir il galopait fièrement. Un Génie apparut, d'une beauté ineffable, inavouable même. De sa physionomie et de son maintien ressortait la promesse d'un amour multiple et complexe ! d'un bonheur indicible, insupportable même ! Le Prince et le Génie s'anéantirent probablement dans la santé essentielle.

Comment n'auraient-ils pas pu en mourir ? Ensemble donc ils moururent.

Mais ce Prince décéda, dans son palais, à un âge ordinaire. Le Prince était le Génie. Le Génie était le Prince. La musique savante manque à notre désir.

# PARADE

Des drôles très solides. Plusieurs ont exploité vos mondes. Sans besoins, et peu pressés de mettre en œuvre leurs brillantes facultés et leur expérience de vos consciences. Quels hommes mûrs ! Des yeux hébétés à la façon de la nuit d'été, rouges et noirs, tricolores, d'acier piqué d'étoiles d'or ; des faciès déformés, plombés, blêmis, incendiés ; des enrouements folâtres ! La démarche cruelle des oripeaux ! — Il y a quelques jeunes, — comment regarderaient-ils Chérubin [1] ? — pourvus de voix effrayantes et de quelques ressources dangereuses. On les envoie prendre du dos en ville, affublés d'un *luxe* dégoûtant.

O le plus violent Paradis de la grimace enragée ! Pas de comparaison avec vos Fakirs et les autres bouffonneries scéniques. Dans des costumes improvisés avec le goût du mauvais rêve ils jouent des complaintes, des tragédies de malandrins et de demi-dieux spirituels comme l'histoire ou les religions ne l'ont jamais été. Chinois, Hottentots, bohémiens, niais, hyènes, Molochs [2], vieilles démences, démons sinistres, ils mêlent les tours populaires, maternels, avec les poses et les tendresses bestiales. Ils interpréteraient des pièces nouvelles et des chansons « bonnes filles ». Maîtres jongleurs, ils transforment le lieu et les personnes, et

---

1. Type de l'adolescent déjà romantique dans *Le Mariage de Figaro* de Beaumarchais, d'où Mozart tira un opéra.
2. Moloch est une divinité des Ammonites, peuple du Moyen-Orient, ennemi des Hébreux. On lui offrait des sacrifices humains.

usent de la comédie magnétique [1]. Les yeux flambent, le sang chante, les os s'élargissent, les larmes et des filets rouges ruissellent. Leur raillerie ou leur terreur dure une minute, ou des mois entiers.

J'ai seul la clef de cette parade sauvage.


# ANTIQUE

Gracieux fils de Pan [2] ! Autour de ton front couronné de fleurettes et de baies tes yeux, des boules précieuses, remuent. Tachées de lies brunes, tes joues se creusent. Tes crocs luisent. Ta poitrine ressemble à une cithare, des tintements circulent dans tes bras blonds. Ton cœur bat dans ce ventre où dort le double sexe [3]. Promène-toi, la nuit, en mouvant doucement cette cuisse, cette seconde cuisse et cette jambe de gauche.


# BEING BEAUTEOUS [4]

Devant une neige un Être de Beauté de haute taille. Des sifflements de mort et des cercles de musique sourde font monter, s'élargir et trembler comme un spectre ce corps adoré ; des blessures écarlates et noires éclatent dans les chairs superbes. Les couleurs propres de la vie se foncent, dansent, et se dégagent autour de la Vision, sur le chantier. Et les frissons s'élèvent et grondent, et la saveur forcenée de ces effets se chargeant avec les sifflements mortels et les rauques musiques que le monde, loin derrière nous, lance sur notre

---

1. Peut-être l'hypnose.
2. Divinité antique, dont le nom signifie *Tout* en grec, personnification de la Nature.
3. Il s'agit donc d'un être hermaphrodite.
4. « Un *être de Beauté* », comme Rimbaud le traduit lui-même.

mère de beauté, — elle recule, elle se dresse. Oh ! nos
os sont revêtus d'un nouveau corps amoureux.


***[1]


O la face cendrée, l'écusson de crin, les bras de cris-
tal ! Le canon sur lequel je dois m'abattre à travers la
mêlée des arbres et de l'air léger !


# VIES[2]

## I

O les énormes avenues du pays saint, les terrasses du
temple ! Qu'a-t-on fait du brahmane qui m'expliqua
les Proverbes[3] ? D'alors, de là-bas, je vois encore
même les vieilles ! Je me souviens des heures d'argent
et de soleil vers les fleuves, la main de la campagne sur
mon épaule, et de nos caresses debout dans les plaines
poivrées. — Un envol de pigeons écarlates tonne autour
de ma pensée — Exilé ici, j'ai eu une scène où jouer
les chefs-d'œuvre dramatiques de toutes les littératu-
res[4]. Je vous indiquerais les richesses inouïes.
J'observe l'histoire des trésors que vous trouvâtes. Je
vois la suite ! Ma sagesse est aussi dédaignée que le

---

1. Il s'agit d'un texte autonome (*** fait fonction de titre) et non
de la fin de « Being Beauteous ».
2. Pour ce pluriel, cf. « Alchimie du Verbe », p. 216 : « À cha-
que être plusieurs *autres* vies me semblaient dues ».
3. Un *brahmane* est un prêtre de l'Inde. Il ne s'agit donc pas du
livre biblique des *Proverbes*, attribué au sage Salomon, mais des
*Védas*.
4. Cf. « Alchimie du Verbe », p. 216 : « Je devins un opéra
fabuleux ».

chaos. Qu'est mon néant, auprès de la stupeur qui vous attend ?

## II

Je suis un inventeur bien autrement méritant que tous ceux qui m'ont précédé ; un musicien même, qui ai trouvé quelque chose comme la clef de l'amour. À présent, gentilhomme d'une campagne aigre au ciel sobre, j'essaye de m'émouvoir au souvenir de l'enfance mendiante, de l'apprentissage ou de l'arrivée en sabots, des polémiques, des cinq ou six veuvages, et quelques noces où ma forte tête m'empêcha de monter au diapason des camarades. Je ne regrette pas ma vieille part de gaîté divine : l'air sobre de cette aigre campagne alimente fort activement mon atroce scepticisme. Mais comme ce scepticisme ne peut désormais être mis en œuvre, et que d'ailleurs je suis dévoué à un trouble nouveau, — j'attends de devenir un très méchant fou.

## III

Dans un grenier où je fus enfermé à douze ans j'ai connu le monde, j'ai illustré la comédie humaine. Dans un cellier j'ai appris l'histoire. À quelque fête de nuit dans une cité du Nord, j'ai rencontré toutes les femmes des anciens peintres. Dans un vieux passage à Paris [1] on m'a enseigné les sciences classiques. Dans une magnifique demeure cernée par l'Orient entier j'ai accompli mon immense œuvre et passé mon illustre retraite. J'ai brassé mon sang. Mon devoir m'est remis.

---

1. Peut-être le passage Choiseul, à Paris, où se trouvait l'éditeur des Parnassiens, Lemerre.

Il ne faut même plus songer à cela. Je suis réellement d'outre-tombe[1], et pas de commissions.

## DÉPART

Assez vu. La vision s'est rencontrée à tous les airs.

Assez eu. Rumeurs des villes, le soir, et au soleil, et toujours.

Assez connu. Les arrêts de la vie. — O Rumeurs et Visions !

Départ dans l'affection et le bruit neufs !

## ROYAUTÉ

Un beau matin, chez un peuple fort doux, un homme et une femme superbes criaient sur la place publique. « Mes amis, je veux qu'elle soit reine ! » « Je veux être reine ! » Elle riait et tremblait. Il parlait aux amis de révélation, d'épreuve terminée. Ils se pâmaient l'un contre l'autre.

En effet ils furent rois toute une matinée où les tentures carminées se relevèrent sur les maisons, et toute l'après-midi, où ils s'avancèrent du côté des jardins de palmes.

1. Cf. « Nuit de l'Enfer », p. 205 : « Décidément nous sommes hors du monde (...) C'est le tombeau... »

# À UNE RAISON [1]

Un coup de ton doigt sur le tambour décharge tous les sons et commence la nouvelle harmonie.

Un pas de toi, c'est la levée des nouveaux hommes et leur en-marche.

Ta tête se détourne : le nouvel amour [2] !

Ta tête se retourne, — le nouvel amour !

« Change nos lots, crible les fléaux, à commencer par le temps », te chantent ces enfants. « Élève n'importe où la substance de nos fortunes et de nos vœux » on t'en prie.

Arrivée de toujours, qui t'en iras partout.

# MATINÉE D'IVRESSE [3]

O mon Bien ! O mon Beau [4] ! Fanfare atroce où je ne trébuche point ! chevalet [5] féerique ! Hourra pour l'œuvre inouïe et pour le corps merveilleux, pour la première fois ! Cela commença sous les rires des enfants, cela finira par eux. Ce poison va rester dans toutes nos veines même quand, la fanfare tournant, nous serons rendu à l'ancienne inharmonie. O maintenant, nous si digne de ces tortures ! rassemblons fervemment cette promesse surhumaine faite à notre corps et à notre âme

1. Selon S. Bernard (cf. *Bibliographie*, p. 396), on peut voir dans ce texte l'influence de « l'illuminisme social » du XIXᵉ siècle, celui des *socialistes utopiques* (Fourier, Enfantin...), chantres du « nouvel amour » et de « l'Harmonie universelle », celui aussi des révolutionnaires « progressistes » de la Commune.

2. Cf. « Génie », p. 281 : « L'amour, mesure parfaite et réinventée, raison merveilleuse et imprévue. »

3. Le titre évoque peut-être une séance de haschisch. Cf. Baudelaire : « Le Poème du Haschisch » in *Les Paradis artificiels.*

4. Cf. Baudelaire : « J'ai trouvé la définition du Beau, de *mon* Beau. »

5. Instrument de torture.

créés : cette promesse, cette démence ! L'élégance, la
science, la violence ! On nous a promis d'enterrer dans
l'ombre l'arbre du bien et du mal, de déporter les
honnêtetés tyranniques, afin que nous amenions notre
très pur amour. Cela commença par quelques dégoûts
et cela finit, — ne pouvant nous saisir sur-le-champ de
cette éternité, — cela finit par une débandade de
parfums.

Rires des enfants, discrétion des esclaves, austérité
des vierges, horreur des figures et des objets d'ici, sacrés
soyez-vous par le souvenir de cette veille. Cela com-
mençait par toute la rustrerie, voici que cela finit par
des anges de flamme et de glace.

Petite veille d'ivresse, sainte ! quand ce ne serait que
pour le masque dont tu nous as gratifié. Nous t'affir-
mons, méthode ! Nous n'oublions pas que tu as glori-
fié hier chacun de nos âges. Nous avons foi au poison.
Nous savons donner notre vie tout entière tous les jours.

Voici le temps des ASSASSINS [1].


# PHRASES [2]


Quand le monde sera réduit en un seul bois noir pour
nos quatre yeux étonnés, — en une plage pour deux
enfants fidèles, — en une maison musicale pour notre
claire sympathie, — je vous trouverai.

Qu'il n'y ait ici-bas qu'un vieillard seul, calme et
beau, entouré d'un « luxe inouï », — et je suis à vos
genoux.


1. Le mot est à prendre au sens étymologique : *Haschischins*.
H. Miller a fait de cette phrase le titre de son essai sur Rimbaud,
*Le Temps des assassins*, cf. *Bibliographie*, p. 397.
2. On trouve dans ce texte de nombreuses réminiscences (peut-
être parodiques) de Verlaine (cf. *La Bonne Chanson, Ariettes
oubliées*).

Que j'aie réalisé tous vos souvenirs, — que je sois celle qui sait vous garrotter, — je vous étoufferai.

Quand nous sommes très forts, — qui recule ? très gais, qui tombe de ridicule ? Quand nous sommes très méchants, que ferait-on de nous ?

Parez-vous, dansez, riez. — Je ne pourrai jamais envoyer l'Amour par la fenêtre.

— Ma camarade, mendiante, enfant monstre ! comme ça t'est égal, ces malheureuses et ces manœuvres, et mes embarras. Attache-toi à nous avec ta voix impossible, ta voix ! unique flatteur de ce vil désespoir.


## [FRAGMENTS] [1]

Une matinée couverte, en Juillet. Un goût de cendres vole dans l'air ; — une odeur de bois suant dans l'âtre, — les fleurs rouies, — le saccage des promenades, — la bruine des canaux par les champs — pourquoi pas déjà les joujoux et l'encens ?

———————

J'ai tendu des cordes de clocher à clocher ; des guirlandes de fenêtre à fenêtre ; des chaînes d'or d'étoile à étoile, et je danse.

———————

Le haut étang fume continuellement. Quelle sorcière va se dresser sur le couchant blanc ? Quelles violettes frondaisons vont descendre ?

———————

1. Ce titre n'est pas de Rimbaud. Il s'agit de « fragments » non titrés copiés sur un même feuillet, indépendants du poème « Phrases ».

Pendant que les fonds publics s'écoulent en fêtes de
fraternité, il sonne une cloche de feu rose dans les
nuages.

———————

Avivant un agréable goût d'encre de Chine, une pou-
dre noire pleut doucement sur ma veillée. — Je baisse
les feux du lustre, je me jette sur le lit, et, tourné du
côté de l'ombre, je vous vois, mes filles ! mes reines !

## OUVRIERS

O cette chaude matinée de février. Le Sud inopor-
tun vint relever nos souvenirs d'indigents absurdes,
notre jeune misère.

Henrika avait une jupe de coton à carreau blanc et
brun, qui a dû être portée au siècle dernier, un bonnet
à rubans, et un foulard de soie. C'était bien plus triste
qu'un deuil. Nous faisions un tour dans la banlieue.
Le temps était couvert, et ce vent du Sud excitait toutes
les vilaines odeurs des jardins ravagés et des prés des-
séchés.

Cela ne devait pas fatiguer ma femme au même point
que moi. Dans une flache [1] laissée par l'inondation du
mois précédent à un sentier assez haut elle me fit remar-
quer de très petits poissons.

La ville, avec sa fumée et ses bruits de métiers, nous
suivait très loin dans les chemins. O l'autre monde,
l'habitation bénie par le ciel et les ombrages ! Le sud
me rappelait les misérables incidents de mon enfance,
mes désespoirs d'été, l'horrible quantité de force et de
science que le sort a toujours éloignée de moi. Non !
nous ne passerons pas l'été dans cet avare pays où nous
ne serons jamais que des orphelins fiancés. Je veux que
ce bras durci ne traîne plus *une chère image*.

1. Voir « Le Bateau ivre », note 3, p. 157.

## LES PONTS [1]

Des ciels gris de cristal. Un bizarre dessin de ponts, ceux-ci droits, ceux-là bombés, d'autres descendant ou obliquant en angles sur les premiers, et ces figures se renouvelant dans les autres circuits éclairés du canal, mais tous tellement longs et légers que les rives chargées de dômes s'abaissent et s'amoindrissent. Quelques-uns de ces ponts sont encore chargés de masures. D'autres soutiennent des mâts, des signaux, de frêles parapets. Des accords mineurs se croisent, et filent, des cordes montent des berges. On distingue une veste rouge, peut-être d'autres costumes et des instruments de musique. Sont-ce des airs populaires, des bouts de concerts seigneuriaux, des restants d'hymnes publics ? L'eau est grise et bleue, large comme un bras de mer. — Un rayon blanc, tombant du haut du ciel, anéantit cette comédie.

## VILLE

Je suis un éphémère et point trop mécontent citoyen d'une métropole crue moderne [2] parce que tout goût connu a été éludé dans les ameublements et l'extérieur des maisons aussi bien que dans le plan de la ville. Ici vous ne signaleriez les traces d'aucun monument de superstition. La morale et la langue sont réduites à leur plus simple expression, enfin ! Ces millions de gens qui

---

1. Poème « impressionniste » qui évoque certains tableaux de Turner que Rimbaud a pu voir à Londres.
2. On peut penser ici à la *modernité* telle que la définit Baudelaire dans *Le Peintre de la vie moderne* et dans la dédicace à Houssaye des *Petits poèmes en prose*.

n'ont pas besoin de se connaître amènent si pareille-
ment l'éducation, le métier et la vieillesse, que ce cours
de vie doit être plusieurs fois moins long que ce qu'une
statistique folle trouve pour les peuples du continent.
Aussi comme, de ma fenêtre, je vois des spectres nou-
veaux roulant à travers l'épaisse et éternelle fumée de
charbon, — notre ombre des bois, notre nuit d'été !
— des Érinnyes [1] nouvelles, devant mon cottage qui
est ma patrie et tout mon cœur puisque tout ici res-
semble à ceci, — la Mort sans pleurs, notre active fille
et servante, et un Amour désespéré, et un joli Crime
piaulant dans la boue de la rue.

# ORNIÈRES

À droite l'aube d'été éveille les feuilles et les vapeurs
et les bruits de ce coin du parc, et les talus de gauche
tiennent dans leur ombre violette les mille rapides orniè-
res de la route humide. Défilé de féeries. En effet : des
chars chargés d'animaux de bois doré, de mâts et de
toiles bariolées, au grand galop de vingt chevaux de
cirque tachetés, et les enfants et les hommes sur leurs
bêtes les plus étonnantes ; — vingt véhicules, bossés,
pavoisés et fleuris comme des carrosses anciens ou de
contes, pleins d'enfants attifés pour une pastorale
suburbaine [2]. Même des cercueils sous leur dais de nuit
dressant les panaches d'ébène, filant au trot des grandes
juments bleues et noires.

---

1. Les Érinnyes, appelées aussi Euménides (« bienveillantes »),
sont des déesses vengeresses harcelant la conscience de certains héros
tragiques.
2. Selon les souvenirs de Delahaye, il faudrait chercher l'origine
de ce poème dans la « cavalcade » d'un cirque américain « fourvoyé
à Charleville ».

# VILLES (II)

Ce sont des villes ! C'est un peuple pour qui se sont montés ces Alleghanys [1] et ces Libans de rêve ! Des chalets de cristal et de bois qui se meuvent sur des rails et des poulies invisibles. Les vieux cratères ceints de colosses et de palmiers de cuivre rugissent mélodieusement dans les feux. Des fêtes amoureuses sonnent sur les canaux pendus derrière les chalets. La chasse des carillons crie dans les gorges. Des corporations de chanteurs géants accourent dans des vêtements et des oriflammes éclatants comme la lumière des cimes. Sur les plates-formes au milieu des gouffres les Rolands sonnent leur bravoure. Sur les passerelles de l'abîme et les toits des auberges l'ardeur du ciel pavoise les mâts. L'écroulement des apothéoses rejoint les champs des hauteurs où les centauresses séraphiques évoluent parmi les avalanches. Au-dessus du niveau des plus hautes crêtes une mer troublée par la naissance éternelle de Vénus, chargée de flottes orphéoniques et de la rumeur des perles et des conques précieuses, — la mer s'assombrit parfois avec des éclats mortels. Sur les versants des moissons de fleurs grandes comme nos armes et nos coupes, mugissent. Des cortèges de Mabs [2] en robes rousses, opalines, montent des ravines. Là-haut, les pieds dans la cascade et les ronces, les cerfs tettent Diane. Les Bacchantes des banlieues sanglotent et la lune brûle et hurle. Vénus entre dans les cavernes des forgerons et des ermites. Des groupes de beffrois chantent les idées des peuples. Des châteaux bâtis en os sort la musique inconnue. Toutes les légendes évoluent et les élans se ruent dans les bourgs. Le paradis des orages s'effondre. Les sauvages dansent sans cesse la fête de la nuit. Et une heure je suis descendu dans le mou-

---

1. Ou Appalaches, montagnes de l'est de l'Amérique du Nord.
2. La reine Mab est un personnage de la féerie anglaise. Shakespeare en parle dans *Roméo et Juliette*, et Shelley intitule de son nom un poème.

vement d'un boulevard de Bagdad où des compagnies
ont chanté la joie du travail nouveau, sous une brise
épaisse, circulant sans pouvoir éluder les fabuleux fan-
tômes des monts où l'on a dû se retrouver.

Quels bons bras, quelle belle heure me rendront cette
région d'où viennent mes sommeils et mes moindres
mouvements ?

# VAGABONDS

Pitoyable frère [1] ! Que d'atroces veillées je lui dus !
« Je ne me saisissais pas fervemment de cette entreprise.
Je m'étais joué de son infirmité [2]. Par ma faute nous
retournerions en exil, en esclavage. » Il me supposait
un guignon et une innocence très bizarres, et il ajou-
tait des raisons inquiétantes.

Je répondais en ricanant à ce satanique docteur, et
finissais par gagner la fenêtre. Je créais, par delà la
campagne traversée par des bandes de musique rare,
les fantômes du futur luxe nocturne.

Après cette distraction vaguement hygiénique, je
m'étendais sur une paillasse. Et, presque chaque nuit,
aussitôt endormi, le pauvre frère se levait, la bouche
pourrie, les yeux arrachés, — tel qu'il se rêvait ! — et
me tirait dans la salle en hurlant son songe de chagrin
idiot.

J'avais en effet, en toute sincérité d'esprit, pris
l'engagement de le rendre à son état primitif de fils du
soleil, — et nous errions, nourris du vin des cavernes [3]
et du biscuit de la route, moi pressé de trouver le lieu
et la formule.

1. Verlaine ?
2. Latinisme, pour « faiblesse » (psychologique).
3. Les « cavernes » sont les fontaines de la forêt ardennaise ;
l'expression désignerait donc l'eau.

# VILLES (I)

L'Acropole officielle[1] outre les conceptions de la barbarie moderne les plus colossales. Impossible d'exprimer le jour mat produit par le ciel immuablement gris, l'éclat impérial des bâtisses, et la neige éternelle du sol. On a reproduit dans un goût d'énormité singulier toutes les merveilles classiques de l'architecture. J'assiste à des expositions de peinture dans des locaux vingt fois plus vastes qu'Hampton-Court[2]. Quelle peinture ! Un Nabuchodonosor[3] norwégien a fait construire les escaliers des ministères ; les subalternes que j'ai pu voir sont déjà plus fiers que des Brahmas[4] et j'ai tremblé à l'aspect de colosses des gardiens et officiers de constructions. Par le groupement des bâtiments en squares, cours et terrasses fermées, on a évincé les cochers. Les parcs représentent la nature primitive travaillée par un art superbe. Le haut quartier a des parties inexplicables : un bras de mer, sans bateaux, roule sa nappe de grésil bleu entre des quais chargés de candélabres géants. Un pont court conduit à une poterne immédiatement sous le dôme de la Sainte-Chapelle. Ce dôme est une armature d'acier artistique de quinze mille pieds de diamètre environ.

Sur quelques points des passerelles de cuivre, des plates-formes, des escaliers qui contournent les halles et les piliers, j'ai cru pouvoir juger la profondeur de la ville ! C'est le prodige dont je n'ai pu me rendre compte : quels sont les niveaux des autres quartiers sur ou sous l'acropole ? Pour l'étranger de notre temps la reconnaissance est impossible. Le quartier commerçant est un

---

1. Le palais *(Crystal Palace)* abritant l'Exposition universelle de Londres de 1851 ?
2. Résidence royale, à dix-huit kilomètres de Londres.
3. Roi de Babylone.
4. Divinité hindoue. Pour le pluriel, cf. « Ville (II) », p. 259 : *Rolands, Mabs.*

circus d'un seul style, avec galeries à arcades [1]. On ne voit pas de boutiques. Mais la neige de la chaussée est écrasée ; quelques nababs aussi rares que les promeneurs d'un matin de dimanche à Londres, se dirigent vers une diligence de diamants. Quelques divans de velours rouge : on sert des boissons polaires dont le prix varie de huit cents à huit mille roupies [2]. À l'idée de chercher des théâtres sur ce circus, je me réponds que les boutiques doivent contenir des drames assez sombres. Je pense qu'il y a une police, mais la loi doit être tellement étrange, que je renonce à me faire une idée des aventuriers d'ici.

Le faubourg aussi élégant qu'une belle rue de Paris est favorisé d'un air de lumière. L'élément démocratique compte quelque cent âmes. Là encore les maisons ne se suivent pas ; le faubourg se perd bizarrement dans la campagne, le « Comté [3] » qui remplit l'occident éternel des forêts et des plantations prodigieuses où les gentilshommes sauvages chassent leurs chroniques sous la lumière qu'on a créée.

# VEILLÉES

## I

C'est le repos éclairé, ni fièvre ni langueur, sur le lit ou sur le pré.

C'est l'ami ni ardent ni faible. L'ami.

C'est l'aimée ni tourmentante ni tourmentée. L'aimée.

L'air et le monde point cherchés. La vie.

— Était-ce donc ceci ?

— Et le rêve fraîchit.

---

1. Peut-être Piccadilly Circus et la Burlington Arcade, à Londres.
2. Monnaie des Indes.
3. Traduction de l'anglais *county*, qui évoque l'aristocratie campagnarde anglaise, passionnée de chasse et à cheval sur ses privilèges...

## II

L'éclairage revient à l'arbre de bâtisse. Des deux extrémités de la salle, décors quelconques, des élévations harmoniques se joignent. La muraille en face du veilleur est une succession psychologique de coupes de frises, de bandes atmosphériques et d'accidences [1] géologiques. — Rêve intense et rapide de groupes sentimentaux avec des êtres de tous les caractères parmi toutes les apparences.

## III

Les lampes et les tapis de la veillée font le bruit des vagues, la nuit, le long de la coque et autour du steerage [2].

La mer de la veillée, telle que les seins d'Amélie.

Les tapisseries, jusqu'à mi-hauteur, des taillis de dentelle, teinte d'émeraude, où se jettent les tourterelles de la veillée.

............................................................

La plaque du foyer noir, de réels soleils des grèves : ah ! puits des magies ; seule vue d'aurore, cette fois.

# MYSTIQUE

Sur la pente du talus les anges tournent leurs robes de laine dans les herbages d'acier et d'émeraude.

Des prés de flammes bondissent jusqu'au sommet du mamelon. À gauche le terreau de l'arête est piétiné par tous les homicides et toutes les batailles, et tous les

---

1. Rimbaud a préféré ce terme inattendu à *accidents*, sans qu'on puisse vraiment dire pourquoi.
2. Mot anglais : entrepont, réservé aux passagers de 3e classe.

bruits désastreux filent leur courbe. Derrière l'arête de droite la ligne des orients [1], des progrès.

Et tandis que la bande en haut du tableau est formée de la rumeur tournante et bondissante des conques des mers et des nuits humaines,

La douceur fleurie des étoiles et du ciel et du reste descend en face du talus comme un panier, contre notre face, et fait l'abîme fleurant et bleu là-dessous.

# AUBE

J'ai embrassé l'aube d'été.

Rien ne bougeait encore au front des palais. L'eau était morte. Les camps d'ombres ne quittaient pas la route du bois. J'ai marché, réveillant les haleines vives et tièdes, et les pierreries regardèrent, et les ailes se levèrent sans bruit.

La première entreprise fut, dans le sentier déjà empli de frais et blêmes éclats, une fleur qui me dit son nom [2].

Je ris au wasserfall [3] blond qui s'échevela à travers les sapins : à la cime argentée je reconnus la déesse.

Alors je levai un à un les voiles. Dans l'allée, en agitant les bras. Par la plaine, où je l'ai dénoncée au coq. À la grand'ville elle fuyait parmi les clochers et les dômes, et courant comme un mendiant sur les quais de marbre, je la chassais.

En haut de la route, près d'un bois de lauriers, je l'ai entourée avec ses voiles amassés, et j'ai senti un peu son immense corps. L'aube et l'enfant tombèrent au bas du bois.

Au réveil il était midi.

---

1. Latinisme (« des lieux de naissance »).
2. Cf. Baudelaire : « Élévation », *Les Fleurs du mal* :
« Heureux [...] / Qui plane sur la vie, et comprend sans effort /
Le langage des fleurs et des choses muettes. »
3. En allemand : cascade, chute d'eau.

●◆ Voir *Au fil du texte*, p. XII.

# FLEURS

D'un gradin d'or, — parmi les cordons de soie, les gazes grises, les velours verts et les disques de cristal qui noircissent comme du bronze au soleil, — je vois la digitale s'ouvrir sur un tapis de filigranes [1] d'argent, d'yeux et de chevelures.

Des pièces d'or jaune semées sur l'agate, des piliers d'acajou supportant un dôme d'émeraudes, des bouquets de satin blanc et de fines verges de rubis entourent la rose d'eau.

Tels qu'un dieu aux énormes yeux bleus et aux formes de neige, la mer et le ciel attirent aux terrasses de marbre la foule des jeunes et fortes roses.

# NOCTURNE VULGAIRE

Un souffle ouvre des brèches opéradiques [2] dans les cloisons, — brouille le pivotement des toits rongés, — disperse les limites des foyers, — éclipse les croisées. — Le long de la vigne, m'étant appuyé du pied à une gargouille, — je suis descendu dans ce carrosse dont l'époque est assez indiquée par les glaces convexes, les panneaux bombés et les sophas contournés — Corbillard de mon sommeil, isolé, maison de berger de ma niaiserie, le véhicule vire sur le gazon de la grande route effacée ; et dans un défaut en haut de la glace de droite tournoient les blêmes figures lunaires, feuilles, seins. — Un vert et un bleu très foncés envahissent l'image. Dételage aux environs d'une tache de gravier.

---

1. Ouvrage d'orfèvrerie, formé de filets entrelacés, ornés de grains.
2. En anglais, l'adjectif *operatic* signifie : « qui a rapport à l'opéra ».

— Ici, va-t-on siffler pour l'orage, et les Sodomes [1],
— et les Solymes [2], — et les bêtes féroces et les armées,
— (Postillon et bêtes de songe [3] reprendront-ils sous
les plus suffocantes futaies, pour m'enfoncer jusqu'aux
yeux dans la source de soie).

— Et nous envoyer, fouettés à travers les eaux cla-
potantes et les boissons répandues, rouler sur l'aboi des
dogues...

— Un souffle disperse les limites du foyer [4].


# MARINE [5]

Les chars d'argent et de cuivre —
Les proues d'acier et d'argent —
Battent l'écume, —
Soulèvent les souches des ronces —
    Les courants de la lande,
Et les ornières immenses du reflux,
Filent circulairement vers l'est,
Vers les piliers de la forêt, —
Vers les fûts [6] de la jetée,
Dont l'angle est heurté par des
tourbillons de lumière.

---

1. Sodome est la ville biblique corrompue que Dieu détruisit sous
le feu céleste.

2. Voir dans *Une Saison en Enfer*, « Mauvais sang », note 1,
p. 197.

3. Rimbaud glisse peut-être ici de *somme* (jeu sur le double sens
du mot : « charge » et « sommeil ») à *songe*.

4. Ce texte date sans doute de l'époque des hallucinations volon-
taires dont parle « Alchimie du Verbe » cf. p. 213).

5. Ce poème, ainsi que « Mouvement » (p. 278), a peut-être, lors
de sa publication en 1886 dans la revue symboliste *La Vogue*, constitué
pour les jeunes poètes de l'époque le « déclic » qui les a incités à
la pratique du « vers libre ».

6. *Fûts* conviendrait mieux aux arbres de la *forêt* et *piliers* à la
*jetée*. Tout le poème est construit sur ces transpositions qui entrela-
cent le terrestre et le maritime.

## FÊTE D'HIVER

La cascade sonne derrière les huttes d'opéra-comique. Des girandoles[1] prolongent, dans les vergers et les allées voisins du Méandre[2], — les verts et les rouges du couchant. Nymphes d'Horace[3] coiffées au Premier Empire, — Rondes Sibériennes, Chinoises de Boucher[4].

## ANGOISSE

Se peut-il qu'Elle[5] me fasse pardonner les ambitions continuellement écrasées, — qu'une fin aisée répare les âges d'indigence, — qu'un jour de succès nous endorme sur la honte de notre inhabileté fatale.

(O palmes[6] ! diamant ! — Amour, force ! — plus haut que toutes joies et gloires ! — de toutes façons, partout, — Démon, dieu, — Jeunesse de cet être-ci ; moi !)

Que des accidents de féerie scientifique[7] et des mouvements de fraternité sociale soient chéris comme restitution progressive de la franchise première ?...

1. Chandeliers en pyramide, ou gerbes tournantes dans un feu d'artifice.
2. Avant d'être un nom commun, *Méandre* désignait un fleuve sinueux d'Asie Mineure.
3. Poète latin (− 65, − 8).
4. Peintre français (1703-1770) ; comme cartonnier, il avait composé des scènes à sujets chinois pour des tapisseries.
5. Cf. la dédicace de « Rêvé pour l'hiver », p. 108, ou, dans « Roman » : « Vos sonnets *La* font rire », p. 106. Et encore, « Métropolitain », p. 269 : « avec Elle... ».
6. Sens symbolique : gloire, victoire.
7. Cf. « Mauvais sang », p. 198 : « la science, la nouvelle noblesse ».

Mais la Vampire qui nous rend gentils commande que nous nous amusions avec ce qu'elle nous laisse, ou qu'autrement nous soyons plus drôles.

Rouler aux blessures, par l'air lassant et la mer ; aux supplices, par le silence des eaux et de l'air meurtriers ; aux tortures qui rient, dans leur silence atrocement houleux.


# MÉTROPOLITAIN


Du détroit d'indigo aux mers d'Ossian [1], sur le sable rose et orange qu'a lavé le ciel vineux viennent de monter et de se croiser des boulevards de cristal habités incontinent [2] par de jeunes familles pauvres qui s'alimentent chez les fruitiers. Rien de riche. — La ville !

Du désert de bitume fuient droit en déroute avec les nappes de brumes échelonnées en bandes affreuses au ciel qui se recourbe, se recule et descend, formé de la plus sinistre fumée noire que puisse faire l'Océan en deuil, les casques, les roues, les barques, les croupes. — La bataille !

Lève la tête : ce pont de bois, arqué ; les derniers potagers de Samarie [3] ; ces masques enluminés sous la lanterne fouettée par la nuit froide ; l'ondine [4] niaise à la robe bruyante, au bas de la rivière ; les crânes lumineux dans les plants de pois — et les autres fantasmagories — La campagne.

Des routes bordées de grilles et de murs, contenant à peine leurs bosquets, et les atroces fleurs qu'on appellerait cœurs et sœurs, Damas damnant de longueur, —

---

1. On ne connaît pas de mer ayant le nom de ce barde, dont les œuvres prétendues eurent une grande influence sur le romantisme.
2. Cet adverbe n'est pas attesté avec le sens de « continuellement », mais d'« immédiatement ».
3. Voir [Suite évangélique], note 1, p. 190.
4. Figure aquatique de la mythologie nordique.

possessions de féeriques aristocraties ultra-Rhénanes, Japonaises, Guaranies [1], propres encore à recevoir la musique des anciens — et il y a des auberges qui pour toujours n'ouvrent déjà plus — il y a des princesses, et si tu n'es pas trop accablé, l'étude des astres — Le ciel.

Le matin où avec Elle, vous vous débattîtes parmi les éclats de neige, les lèvres vertes, les glaces, les drapeaux noirs et les rayons bleus, et les parfums pourpres du soleil des pôles, — ta force.

# BARBARE

Bien après les jours et les saisons, et les êtres et les pays,

Le pavillon en viande saignante sur la soie des mers et des fleurs arctiques ; (elles n'existent pas.)

Remis des vieilles fanfares d'héroïsme — qui nous attaquent encore le cœur et la tête — loin des anciens assassins —

Oh ! Le pavillon en viande saignante sur la soie des mers et des fleurs arctiques : (elles n'existent pas)

Douceurs !

Les brasiers, pleuvant aux rafales de givre, — Douceurs ! — les feux à la pluie du vent de diamants jetée par le cœur terrestre éternellement carbonisé pour nous. — O monde ! —

(Loin des vieilles retraites et des vieilles flammes, qu'on entend, qu'on sent,)

Les brasiers et les écumes. La musique, virement des gouffres et choc des glaçons aux astres.

O Douceurs, ô monde, ô musique ! Et là, les formes, les sueurs, les chevelures et les yeux, flottant. Et les larmes blanches, bouillantes, — ô douceurs ! — et

---

1. Les Indiens *Guaranis* habitent l'Amérique du Sud.

Voir *Au fil du texte*, p. XIII.

la voix féminine arrivée au fond des volcans et des grot-
tes arctiques.
   Le pavillon...


# SOLDE

   À vendre ce que les Juifs n'ont pas vendu, ce que
noblesse ni crime n'ont goûté, ce qu'ignorent l'amour
maudit et la probité infernale des masses : ce que le
temps ni la science n'ont pas à reconnaître :
   Les Voix reconstituées ; l'éveil fraternel de toutes les
énergies chorales et orchestrales et leurs applications
instantanées ; l'occasion, unique, de dégager nos sens !
   À vendre les Corps sans prix, hors de toute race, de
tout monde, de tout sexe, de toute descendance ! Les
richesses jaillissant à chaque démarche ! Solde de dia-
mants sans contrôle !
   À vendre l'anarchie pour les masses ; la satisfaction
irrépressible pour les amateurs supérieurs ; la mort
atroce pour les fidèles et les amants !
   À vendre les habitations et les migrations, sports, fée-
ries et comforts parfaits, et le bruit, le mouvement et
l'avenir qu'ils font !
   À vendre les applications de calcul et les sauts d'har-
monie inouïs. Les trouvailles et les termes non soup-
çonnés, possession immédiate,
   Élan insensé et infini aux splendeurs invisibles, aux
délices insensibles, — et ses secrets affolants pour cha-
que vice — et sa gaîté effrayante pour la foule —
   À vendre les Corps, les voix, l'immense opulence
inquestionable [1], ce qu'on ne vendra jamais. Les ven-
deurs ne sont pas à bout de solde ! Les voyageurs n'ont
pas à rendre leur commission de si tôt !

---

   1. C'est l'orthographe anglaise du mot *(unquestionable)* qui signifie
« incontestable », plutôt qu'un lapsus.

## FAIRY [1]

Pour Hélène [2] se conjurèrent les sèves ornementales [3] dans les ombres vierges et les clartés impassibles dans le silence astral. L'ardeur de l'été fut confiée à des oiseaux muets et l'indolence requise à une barque de deuils sans prix par des anses d'amours morts et de parfums affaissés.

— Après le moment de l'air des bûcheronnes à la rumeur du torrent sous la ruine des bois, de la sonnerie des bestiaux à l'écho des vals, et des cris des steppes. —

Pour l'enfance d'Hélène frissonnèrent les fourrures et les ombres — et le sein des pauvres, et les légendes du ciel.

Et ses yeux et sa danse supérieurs encore aux éclats précieux, aux influences froides, au plaisir du décor et de l'heure uniques.

## GUERRE

Enfant, certains ciels ont affiné mon optique : tous les caractères nuancèrent ma physionomie. Les Phénomènes s'émurent [4]. — À présent, l'inflexion éternelle des moments et l'infini des mathématiques me chassent par ce monde où je subis tous les succès civils, respecté de l'enfance étrange et des affections énormes. — Je songe à une Guerre de droit ou de force, de logique bien imprévue.

C'est aussi simple qu'une phrase musicale.

1. En anglais, à la fois *fée*, *féerie* et *féerique*.
2. Célèbre beauté antique qui fut à l'origine de la Guerre de Troie.
3. Anglicisme.
4. Le sens physique (« se mettre en branle ») est aussi présent derrière cette tournure ambiguë.

# JEUNESSE

## I

## DIMANCHE

Les calculs de côté [1], l'inévitable descente du ciel et la visite des souvenirs et la séance des rythmes occupent la demeure, la tête et le monde de l'esprit.

— Un cheval détale sur le turf [2] suburbain, et le long des cultures et des boisements, percé par la peste carbonique. Une misérable femme de drame, quelque part dans le monde, soupire après des abandons improbables. Les desperadoes [3] languissent après l'orage, l'ivresse et les blessures. De petits enfants étouffent des malédictions le long des rivières. —

Reprenons l'étude au bruit de l'œuvre dévorante qui se rassemble et remonte dans les masses.

## II

## SONNET [4]

*Homme* de constitution ordinaire, la chair
n'était-elle pas un fruit pendu dans le verger ; — ô
journées enfantes ! — le corps un trésor à prodiguer ;
[— ô

1. Comprendre : « une fois mis de côté ».
2. Mot anglais : « gazon ».
3. Mot espagnol utilisé couramment dans la presse anglaise pour désigner un « hors-la-loi », un « aventurier » qui n'a rien à perdre.
4. Il s'agit d'un texte de prose mais qui, sur le manuscrit, se présente en 14 lignes, assimilées par Rimbaud, après coup, aux 14 vers d'un sonnet. Le titre désigne l'apparence, due au hasard de la copie, du texte.

aimer, le péril ou la force de Psyché[1] ? La terre
avait des versants fertiles en princes et en artistes
et la descendance et la race vous poussaient aux
crimes et aux deuils : le monde votre fortune et votre
péril. Mais à présent, ce labeur comblé, — toi, tes
                                              [calculs,
— toi, tes impatiences — ne sont plus que votre danse et
votre voix, non fixées et point forcées, quoique d'un
                                              [double
événement d'invention et de succès + [2] une raison,
— en l'humanité fraternelle et discrète par l'univers,
sans images ; — la force et le droit réfléchissent la
danse et la voix à présent seulement appréciées.


III

VINGT ANS

Les voix instructives exilées... L'ingénuité physique
amèrement rassise... — Adagio[3] — Ah ! l'égoïsme
infini de l'adolescence, l'optimisme studieux : que le
monde était plein de fleurs cet été ! Les airs et les for-
mes mourant... — Un chœur, pour calmer l'impuis-
sance et l'absence ! Un chœur de verres, de mélodies
nocturnes... En effet les nerfs vont vite chasser[4].


1. À la fois mot grec pour « âme » et nom d'un personnage mytho-
logique, l'amante du dieu Éros.
2. Ce signe figure sur le manuscrit, sans qu'on sache à quoi il cor-
respond.
3. Mot italien : « à l'aise ». Indique en musique un *tempo* relati-
vement lent.
4. Terme de marine : « manquer de stabilité » en parlant d'un
navire à l'ancre.

## IV

Tu en es encore à la tentation d'Antoine [1]. L'ébat
du zèle écourté, les tics d'orgueil puéril, l'affaissement
et l'effroi.

Mais tu te mettras à ce travail : toutes les possibi-
lités harmoniques et architecturales s'émouvront autour
de ton siège. Des êtres parfaits, imprévus, s'offriront
à tes expériences. Dans tes environs affluera rêveuse-
ment la curiosité d'anciennes foules et de luxes oisifs.
Ta mémoire et tes sens ne seront que la nourriture de
ton impulsion créatrice. Quant au monde, quand tu sor-
tiras, que sera-t-il devenu ? En tout cas, rien des appa-
rences actuelles.

## PROMONTOIRE

L'aube d'or et la soirée frissonnante trouvent notre
brick en [2] large en face de cette villa et de ses dépen-
dances, qui forment un promontoire aussi étendu que
l'Épire et le Péloponnèse, ou que la grande île du
Japon, ou que l'Arabie ! Des fanums [3] qu'éclaire la
rentrée des théories [4], d'immenses vues de la défense
des côtes modernes ; des dunes illustrées de chaudes
fleurs et de bacchanales ; de grands canaux de Carthage
et des Embankments [5] d'une Venise louche ; de molles
éruptions d'Etnas et des crevasses de fleurs et d'eaux
des glaciers ; des lavoirs entourés de peupliers d'Alle-
magne ; des talus de parcs singuliers penchant des têtes
d'Arbre du Japon ; les façades circulaires des « Royal »

---

1. Le célèbre ermite saint Antoine avait été assailli de visions et
de tentations démoniaques.
2. Lire plutôt *au*.
3. Latin : *temple*.
4. Hellénisme ( « cortèges »).
5. À Londres, on appelle ainsi les chaussées qui longent la Tamise.

ou des « Grand » de Scarbro' ou de Brooklyn [1] ; et leurs railways flanquent, creusent, surplombent les dispositions de cet Hôtel, choisies dans l'histoire des plus élégantes et des plus colossales constructions de l'Italie, de l'Amérique et de l'Asie, dont les fenêtres et les terrasses à présent pleines d'éclairages, de boissons et de brises riches, sont ouvertes à l'esprit des voyageurs et des nobles — qui permettent, aux heures du jour, à toutes les tarentelles [2] des côtes, — et même aux ritournelles des vallées illustres de l'art, de décorer merveilleusement les façades du Palais-Promontoire.

# SCÈNES

L'ancienne Comédie poursuit ses accords et divise ses Idylles :

Des boulevards de tréteaux.

Un long pier [3] en bois d'un bout à l'autre d'un champ rocailleux où la foule barbare évolue sous les arbres dépouillés.

Dans des corridors de gaze noire suivant le pas des promeneurs aux lanternes et aux feuilles.

Des oiseaux des mystères [4] s'abattent sur un ponton de maçonnerie mû par l'archipel couvert des embarcations des spectateurs.

Des scène lyriques accompagnées de flûte et de tambour s'inclinent dans des réduits ménagés sous les plafonds, autour des salons de clubs modernes ou des salles de l'Orient ancien.

La féerie manœuvre au sommet d'un amphithéâtre couronné par les taillis, — ou s'agite et module pour

---

1. Scarbro' pour *Scarborough* à Londres ; Brooklyn, à New York.
2. Danse rapide, originaire du sud de l'Italie (Tarente).
3. Anglais : *jetée.*
4. Dramaturgies médiévales (en effet, l'expression corrige sur le manuscrit *comédiens*).

les Béotiens [1], dans l'ombre des futaies mouvantes sur l'arête des cultures.

L'opéra-comique se divise sur une scène à l'arête d'intersection de dix cloisons dressées de la galerie aux feux.

# SOIR HISTORIQUE

En quelque soir, par exemple, que se trouve le touriste naïf, retiré de nos horreurs économiques, la main d'un maître anime le clavecin des prés ; on joue aux cartes au fond de l'étang [2], miroir évocateur des reines et des mignonnes [3], on a les saintes, les voiles, et les fils d'harmonie, et les chromatismes légendaires, sur le couchant.

Il frissonne au passage des chasses et des hordes. La comédie goûte sur les tréteaux de gazon. Et l'embarras des pauvres et des faibles sur ces plans stupides !

À sa vision esclave, — l'Allemagne s'échafaude vers des lunes ; les déserts tartares s'éclairent — les révoltes anciennes grouillent dans le centre du Céleste Empire ; par les escaliers et les fauteuils de rois, un petit monde blême et plat, Afrique et Occidents, va s'édifier. Puis un ballet de mers et de nuits connues, une chimie sans valeur, et des mélodies impossibles.

La même magie bourgeoise à tous les points où la malle [4] nous déposera ! Le plus élémentaire physicien sent qu'il n'est plus possible de se soumettre à cette atmosphère personnelle, brume de remords physiques, dont la constatation est déjà une affliction.

1. Les habitants de la Béotie étaient réputés incultes par les Athéniens. Le mot est devenu synonyme de personne insensible à la beauté dans les Lettres et les Arts.
2. Cf. « Alchimie du Verbe », p. 213 : «...un salon au fond d'un lac... »
3. Féminisation de *mignons* : « favoris » d'un roi inverti.
4. « La malle-poste », voiture des services postaux.

Non ! — Le moment de l'étuve, des mers enlevées, des embrasements souterrains, de la planète emportée, et des exterminations conséquentes, certitudes si peu malignement indiquées dans la Bible et par les Nornes [1] et qu'il sera donné à l'être sérieux de surveiller. — Cependant ce ne sera point un effet de légende !


# BOTTOM [2]

La réalité étant trop épineuse pour mon grand caractère, — je me trouvai néanmoins chez ma dame, en gros oiseau gris bleu s'essorant [3] vers les moulures du plafond et traînant l'aile dans les ombres de la soirée.

Je fus, au pied du baldaquin supportant ses bijoux adorés et ses chefs-d'œuvre physiques, un gros ours [4] aux gencives violettes et au poil chenu de chagrin, les yeux aux cristaux et aux argents des consoles.

Tout se fit ombre et aquarium ardent.

Au matin, — aube de juin batailleuse, — je courus aux champs, âne, claironnant et brandissant mon grief, jusqu'à ce que les Sabines [5] de la banlieue vinrent se jeter à mon poitrail.

---

1. Figures de la mythologie scandinave, qui correspondent aux Parques antiques. Rimbaud connaissait sans doute *La Légende des Nornes* de Leconte de Lisle.

2. Le titre primitif, raturé sur le manuscrit, était « Métamorphose ». Chez Shakespeare *(Songe d'une nuit d'été)*, Bottom est un rustre que le lutin Puck métamorphose en âne.

3. « Prenant son essor ». Dans le conte de *L'Oiseau bleu*, un amant se change en oiseau pour atteindre sa bien-aimée prisonnière au sommet d'une tour.

4. Cf. le conte de *La Belle et la Bête*.

5. Chez Tite-Live, les Sabines, enlevées par les Romains qui manquaient de femmes, s'interposent, se *jettent* entre leurs pères et leurs époux pour empêcher la *bataille*. Ici, il s'agit, moins héroïquement, des prostituées suburbaines...

# H [1]

Toutes les monstruosités violent les gestes atroces d'Hortense. Sa solitude est la mécanique érotique, sa lassitude, la dynamique amoureuse. Sous la surveillance d'une enfance elle a été, à des époques nombreuses, l'ardente hygiène des races. Sa porte est ouverte à la misère. Là, la moralité des êtres actuels se décorpore [2] en sa passion ou en son action. — O terrible frisson des amours novices, sur le sol sanglant et par l'hydrogène clarteux [3] ! trouvez Hortense.

# MOUVEMENT [4]

Le mouvement de lacet sur la berge des chutes du fleuve,
Le gouffre à l'étambot [5],
La célérité de la rampe,
L'énorme passade du courant
Mènent par les lumières inouïes
Et la nouveauté chimique
Les voyageurs entourés des trombes du val
Et du strom [6].

1. Phonétiquement, peut s'entendre « hasch », soit : « haschisch ». Mais c'est aussi l'initiale du nom mystérieux de cette *Hortense* qu'il faut « trouver ». Ce texte est une devinette. La solution en est peut-être le mot *habitude* qui termine le « vieux Coppée » sur l'*Enfant, le Pubère,* cf. p. 297. Hortense, dont la *solitude* est *érotique*, serait alors la muse du plaisir solitaire, de la masturbation adolescente...
2. « Perd sa substance » (Faurisson).
3. Le gaz d'éclairage.
4. Cf. « Marine », p. 266, note 5.
5. Pièce qui, à l'arrière d'un navire, supporte le gouvernail.
6. Mot germanique : « courant », cf. « maelstrom ».

Ce sont les conquérants du monde
Cherchant la fortune chimique personnelle ;
Le sport et le comfort voyagent avec eux ;
Ils emmènent l'éducation
Des races, des classes et des bêtes, sur ce Vaisseau
Repos et vertige
À la lumière diluvienne,
Aux terribles soirs d'étude.

Car de la causerie parmi les appareils, — le sang, les
  fleurs, le feu, les bijoux —
Des comptes agités à ce bord fuyard,
— On voit, roulant comme une digue au-delà de la
  route hydraulique motrice,
Monstrueux, s'éclairant sans fin, — leur stock d'étu-
  des ; —
Eux chassés dans l'extase harmonique,
Et l'héroïsme de la découverte.

Aux accidents atmosphériques les plus surprenants
Un couple de jeunesse s'isole sur l'arche,
— Est-ce ancienne sauvagerie qu'on pardonne ? —
Et chante et se poste.

# DÉVOTION

À ma sœur Louise Vanaen de Voringhem [1] : — Sa
cornette [2] bleue tournée à la mer du Nord. — Pour les
naufragés.

À ma sœur Léonie Aubois d'Ashby [3]. Baou [4]. —

---

1. Aucun des noms des « mystérieuses passantes » (Breton) à qui
s'adressent ces *dévotions* n'a vraiment livré son secret.

2. Coiffe de religieuse.

3. Les surréalistes ont élevé un « autel » à cette inconnue.

4. On ne sait s'il s'agit d'une onomatopée ou du verbe malais qui
signifie « puer ».

l'herbe d'été bourdonnante et puante. — Pour la fièvre des mères et des enfants.

À Lulu, — démon — qui a conservé un goût pour les oratoires du temps des Amies [1] et de son éducation incomplète. Pour les hommes ! À madame*** [2].

À l'adolescent que je fus. À ce saint vieillard, ermitage ou mission.

À l'esprit des pauvres. Et à un très haut clergé.

Aussi bien à tout culte en telle place de culte mémoriale et parmi tels événements qu'il faille se rendre, suivant les aspirations du moment ou bien notre propre vice sérieux.

Ce soir à Circeto [3] des hautes glaces, grasse comme le poisson, et enluminée comme les dix mois de la nuit rouge, — (son cœur ambre et spunk [4]), — pour ma seule prière muette comme ces régions de nuit et précédant des bravoures plus violentes que ce chaos polaire.

À tout prix et avec tous les airs, même dans des voyages métaphysiques. — Mais plus *alors*.


# DÉMOCRATIE

« Le drapeau va au paysage immonde, et notre patois étouffe le tambour.

« Aux centres nous alimenterons la plus cynique prostitution. Nous massacrerons les révoltes logiques.

« Aux pays poivrés et détrempés ! — au service des plus monstrueuses exploitations industrielles ou militaires.

1. En 1868, Verlaine avait publié, sous pseudonyme, un recueil de poésies saphiques, *Les Amies*.
2. S'agit-il de la « Madame*** » qui apparaît dans « Après le déluge » ? cf. p. 243).
3. Peut-être un *mot-valise* réunissant le nom de Circé et celui de Ceto, divinité marine de la mythologie grecque.
4. Mot anglais : « amadou ». Au figuré (argotique) : « ardeur ».

« Au revoir ici, n'importe où. Conscrits du bon vouloir, nous aurons la philosophie féroce ; ignorants pour la science, roués pour le confort ; la crevaison pour le monde qui va. C'est la vraie marche. En avant, route ! »

# GÉNIE

Il est l'affection et le présent puisqu'il a fait la maison ouverte à l'hiver écumeux et à la rumeur de l'été, lui qui a purifié les boissons et les aliments, lui qui est le charme des lieux fuyants et le délice surhumain des stations. Il est l'affection et l'avenir, la force et l'amour que nous, debout dans les rages et les ennuis, nous voyons passer dans le ciel de tempête et les drapeaux d'extase.

Il est l'amour, mesure parfaite et réinventée, raison merveilleuse et imprévue, et l'éternité : machine aimée des qualités fatales. Nous avons tous eu l'épouvante de sa concession et de la nôtre : ô jouissance de notre santé, élan de nos facultés, affection égoïste et passion pour lui, lui qui nous aime pour sa vie infinie...

Et nous nous le rappelons et il voyage... Et si l'Adoration s'en va, sonne, sa promesse sonne : « Arrière ces superstitions, ces anciens corps, ces ménages et ces âges. C'est cette époque-ci qui a sombré ! »

Il ne s'en ira pas, il ne redescendra pas d'un ciel, il n'accomplira pas la rédemption des colères de femmes et des gaîtés des hommes et de tout ce péché : car c'est fait, lui étant, et étant aimé.

O ses souffles, ses têtes, ses courses ; la terrible célérité de la perfection des formes et de l'action.

O fécondité de l'esprit et immensité de l'univers !

Son corps ! le dégagement rêvé, le brisement de la grâce croisée de violence nouvelle !

Sa vue, sa vue ! tous les agenouillages anciens et les peines *relevés* à sa suite.

Voir *Au fil du texte*, p. XIV.

Son jour ! l'abolition de toutes souffrances sonores et mouvantes dans la musique plus intense.

Son pas ! les migrations plus énormes que les anciennes invasions.

O lui et nous ! l'orgueil plus bienveillant que les charités perdues.

O monde ! et le chant clair des malheurs nouveaux !

Il nous a connus tous et nous a tous aimés. Sachons, cette nuit d'hiver, de cap en cap, du pôle tumultueux au château, de la foule à la plage, de regards en regards, forces et sentiments las, le héler et le voir, et le renvoyer, et sous les marées et au haut des déserts de neige, suivre ses vues, ses souffles, son corps, son jour.

# [« CONNERIES[1] »
# ET AUTRES JOYEUSETÉS]

1. Ce titre provocant n'est pas de notre invention : il figure dans l'*Album zutique* où il désigne deux séries de poèmes.

*Sont ici rassemblés la participation de Rimbaud à l'*Album zutique *et trois sonnets obscènes, publiés pour la première fois en 1923 sous le titre* Les Stupra [1].

L'Album zutique *contient les productions « fortes en gueule » (Verlaine) des* Vilains Bonshommes *(cf. p. 289, note 1) lors de leurs soirées littéraires (et copieusement arrosées...). Ce sont le plus souvent des pastiches (de leurs propres poèmes) et des parodies (des poètes qu'ils n'aimaient pas) ; les textes sont alors doublement signés : du nom de l'auteur prétendu et de celui de l'auteur réel. Ils sont en outre parfois agrémentés de dessins à la plume, volontiers ithyphalliques [2].*

*Il est fait pour la première fois mention de ce document en 1936, dans le catalogue d'une vente de la Librairie Blaizot. Il a été édité en 1962 (Cercle du Livre Précieux, Jean-Jacques Pauvert), avec une introduction, des notes et des commentaires de Pascal Pia. Cette édition reproduit en fac-similé l'album original.*

1. En latin : « choses honteuses ».
2. Cf. p. 128, note 3.

# ALBUM ZUTIQUE

## CONNERIES

## I JEUNE GOINFRE

Casquette
De moire,
Quéquette
D'ivoire,

Toilette
Très noire,
Paul guette
L'armoire,

Projette
Languette
Sur poire,

S'apprête,
Baguette,
Et foire.

A. R.

# II PARIS [1]

Al. Godillot, Gambier,
Galopeau, Wolf-Pleyel,
— O Robinets ! — Menier,
— O Christs ! — Leperdriel !

Kinck, Jacob, Bonbonnel !
Veuillot, Tropmann, Augier !
Gill, Mendès, Manuel,
Guido Gonin ! — Panier

Des Grâces ! L'Hérissé !
Cirages onctueux !
Pains vieux, spiritueux !

Aveugles ! — puis, qui sait ? —
Sergents de ville, Enghiens
Chez soi [2]. — Soyons chrétiens !

A. R.

1. La capitale est évoquée à travers une liste de commerçants et
de littérateurs à la mode ou d'autres célébrités défrayant la chroni-
que, présentés dans le plus plaisant désordre. *Godillot :* fournisseur
de chaussures pour l'armée ; *Gambier, Jacob :* fabricants de pipes ;
*Galopeau :* pédicure ; *L'Hérissé :* chapelier ; *Leperdriel :* marchand
de bas anti-varices ; *Pleyel :* facteur de pianos ; *Menier :* chocola-
tier ; *Troppmann :* assassin de la famille *Kinck* ; *Bombonnel :* tueur
de panthères ; *Veuillot, Augier, Mendès, Manuel :* hommes de
lettres ; *Gill :* dessinateur (il hébergea Rimbaud). Au lieu de Guido
Gonin (?), peut-être faut-il lire (le) *Guide Gonin*, guide pour tou-
ristes...
2. Slogan publicitaire d'une eau minérale vendue pour une cure
à domicile.

CONNERIES 2ᵉ série

## I COCHER IVRE [1]

Pouacre
Boit :
Nacre
Voit :

Âcre
Loi,
Fiacre
Choit !

Femme
Tombe,
Lombe

Saigne :
Clame !
Geigne.

A. R.


## VIEUX DE LA VIEILLE

Aux paysans de l'empereur !
À l'empereur des paysans !
Au fils de Mars,
Au glorieux 18 [2] mars !
Où le ciel d'Eugénie a béni les entrailles !


1. Parodie du sonnet monosyllabique de Jules de Rességuier, alors célèbre. Ch. Cros et Cabaner, membres des *Vilains bonshommes*, ont aussi écrit des sonnets monosyllabiques.
2. Napoléon III et Eugénie avaient eu un enfant le *16* mars 1856.

## LES LÈVRES CLOSES
## VU À ROME

Il est, à Rome, à la Sixtine,
Couverte d'emblèmes chrétiens,
Une cassette écarlatine
Où sèchent des nez fort anciens :

Nez d'ascètes de Thébaïde,
Nez de chanoines du Saint Graal
Où se figea la nuit livide,
Et l'ancien plain-chant sépulcral.

Dans leur sécheresse mystique,
Tous les matins, on introduit
De l'immondice schismatique
Qu'en poudre fine on a réduit.

LÉON DIERX [1].
A. R.

## FÊTE GALANTE [2]

Rêveur, Scapin
Gratte un lapin
Sous sa capote.

Colombina
— Que l'on pina ! —
— Do, mi, — tapote

---

1. Rimbaud donne le nom du poète qu'il pastiche (Dierx était
l'auteur d'un recueil, *Les Lèvres closes*).
2. Pastiche de « Colombine » dans les *Fêtes galantes* de Verlaine.

L'œil du lapin
Qui tôt, tapin,
Est en ribote...

PAUL VERLAINE
A. R.

## L'ANGELOT MAUDIT

Toits bleuâtres et portes blanches
Comme en de nocturnes dimanches,

Au bout de la ville, sans bruit
La Rue est blanche, et c'est la nuit.

La Rue a des maisons étranges
Avec des persiennes d'Anges.

Mais, vers une borne, voici
Accourir, mauvais et transi,

Un noir Angelot qui titube,
Ayant mangé trop de jujube.

Il fait caca : puis disparaît :
Mais son caca maudit paraît,

Sous la lune sainte qui vaque,
De sang noir un léger cloaque.

LOUIS RATISBONNE[1].
A. RIMBAUD.

1. Auteur de différentes pièces de poésie pour enfants.

## LYS

O balançoire ! O lys ! Clysopompes[1] d'argent !
Dédaigneux des travaux, dédaigneux des famines !
L'aurore vous emplit d'un amour détergent !
Une douceur de ciel beurre vos étamines !

ARMAND SILVESTRE[2].
A. R.

L'humanité chaussait le vaste enfant Progrès.

LOUIS-XAVIER DE RICARD[3]
A. R.

## REMEMBRANCES DU VIEILLARD IDIOT

Pardon, mon père !
                          Jeune, aux foires de campagne,
Je cherchais, non le tir banal où tout coup gagne,
Mais l'endroit plein de cris où les ânes, le flanc
Fatigué, déployaient ce long tube sanglant
Que je ne comprends pas encore !...
                                          Et puis ma mère,
Dont la chemise avait une senteur amère
Quoique fripée au bas et jaune comme un fruit,
Ma mère qui montait au lit avec un bruit
— Fils du travail pourtant, — ma mère, avec sa cuisse
De femme mûre, avec ses reins très gros où plisse
Le linge, me donna ces chaleurs que l'on tait !...

---

1. Bocks à lavement.
2. Petit parnassien.
3. Directeur de la *Revue du progrès moral* (1863-1864), éditeur du *Parnasse contemporain* et vaguement poète.

Une honte plus crue et plus calme, c'était
Quand ma petite sœur, au retour de la classe,
Ayant usé longtemps ses sabots sur la glace,
Pissait, et regardait s'échapper de sa lèvre
D'en bas, serrée et rose, un fil d'urine mièvre !...


O pardon !
       Je songeais à mon père parfois :
Le soir, le jeu de cartes et les mots plus grivois,
Le voisin, et moi qu'on écartait, choses vues...
— Car un père est troublant ! — et les choses
                      [conçues !...
Son genou, câlineur parfois ; son pantalon
Dont mon doigt désirait ouvrir la fente... — Oh !
                      [non ! —
Pour avoir le bout gros, noir et dur de mon père,
Dont la pileuse main me berçait !...
                   Je veux taire
Le pot, l'assiette à manche, entrevue au grenier,
Les almanachs couverts en rouge, et le panier
De charpie, et la Bible, et les lieux, et la bonne,
La Sainte-Vierge et le crucifix...
                 Oh ! personne
Ne fut si fréquemment troublé, comme étonné !
Et maintenant, que le pardon me soit donné :
Puisque les sens infects m'ont mis de leurs victimes,
Je me confesse de l'aveu des jeunes crimes !...
.............................................................
Puis !... qu'il me soit permis de parler au
                    [Seigneur ! —
Pourquoi la puberté tardive et le malheur
Du gland tenace et trop consulté ? Pourquoi l'ombre
Si lente au bas du ventre ? et ces terreurs sans
                   [nombre
Comblant toujours la joie ainsi qu'un gravier noir ?


— Moi j'ai toujours été stupéfait ! Quoi savoir ?
.............................................................

Pardonné ?...
                    Reprenez la chancelière bleue,
Mon père.
                    O cette enfance ! ............................
......................................................................
                              — et tirons-nous la queue !

                                        FRANÇOIS COPPÉE [1].
                                        A. R.


# VIEUX COPPÉES [2]

Les soirs d'été, sous l'œil ardent des devantures,
Quand la sève frémit sous les grilles obscures
Irradiant au pied des grêles marronniers,
Hors de ces groupes noirs, joyeux ou casaniers,
Suceurs de brûle-gueule ou baiseurs du cigare,
Dans le kiosque mi-pierre étroit où je m'égare,
— Tandis qu'en haut rougeoie une annonce
                              [d'*Ibled* [3], —
Je songe que l'hiver figera le Tibet
D'eau propre qui bruit, apaisant l'onde humaine,
— Et que l'âpre aquilon [4] n'épargne aucune veine.

                                        FRANÇOIS COPPÉE.
                                        A.R.


1. Parnassien, académicien (1842-1908), poète de la narration fami-
lière et des tableaux de genre.
2. Série de parodies des dizains de Coppée dans *Promenades et
Intérieurs*. Dans un poème de 1877, Verlaine fait dire à Rimbaud
revenu de Java : « Nom de dieu !... J'ai rien *voillagé* depuis mon
dernier Coppée ! ». Ch. Cros a lui aussi composé une série de dizains
à la Coppée, parus dans *Le Coffret de santal*.
3. Marque de chocolat.
4. Nom antique du vent du Nord.

Aux livres de chevet, livres de l'art serein,
Obermann[1] et Genlis[2], *Vert-Vert*[3] et le *Lutrin*[4],
Blasé de nouveauté grisâtre et saugrenue,
J'espère, la vieillesse étant enfin venue,
Ajouter le traité du Docteur Venetti[5].
Je saurai, revenu du public abêti,
Goûter le charme ancien des dessins nécessaires.
Écrivain et graveur ont doré les misères
Sexuelles, et c'est, n'est-ce pas, cordial :
DR VENETTI, *Traité de l'Amour conjugal.*

FRANÇOIS COPPÉE.
A. R.


J'occupais un wagon de troisième ; un vieux prêtre
Sortit un brûle-gueule et mit à la fenêtre,
Vers les brises, son front très calme aux poils pâlis.
Puis ce chrétien, bravant les brocards impolis,
S'étant tourné, me fit la demande énergique
Et triste en même temps d'une petite chique
De caporal, — ayant été l'aumonier-chef
D'un rejeton royal[6] condamné derechef ; —
Pour malaxer l'ennui d'un tunnel, sombre veine
Qui s'offre aux voyageurs, près Soissons, ville d'Aisne.


Je préfère sans doute, au printemps, la guinguette
Où des marronniers nains bourgeonne la baguette,
Vers la prairie étroite et communale, au mois
De mai. Des jeunes chiens rabroués bien des fois


1. Roman de Senancour (1804).
2. Romancière (1746-1830).
3. Poème de Gresset (1734), dont le héros est un perroquet.
4. Poème héroï-comique de Boileau (1672, 1674 et 1698).
5. Venette, médecin du XVIIe siècle.
6. Le père de Napoléon III était roi de Hollande.

Viennent près des Buveurs triturer des jacinthes
De plate-bande. Et c'est, jusqu'aux soirs d'hyacinthe,
Sur la table d'ardoise où, l'an dix-sept cent vingt,
Un diacre grava son sobriquet latin
Maigre comme une prose à des vitraux d'église,
La toux des flacons noirs qui jamais ne les grise.

FRANÇOIS COPPÉE.
A. R.

## ÉTAT DE SIÈGE ?

Le pauvre postillon, sous le dais de fer blanc,
Chauffant une engelure énorme sous son gant,
Suit son lourd omnibus parmi la rive gauche,
Et de son aine en flamme écarte la sacoche.
Et, tandis que, douce ombre où des gendarmes sont,
L'honnête intérieur regarde au ciel profond
La lune se bercer parmi la verte ouate,
Malgré l'édit et l'heure encore délicate,
Et que l'omnibus rentre à l'Odéon, impur
Le débauché glapit au carrefour obscur !

FRANÇOIS COPPÉE.
A. R.

## RESSOUVENIR

Cette année où naquit le Prince impérial
Me laisse un souvenir largement cordial
D'un Paris limpide où des N d'or et de neige
Aux grilles du palais, aux gradins du manège,
Éclatent, tricolorement enrubannés.
Dans le remous public des grands chapeaux fanés,

Des chauds gilets à fleurs, des vieilles redingotes,
Et des chants d'ouvriers anciens dans les gargotes,
Sur des châles jonchés l'Empereur marche, noir
Et propre, avec la Sainte Espagnole, le soir.

FRANÇOIS COPPÉE.


L'enfant qui ramassa les balles[1], le Pubère
Où circule le sang de l'exil et d'un Père
Illustre, entend germer sa vie avec l'espoir
De sa figure et de sa stature et veut voir
Des rideaux autres que ceux du Trône et des Crèches.
Aussi son buste exquis[2] n'aspire pas aux brèches
De l'Avenir ! — il a laissé l'ancien jouet. —
O son doux rêve ô son bel Enghien* ! Son œil est
Approfondi par quelque immense solitude ;
« Pauvre jeune homme, il a sans doute
　　　　　　　　　　　　[l'Habitude[3] ! »

FRANÇOIS COPPÉE[4].


* parce que « Enghien chez soi[5] »


1. Le prince impérial qui, adolescent, reçut le baptême du feu lors
de la « *l'éclatante victoire de Sarrebruck* » (cf. p. 111).
2. Célèbre buste du prince par Carpeaux, reproduit et popularisé
en biscuit de Sèvres.
3. Euphémisme désignant la masturbation, cf. « H », p. 278,
note 1.
4. Ce « vieux Coppée » ne figure pas dans l'*Album zutique*.
5. Cf. « Paris », p. 288, note 2. Le slogan est ici détourné de son
sens...

## LE BALAI

C'est un humble balai de chiendent, trop dur
Pour une chambre ou pour la peinture d'un mur.
L'usage en est navrant et ne vaut pas qu'on rie.
Racine prise à quelque ancienne prairie,
Son crin inerte sèche : et son manche a blanchi,
Tel qu'un bois d'île à la canicule rougi.
La cordelette semble une tresse gelée.
J'aime de cet objet la saveur désolée.
Et j'en voudrais laver tes larges bords de lait,
O Lune, où l'esprit de nos Sœurs mortes se plaît.

F. C.

## EXIL

. . . . . . . . . . . . . . . . . . . . . . . . . . . . . . . . . . . . . . . . .
Que l'on s'intéressa souvent, mon cher Conneau !...
Plus qu'à l'oncle vainqueur, au Petit Ramponneau !...
Que tout honnête instinct sort du Peuple débile !...
Hélas ! Et qui a fait mal tourner votre bile !...
Et qu'il nous sied déjà de pousser le verrou
Au vent que les enfants nomment Bari-Barou !...
. . . . . . . . . . . . . . . . . . . . . . . . . . . . . . . . . . . . . . . . .

Fragment d'une épître en vers
de Napoléon III (1871).

## HYPOTYPOSES SATURNIENNES,
## EX-BELMONTET

Quel est donc ce mystère impénétrable et sombre ?
Pourquoi, sans projeter leur voile blanche, sombre
Tout jeune esquif royal gréé ?

Renversons la douleur de nos lacrymatoires
...........................................................................

    L'amour veut vivre aux dépens de sa sœur,
    L'amitié vit aux dépens de son frère.

...........................................................................

Le sceptre, qu'à peine on révère,
N'est que la croix d'un grand calvaire
Sur le volcan des nations !
...........................................................................
Oh ! l'honneur ruisselait sur ta mâle moustache.

                    BELMONTET
              archétype Parnassien.


# LES STUPRA [1]

Les anciens animaux saillissaient, même en course,
Avec des glands bardés de sang et d'excrément.
Nos pères étalaient leur membre fièrement
Par le pli de la gaine et le grain de la bourse.

Au moyen âge pour la femelle, ange ou pource [2],
Il fallait un gaillard de solide gréement ;
Même un Kléber [3], d'après la culotte qui ment
Peut-être un peu, n'a pas dû manquer de ressource.

   1. Ces trois sonnets obscènes (le dernier étant l'œuvre commune de Verlaine : les quatrains, et de Rimbaud : les tercets) sont authentifiés par Verlaine (cf. note 2, note 1 p. 300 et note 1 p. 301).
   2. Verlaine avait projeté d'inscrire cette formule en épigraphe à la série « Filles » de *Parallèlement* : « Ange ou pource. Rimbaud. »
   3. Général du Premier Empire.

D'ailleurs l'homme au plus fier mammifère est égal ;
L'énormité de leur membre à tort nous étonne ;
Mais une heure stérile a sonné : le cheval

Et le bœuf ont bridé leurs ardeurs, et personne
N'osera plus dresser son orgueil génital
Dans les bosquets où grouille une enfance bouffonne.


Nos fesses ne sont pas les leurs[1]. Souvent j'ai vu
Des gens déboutonnés derrière quelque haie,
Et, dans ces bains sans gêne où l'enfance s'égaie,
J'observais le plan et l'effet de notre cul.

Plus ferme, blême en bien des cas, il est pourvu
De méplats évidents que tapisse la claie
Des poils ; pour elles, c'est seulement dans la raie
Charmante que fleurit le long satin touffu.

Une ingéniosité touchante et merveilleuse
Comme l'on ne voit qu'aux anges des saints tableaux
Imite la joue où le sourire se creuse.

Oh ! de même être nus, chercher joie et repos,
Le front tourné vers sa portion glorieuse,
Et libres tous les deux murmurer des sanglots ?

1. Dans *Femmes*, Verlaine a inscrit cette phrase, suivie du nom
de Rimbaud, sous le titre du dernier poème.

# L'IDOLE

## SONNET DU TROU DU CUL [1]

Obscur et froncé comme un œillet violet,
Il respire, humblement tapi parmi la mousse
Humide encor d'amour qui suit la fuite douce
Des Fesses blanches jusqu'au cœur de son ourlet.

Des filaments pareils à des larmes de lait
Ont pleuré sous le vent cruel qui les repousse
À travers de petits caillots de marne rousse
Pour s'aller perdre où la pente les appelait.

Mon rêve s'aboucha souvent à sa ventouse ;
Mon âme, du coït matériel jalouse,
En fit son larmier fauve et son nid de sanglots.

C'est l'olive pâmée, et la flûte câline,
C'est le tube où descend la céleste praline :
Chanaan [2] féminin dans les moiteurs enclos !

ALBERT MÉRAT.
P.V.-A.R.

1. Co-signé par Verlaine et Rimbaud, ce sonnet constitue le poème liminaire de l'*Album zutique*. Verlaine l'a repris dans *Hombres* avec ce commentaire : « Le sonnet du Trou du cul, par Arthur Rimbaud et Paul Verlaine. En forme de parodie d'un volume d'Albert Mérat, intitulé *L'Idole*, où sont détaillées toutes les beautés d'une dame. »
2. La *Terre promise*, le « pays de miel et de lait » des Hébreux.

# CORRESPONDANCE

## (extraits)

# I

## À THÉODORE DE BANVILLE

Charleville (Ardennes), le 24 mai 1870.

À Monsieur Théodore de Banville.

Cher Maître,
Nous sommes aux mois d'amour ; j'ai dix-sept ans [1]. L'âge des espérances et des chimères, comme on dit, — et voici que je me suis mis, enfant touché par le doigt de la Muse, — pardon si c'est banal, — à dire mes bonnes croyances, mes espérances, mes sensations, toutes ces choses des poètes — moi j'appelle cela du printemps.

Que si je vous envoie quelques-uns de ces vers, — et cela en passant par Alph. Lemerre, le bon éditeur, — c'est que j'aime tous les poètes, tous les bons Parnassiens, — puisque le poète est un Parnassien, — épris de la beauté idéale ; c'est que j'aime en vous, bien naïvement, un descendant de Ronsard, un frère de nos maîtres de 1830, un vrai romantique, un vrai poète. Voilà pourquoi, — c'est bête, n'est-ce pas, mais enfin ?

Dans deux ans, dans un an peut-être, je serai à Paris. — Anch'io [2], messieurs du journal, je serai Parnas-

---

1. Rimbaud se vieillit d'un an et demi.
2. Exclamation du Corrège, devant une toile de Raphaël : « Anch'io son pittore ! », *Moi aussi je suis peintre* !

sien ! — Je ne sais ce que j'ai là... qui veut monter...
— Je jure, cher maître, d'adorer toujours les deux dées-
ses, Muse et Liberté.

Ne faites pas trop la moue en lisant ces vers... Vous
me rendriez fou de joie et d'espérance, si vous vouliez,
cher Maître, *faire faire* à la pièce *Credo in unam*[1] une
petite place entre les Parnassiens... Je viendrais à la
dernière série du *Parnasse* : cela ferait le Credo des
poètes !... — Ambition ! ô Folle !

ARTHUR RIMBAUD.

\*\*\*

Par les beaux soirs d'été, j'irai dans les sentiers ;
etc. . . . . . . . . . . . . . . . . . . . . . . . . . . . . . . . . . . . . . . . . .

20 avril 1870.
A. R.

OPHÉLIE

I

Sur l'onde calme et noire où dorment les étoiles
etc. . . . . . . . . . . . . . . . . . . . . . . . . . . . . . . . . . . . . . . . . .

15 mai 1870.
ARTHUR RIMBAUD.

1. Titre d'abord donné à « Soleil et chair », voir p. 77 n. 2.

## CREDO IN UNAM...

. . . . . . . . . . . . . . . . . . . . . . . . . . . . . . . . . . . . . . . . .
Le Soleil, le foyer de tendresse et de vie,
   etc. . . . . . . . . . . . . . . . . . . . . . . . . . . . . . .

29 avril 1870.
ARTHUR RIMBAUD.

Si ces vers trouvaient place au Parnasse contemporain ?

— ne sont-ils pas la foi des poètes ?

— Je ne suis pas connu ; qu'importe ? les poètes sont frères. Ces vers croient ; ils aiment ; ils espèrent : c'est tout.

— Cher maître, à moi : levez-moi un peu : je suis jeune : tendez-moi la main...

II

## À GEORGES IZAMBARD

29, rue de l'Abbaye-des-Prés,
Douai (Nord).

Très pressé.

*Charleville, 25 août 1870.*

   Monsieur,

Vous êtes heureux, vous, de ne plus habiter Charleville !

Ma ville natale est supérieurement idiote entre les petites villes de province. Sur cela, voyez-vous, je n'ai plus d'illusions. Parce qu'elle est à côté de Mézières, — une ville qu'on ne trouve pas, — parce qu'elle voit

pérégriner dans ses rues deux ou trois cents de piou-
pious, cette benoîte population gesticule, prud'hom-
mesquement spadassine, bien autrement que les assiégés
de Metz et de Strasbourg ! C'est effrayant, les épiciers
retraités qui revêtent l'uniforme ! C'est épatant comme
ça a du chien, les notaires, les vitriers, les percepteurs,
les menuisiers et tous les ventres, qui, chassepot au
cœur, font du patrouillotisme aux portes de Mézières ;
ma patrie se lève !... Moi, j'aime mieux la voir assise :
ne remuez pas les bottes ! c'est mon principe.

Je suis dépaysé, malade, furieux, bête, renversé ;
j'espérais des bains de soleil, des promenades infinies,
du repos, des voyages, des aventures, des bohémien-
neries enfin ; j'espérais surtout des journaux, des
livres... Rien ! Rien ! Le courrier n'envoie plus rien aux
libraires ; Paris se moque de nous joliment : pas un seul
livre nouveau ! c'est la mort ! Me voilà réduit, en fait
de journaux, à l'honorable *Courrier des Ardennes*, —
propriétaire, gérant, directeur, rédacteur en chef et
rédacteur unique : A. Pouillard ! Ce journal résume
les aspirations, les vœux et les opinions de la popula-
tion : ainsi jugez ! c'est du propre !... On est exilé dans
sa patrie ! ! !

Heureusement, j'ai votre chambre : — Vous vous
rappelez la permission que vous m'avez donnée. — J'ai
emporté la moitié de vos livres ! J'ai pris *Le Diable à
Paris* [1]. Dites-moi un peu s'il y a jamais eu quelque
chose de plus idiot que les dessins de Granville ? — J'ai
*Costal l'Indien* [2], j'ai *La Robe de Nessus* [3], deux
romans intéressants. Puis, que vous dire ?... J'ai lu tous
vos livres, tous ; il y a trois jours, je suis descendu aux

1. Ouvrage collectif auquel ont participé, entre autres, Sand et
Nodier.
2. Roman de Gabriel Ferry, qui devait être aussi un des livres
importants de l'adolescence d'A. Breton...
3. Roman d'Amédée Achard.

*Épreuves* [1], puis aux *Glaneuses* [2], — oui ! j'ai relu ce volume ! — puis ce fut tout !... Plus rien ; votre bibliothèque, ma dernière planche de salut, était épuisée !... Le *Don Quichotte* m'apparut ; hier, j'ai passé, deux heures durant, la revue des bois de Doré [3] : maintenant, je n'ai plus rien !

Je vous envoie des vers ; lisez cela un matin, au soleil, comme je les ai faits : vous n'êtes plus professeur, maintenant, j'espère !...

. . . . . . . . . . . . . . . . . . . . . . . . . . . . . . . . . . . . . . . . . . .

Vous aviez l'air de vouloir connaître Louisa Siefert [4], quand je vous ai prêté ses derniers vers ; je viens de me procurer des parties de son premier volume de poésies, les *Rayons perdus*, 4e édition. J'ai là une pièce très émue et fort belle, *Marguerite* ;

. . . . . . . . . . . . . . . . . . . . . . . . . . . . . . . . . . . . . . . . . . .

« Moi, j'étais à l'écart, tenant sur mes genoux
Ma petite cousine aux grands yeux bleus si doux :
C'est une ravissante enfant que Marguerite
Avec ses cheveux blonds, sa bouche si petite
Et son teint transparent...

. . . . . . . . . . . . . . . . . . . . . . . . . . . . . . . . . . . . . . . . . . .

Marguerite est trop jeune. Oh ! si c'était ma fille,
Si j'avais une enfant, tête blonde et gentille,
Fragile créature en qui je revivrais,
Rose et candide avec de grands yeux indiscrets !
Des larmes sourdent presque au bord de ma paupière
Quand je pense à l'enfant qui me rendrait si fière,

1. Recueil poétique de Sully Prudhomme.
2. Recueil de Paul Demeny. Le mois suivant, Rimbaud fait la connaissance de cet ami d'Izambard, à qui il envoie en 1871 la « lettre du *Voyant* ».
3. Le roman de Cervantès illustré de dessins de Gustave Doré venait d'être réédité en 1869.
4. Jeune poétesse lyonnaise qui connaissait un certain succès.

Et que je n'aurai pas, que je n'aurai jamais ;
Car l'avenir, cruel en celui que j'aimais,
De cette enfant aussi veut que je désespère...
. . . . . . . . . . . . . . . . . . . . . . . . . . . . . . . . . . . . . . . . .
Jamais on ne dira de moi : c'est une mère !
Et jamais un enfant ne me dira : maman !
C'en est fini pour moi du céleste roman
Que toute jeune fille à mon âge imagine...
. . . . . . . . . . . . . . . . . . . . . . . . . . . . . . . . . . . . . . . . .
Ma vie, à dix-huit ans, compte tout un passé. »

— C'est aussi beau que les plaintes d'Antigone
ἀνύμφη [1], dans Sophocle.

J'ai les *Fêtes galantes* de Paul Verlaine, un joli in-12
écu. C'est fort bizarre, très drôle ; mais vraiment, c'est
adorable. Parfois de fortes licences : ainsi,

*Et la tigresse épou — vantable d'Hyrcanie*

est un vers de ce volume.

Achetez, je vous le conseille, *La Bonne Chanson*, un
petit volume de vers du même poëte : ça vient de paraî-
tre chez Lemerre ; je ne l'ai pas lu : rien n'arrive ici ;
mais plusieurs journaux en disent beaucoup de bien [2].

Au revoir, envoyez-moi une lettre de 25 pages —
poste restante — et bien vite !

A. Rimbaud.

P.S. — À bientôt, des révélations sur la vie que je
vais mener après... les vacances...

---

1. « Privée d'époux ».
2. Le journal satirique *La Charge* (où devait être publié le 15 août
1870 « Première soirée », cf. p. 98) venait, le 30 juillet d'annoncer
la publication du dernier recueil de Verlaine, en rappelant les *Fêtes
galantes*.

## III

# À GEORGES IZAMBARD

à Douai.

*Charleville, le 2 novembre 1870.*

Monsieur,
       — À vous seul ceci. —
Je suis rentré à Charleville un jour après vous avoir quitté. Ma mère m'a reçu, et je suis là... tout à fait oisif. Ma mère ne me mettrait en pension qu'en janvier 71.
Eh bien, j'ai tenu ma promesse.
Je meurs, je me décompose dans la platitude, dans la mauvaiseté, dans la grisaille. Que voulez-vous, je m'entête affreusement à adorer la liberté libre, et... un tas de choses que « *ça fait pitié* », n'est-ce pas ? Je devais repartir aujourd'hui même ; je le pouvais : j'étais vêtu de neuf, j'aurais vendu ma montre, et vive la liberté ! — Donc je suis resté ! je suis resté ! — et je voudrai repartir encore bien des fois. — Allons, chapeau, capote, les deux poings dans les poches, et sortons. — Mais je resterai, je resterai. Je n'ai pas promis cela ! Mais je le ferai pour mériter votre affection : vous me l'avez dit. Je la mériterai.
La reconnaissance que je vous ai, je ne saurais pas vous l'exprimer aujourd'hui plus que l'autre jour. Je vous la prouverai ! Il s'agirait de faire quelque chose pour vous, que je mourrais pour le faire, — je vous en donne ma parole.
J'ai encore un tas de choses à dire...

Ce « *sans-cœur* [1] » de

A. RIMBAUD.

---

1. Rimbaud cite vraisemblablement un reproche familial...

Guerre ; pas de siège de Mézières. Pour quand ? On n'en parle pas. J'ai fait votre commission à M. Deverrière, et, s'il faut faire plus, je le ferai. — Par-ci, par là, des francs-tirades. Abominable prurigo [1] d'idiotisme, tel est l'esprit de la population. On en entend de belles, allez. C'est dissolvant !

## IV

## À GEORGES IZAMBARD

Charleville, [13] mai 1871.

Cher Monsieur !

Vous revoilà professeur. On se doit à la Société, m'avez-vous dit ; vous faites partie des corps enseignants : vous roulez dans la bonne ornière. — Moi aussi, je suis le principe : je me fais cyniquement *entretenir* ; je déterre d'anciens imbéciles de collège : tout ce que je puis inventer de bête, de sale, de mauvais, en action et en parole, je le leur livre : on me paie en bocks et en filles. *Stat mater dolorosa, dum pendet filius* [2]. — Je me dois à la Société, c'est juste, — et j'ai raison. — Vous aussi, vous avez raison, pour aujourd'hui. Au fond, vous ne voyez en votre principe que poésie subjective : votre obstination à regagner le râtelier universitaire, — pardon ! — le prouve ! Mais vous finirez toujours comme un satisfait qui n'a rien

1. Maladie cutanée accompagnée de démangeaisons.
2. « La mère est là, douloureuse, tandis que son fils pend (sur la croix) ». Rimbaud utilise un thème traditionnel de la peinture et de la sculpture religieuses, celui de la *mater dolorosa* (la Vierge pleurant son fils crucifié), pour évoquer ses rapports avec *la mère Rimbe*, dite aussi *la bouche d'ombre*...

fait, n'ayant voulu rien faire. Sans compter que votre poésie subjective sera toujours horriblement fadasse. Un jour, j'espère, — bien d'autres espèrent la même chose, — je verrai dans votre principe la poésie objective, je la verrai plus sincèrement que vous ne le feriez ! — Je serai un travailleur : c'est l'idée qui me retient, quand les colères folles me poussent vers la bataille de Paris — où tant de travailleurs meurent pourtant encore tandis que je vous écris ! Travailler maintenant, jamais, jamais ; je suis en grève.

Maintenant, je m'encrapule le plus possible. Pourquoi ? Je veux être poète, et je travaille à me rendre *voyant* : vous ne comprendrez pas du tout, et je ne saurais presque vous expliquer. Il s'agit d'arriver à l'inconnu par le dérèglement de *tous les sens*. Les souffrances sont énormes, mais il faut être fort, être né poète, et je me suis reconnu poète. Ce n'est pas du tout ma faute. C'est faux de dire : Je pense : on devrait dire : On me pense. — Pardon du jeu de mots. —

Je est un autre. Tant pis pour le bois qui se trouve violon, et nargue [1] aux inconscients, qui ergotent sur ce qu'ils ignorent tout à fait !

Vous n'êtes pas Enseignant pour moi. Je vous donne ceci : est-ce de la satire, comme vous diriez ? Est-ce de la poésie ? C'est de la fantaisie, toujours. — Mais, je vous en supplie, ne soulignez ni du crayon, ni — trop — de la pensée :


### LE CŒUR SUPPLICIÉ

Mon triste cœur bave à la poupe
etc. .........................

---

1. Quelque chose comme « zut ! ».

Ça ne veut pas rien dire. — RÉPONDEZ-MOI : chez M. Deverrière, pour A. R.

Bonjour de cœur,

ART. RIMBAUD.

V

## À PAUL DEMENY

à Douai.

Charleville, 15 mai 1871.

J'ai résolu de vous donner une heure de littérature nouvelle. Je commence de suite par un psaume d'actualité :

### CHANT DE GUERRE PARISIEN

Le Printemps est évident, car...
etc. ......................

A. RIMBAUD.

— Voici de la prose sur l'avenir de la poésie — Toute poésie antique aboutit à la poésie grecque ; Vie harmonieuse. — De la Grèce au mouvement romantique, — moyen-âge, — il y a des lettrés, des versificateurs. D'Ennius [1] à Théroldus [2], de Théroldus à Casimir

---

1. Poète latin (-240? ;-196).
2. Ou Théroulde, ou Turoldus, auteur présumé de *La Chanson de Roland*.

Delavigne [1], tout est prose rimée, un jeu, avachissement et gloire d'innombrables générations idiotes : Racine est le pur, le fort, le grand. — On eût soufflé sur ses rimes, brouillé ses hémistiches, que le Divin Sot serait aujourd'hui aussi ignoré que le premier venu auteur d'Origines [2]. — Après Racine, le jeu moisit. Il a duré deux mille ans !

Ni plaisanterie, ni paradoxe. La raison m'inspire plus de certitudes sur le sujet que n'aurait jamais eu de colères un jeune-France [3]. Du reste, libre aux *nouveaux !* d'exécrer les ancêtres : on est chez soi et l'on a le temps.

On n'a jamais bien jugé le romantisme ; qui l'aurait jugé ? les critiques ! ! Les romantiques, qui prouvent si bien que la chanson est si peu souvent l'œuvre, c'est-à-dire la pensée chantée *et comprise* du chanteur ?

Car Je est un autre. Si le cuivre s'éveille clairon, il n'y a rien de sa faute. Cela m'est évident : j'assiste à l'éclosion de ma pensée : je la regarde, je l'écoute : je lance un coup d'archet : la symphonie fait son remuement dans les profondeurs, ou vient d'un bond sur la scène.

Si les vieux imbéciles n'avaient pas trouvé du Moi que la signification fausse, nous n'aurions pas à balayer ces millions de squelettes qui, depuis un temps infini ! ont accumulé les produits de leur intelligence borgnesse, en s'en clamant les auteurs !

En Grèce, ai-je dit, vers et lyres *rythment l'Action*. Après, musique et rimes sont jeux, délassements. L'étude de ce passé charme les curieux : plusieurs s'éjouissent à renouveler ces antiquités : — c'est pour eux. L'intelligence universelle a toujours jeté ses idées, naturellement ; les hommes ramassaient une partie de

---

1. Poète français (1793-1843), qui fit, à côté de Béranger, figure de poète national.
2. Le mot *Origines* figurait dans de nombreux titres d'ouvrages historiques et rationalistes.
3. Fervents partisans du romantisme dans les années 30, et notamment au moment de la bataille d'*Hernani*.

ces fruits du cerveau : on agissait par, on en écrivait des livres : telle allait la marche, l'homme ne se travaillant pas, n'étant pas encore éveillé, ou pas encore dans la plénitude du grand songe. Des fonctionnaires, des écrivains : auteur, créateur, poète, cet homme n'a jamais existé !

La première étude de l'homme qui veut être poète est sa propre connaissance, entière ; il cherche son âme, il l'inspecte, il la tente, il l'apprend. Dès qu'il la sait, il doit la cultiver, cela semble simple : en tout cerveau s'accomplit un développement naturel ; tant d'*égoïstes* se proclament auteurs ; il en est bien d'autres qui s'attribuent leur progrès intellectuel ! — Mais il s'agit de faire l'âme monstrueuse : à l'instar des comprachicos [1], quoi ! Imaginez un homme s'implantant et se cultivant des verrues sur le visage.

Je dis qu'il faut être *voyant*, se faire *voyant*.

Le Poète se fait *voyant* par un long, immense et raisonné *dérèglement de tous les sens*. Toutes les formes d'amour, de souffrance, de folie ; il cherche lui-même, il épuise en lui tous les poisons, pour n'en garder que les quintessences. Ineffable torture où il a besoin de toute la foi, de toute la force surhumaine, où il devient entre tous le grand malade, le grand criminel, le grand maudit, — et le suprême Savant ! — Car il arrive à l'*inconnu* ! Puisqu'il a cultivé son âme, déjà riche, plus qu'aucun ! Il arrive à l'*inconnu*, et quand, affolé, il finirait par perdre l'intelligence de ses visions, il les a vues ! Qu'il crève dans son bondissement par les choses inouïes et innombrables : viendront d'autres horribles travailleurs ; ils commenceront par les horizons où l'autre s'est affaissé !

— la suite à six minutes —

---

1. « Voleurs d'enfants », personnages monstrueux mis à la mode par *L'Homme qui rit*, roman de V. Hugo.

Ici j'intercale un second psaume, *hors du texte* :
veuillez tendre une oreille complaisante, — et tout le
monde sera charmé. — J'ai l'archet en main, je com-
mence :

       Mes petites Amoureuses

       Un hydrolat lacrymal lave
       etc. . . . . . . . . . . . . . . . . . . .
                          A. R.


Voilà. Et remarquez bien que, si je ne craignais de
vous faire débourser plus de 60 c. de port, — moi pau-
vre effaré qui, depuis sept mois, n'ai pas tenu un seul
rond de bronze ! — je vous livrerais encore mes *Amants
de Paris,* cent hexamètres, Monsieur, et ma *Mort de
Paris*, deux cents hexamètres[1] ! — Je reprends :
Donc le poète est vraiment voleur de feu[2].
Il est chargé de l'humanité, des animaux même ; il
devra faire sentir, palper, écouter ses inventions ; si ce
qu'il rapporte *de là-bas* a forme, il donne forme : si
c'est informe, il donne de l'informe. Trouver une
langue ;
— Du reste, toute parole étant idée, le temps d'un
langage universel viendra ! Il faut être académicien, —
plus mort qu'un fossile, — pour parfaire un diction-
naire, de quelque langue que ce soit. Des faibles se met-
traient à *penser* sur la première lettre de l'alphabet, qui
pourraient vite se ruer dans la folie ! —
Cette langue sera de l'âme pour l'âme, résumant tout,
parfums, sons, couleurs[3] de la pensée accrochant la


1. Ces indications ne correspondent à aucun des poèmes connus.
L'*hexamètre* est le vers classique de douze pieds, cher aux Parnas-
siens. Cf. « Ce qu'on dit au poète... », p. 140.
2. Dans la mythologie antique, Prométhée vola le feu aux dieux
pour le donner aux hommes.
3. Cf. Baudelaire : « Correspondances », *Les Fleurs du mal.*

pensée et tirant. Le poète définirait la quantité d'inconnu s'éveillant en son temps dans l'âme universelle : il donnerait plus — que la formule de sa pensée, que la notation de *sa marche au Progrès* ! Énormité devenant norme, absorbée par tous, il serait vraiment *un multiplicateur de progrès* !

Cet avenir sera matérialiste, vous le voyez — Toujours pleins du *Nombre* et de l'*Harmonie*, ces poèmes seront faits pour rester. — Au fond, ce serait encore un peu la Poésie grecque. L'art éternel aurait ses fonctions ; comme les poètes sont citoyens. La Poésie ne rythmera plus l'action ; elle *sera en avant*.

Ces poètes seront ! Quand sera brisé l'infini servage de la femme, quand elle vivra pour elle et par elle, l'homme, jusqu'ici abominable, — lui ayant donné son renvoi, elle sera poète, elle aussi ! La femme trouvera de l'inconnu ! Ses mondes d'idées différeront-ils des nôtres ? — Elle trouvera des choses étranges, insondables, repoussantes, délicieuses ; nous les prendrons, nous les comprendrons [1].

En attendant, demandons aux *poètes* du *nouveau,* — idées et formes. Tous les habiles croiraient bientôt avoir satisfait à cette demande. — Ce n'est pas cela !

Les premiers romantiques ont été *voyants* sans trop bien s'en rendre compte : la culture de leurs âmes s'est commencée aux accidents : locomotives abandonnées, mais brûlantes, que prennent quelque temps les rails. — Lamartine est quelquefois voyant, mais étranglé par la forme vieille. — Hugo, *trop cabochard,* a bien du *vu* dans les derniers volumes : *Les Misérables* sont un vrai poème. J'ai *Les Châtiments* sous la main ; *Stella* donne à peu près la mesure de la *vue* de Hugo. Trop

---

1. Selon S. Bernard, Rimbaud rejoint ici tout un courant de pensée illuministe ou révolutionnaire qui au XIXe siècle exalte le rôle de la femme et réclame sa libération.

de Belmontet [1] et de Lamennais [2], de Jéhovahs et de colonnes, vieilles énormités crevées.

Musset est quatorze fois exécrable pour nous, générations douloureuses et prises de visions, — que sa paresse d'ange a insultées ! Ô ! les contes et les proverbes fadasses ! Ô les nuits ! Ô *Rolla, ô Namouna*, ô *la Coupe !* Tout est français, c'est-à-dire haïssable au suprême degré ; français, pas parisien ! Encore une œuvre de cet odieux génie qui a inspiré Rabelais, Voltaire, Jean La Fontaine ! commenté par M. Taine [3] ! Printanier, l'esprit de Musset ! Charmant, son amour ! En voilà, de la peinture à l'émail, de la poésie solide ! On savourera longtemps la poésie *française*, mais en France. Tout garçon épicier est en mesure de débobiner une apostrophe Rollaque, tout séminariste en porte les cinq cents rimes dans le secret d'un carnet. À quinze ans, ces élans de passion mettent les jeunes en rut ; à seize ans, ils se contentent déjà de les réciter avec *cœur* ; à dix-huit ans, à dix-sept même, tout collégien qui a le moyen, fait le Rolla, écrit un Rolla ! Quelques-uns en meurent peut-être encore. Musset n'a rien su faire : il avait des visions derrière la gaze des rideaux : il a fermé les yeux. Français, panadis [4], traîné de l'estaminet au pupitre de collège, le beau mort est mort, et, désormais, ne nous donnons même plus la peine de le réveiller par nos abominations !

Les seconds romantiques sont très *voyants* : Th. Gautier, Lec. de Lisle, Th. de Banville. Mais inspecter l'invisible et entendre l'inouï étant autre chose que reprendre l'esprit des choses mortes, Baudelaire est le premier voyant, roi des poètes, *un vrai Dieu*. Encore a-t-il vécu dans un milieu trop artiste ; et la forme si

---

1. Poète académique des débuts du romantisme, chantre de l'Empire (1799-1879).
2. Prêtre et écrivain français (1782-1854), auteur entre autres du *Livre du peuple*.
3. *La Fontaine et ses fables*, ouvrage de 1860.
4. Mot obscur : « mangeur de panade », peut-être.

vantée en lui est mesquine : les inventions d'inconnu réclament des formes nouvelles.

Rompue[1] aux formes vieilles, parmi les innocents, A. Renaud, — a fait son Rolla, — L. Grandet, — a fait son Rolla ; — les gaulois et les Musset, G. Lafenestre, Coran, Cl. Popelin, Soulary, L. Salles ; les écoliers, Marc, Aicard, Theuriet ; les morts et les imbéciles, Autran, Barbier, L. Pichat, Lemoyne, les Deschamps, les Desessarts ; les journalistes, L. Cladel, Robert Luzarches, X. de Ricard ; les fantaisistes, C. Mendès ; les bohèmes ; les femmes ; les talents, Léon Dierx, Sully-Prudhomme, Coppée, — la nouvelle école, dite parnassienne, a deux voyants, Albert Mérat et Paul Verlaine, un vrai poète[2]. Voilà. — Ainsi je travaille à me rendre *voyant*. — Et finissons par un chant pieux.


### ACCROUPISSEMENTS

Bien tard, quand il se sent l'estomac écœuré,
etc. ..................................
Vous seriez exécrable de ne pas répondre ; vite car dans huit jours je serai à Paris, peut-être.
Au revoir.

                                        A. RIMBAUD.

---

1. *Rompue* doit être relié à la *nouvelle école*.
2. Dans sa liste des Parnassiens (pour la plupart aujourd'hui ignorés) Rimbaud omet Mallarmé (publié pourtant dans le premier et le second *Parnasse*). L'hommage rendu à l'obscur Mérat peut surprendre (cf. p. 301). Sur Verlaine, cf. p. 310.

## VI

# À PAUL DEMENY

à Paris.

*Charleville, 10 juin 1871.*

À M. P. DEMENY.

LES POËTES DE SEPT ANS

Et la Mère, fermant le livre du devoir,
. . . . . . . . . . . . . . . . . . . . . . . . . . . . . . . . .

A. R.
*26 mai 1871.*

LES PAUVRES À L'ÉGLISE

Parqués entre des bancs de chêne, aux coins d'église
. . . . . . . . . . . . . . . . . . . . . . . . . . . . . . . . . . . . . . .

A. RIMBAUD.
*1871*

Voici, — ne vous fâchez pas, — un motif à dessins
drôles : c'est une antithèse aux douces vignettes péren-
nelles [1] où batifolent les cupidons, où s'essorent les
cœurs panachés de flammes, fleurs vertes, oiseaux
mouillés, promontoires de Leucade, etc... — Ces trio-
lets [2], eux aussi, au reste, iront

*Où les vignettes pérennelles,*
*Où les doux vers.*

Voici : — ne vous fâchez pas —

_____

1. « Éternelles », « sempiternelles ».
2. Poèmes à forme fixe de huit vers sur deux rimes.

LE CŒUR DU PITRE

Mon triste cœur bave à la poupe,

. . . . . . . . . . . . . . . . . . . . . . . . . . . .

A. R.
*Juin 1871.*

Voilà ce que je fais.

J'ai trois prières à vous adresser

brûlez, *je le veux,* et je crois que vous respecterez ma volonté comme celle d'un mort, brûlez *tous les vers que je fus assez sot* pour vous donner lors de mon séjour à Douai : ayez la bonté de m'envoyer, s'il vous est possible et s'il vous plaît, un exemplaire de vos *Glaneuses,* que je voudrais relire et qu'il m'est impossible d'acheter, ma mère ne m'ayant gratifié d'aucun rond de bronze depuis six mois, — pitié ! — enfin, veuillez bien me répondre, quoi que ce soit, pour cet envoi et pour le précédent.

Je vous souhaite un bon jour, ce qui est bien bon.

Écrivez à : M. Deverrière, 95, sous les Allées, pour

A. RIMBAUD.

VII

## À THÉODORE DE BANVILLE

à Paris

*Charleville, Ardennes, 15 août 1871.*

À Monsieur Théodore de Banville.

CE QU'ON DIT AU POËTE À PROPOS DE FLEURS

I

Ainsi, toujours, vers l'azur noir...

. . . . . . . . . . . . . . . . . . . . . . . . . . . .

ALCIDE BAVA.
A. R.
*14 juillet 1871.*

Monsieur et cher Maître,

Vous rappelez-vous avoir reçu de province, en juin 1870, cent ou cent cinquante hexamètres mythologiques intitulés *Credo in unam* ? Vous fûtes assez bon pour répondre !

C'est le même imbécile qui vous envoie les vers ci-dessus, signés Alcide Bava. — Pardon.

J'ai dix-huit ans. — J'aimerai toujours les vers de Banville.

L'an passé je n'avais que dix-sept ans !

Ai-je progressé ?

ALCIDE BAVA.
A. R.

Mon adresse :

M. Charles Bretagne,
Avenue de Mézières, à Charleville,

*pour*

A. RIMBAUD.

VIII

À PAUL DEMENY

15, place Saint-Jacques,
à Douai (Nord).

*Charleville (Ardennes), [28] août 1871.*

Monsieur,

Vous me faites recommencer ma prière : soit. Voici la complainte complète. Je cherche des paroles calmes : mais ma science de l'art n'est pas bien profonde. Enfin, voici.

7777

Situation du prévenu : J'ai quitté depuis plus d'un an la vie ordinaire pour ce que vous savez [1]. Enfermé sans cesse dans cette inqualifiable contrée ardennaise, ne fréquentant pas un homme, recueilli dans un travail infâme, inepte, obstiné, mystérieux [2], ne répondant que par le silence aux questions, aux apostrophes grossières et méchantes, me montrant digne dans ma position extra-légale, j'ai fini par provoquer d'atroces résolutions d'une mère aussi inflexible que soixante-treize administrations à casquettes de plomb.

Elle a voulu m'imposer le travail, — perpétuel, à Charleville (Ardennes) ! Une place pour tel jour, disait-elle, ou la porte. — Je refusai cette vie ; sans donner mes raisons : c'eût été pitoyable. Jusqu'aujourd'hui, j'ai pu tourner ces échéances. Elle, en est venue à ceci : souhaiter sans cesse mon départ inconsidéré, ma fuite ! Indigent, inexpérimenté, je finirais par entrer aux établissements de correction. Et, dès ce moment, silence sur moi !

Voilà le mouchoir de dégoût qu'on m'a enfoncé dans la bouche. C'est bien simple.

Je ne demande rien, je demande un renseignement. Je veux travailler libre : mais à Paris que j'aime. Tenez : je suis un piéton, rien de plus ; j'arrive dans la ville immense sans aucune ressource matérielle : mais vous m'avez dit : Celui qui désire être ouvrier à quinze sous par jour s'adresse là, fait cela, vit comme cela. Je m'adresse là, je fais cela, je vis comme cela. Je vous ai prié d'indiquer des occupations peu absorbantes, parce que la pensée réclame de larges tranches de temps. Absolvant le poëte, ces balançoires matérielles se font aimer. Je suis à Paris : il me faut une *économie* positive ! Vous ne trouvez pas cela sincère ? Moi, ça me

1. Il s'agit du « dérèglement de tous les sens » qu'évoquait la lettre du 15 mai.
2. Cf. « Je travaille à me rendre *voyant* », p. 320.

semble si étrange, qu'il me faille vous protester de mon sérieux !

J'avais eu l'idée ci-dessus : la seule qui me parût raisonnable : je vous la rends sous d'autres termes. J'ai bonne volonté, je fais ce que je puis, je parle aussi compréhensiblement qu'un malheureux ! Pourquoi tancer l'enfant qui, non doué de principes zoologiques, désirerait un oiseau à cinq ailes ? On le ferait croire aux oiseaux à six queues, ou à trois becs ! On lui prêterait un Buffon des familles : ça le déleurrerait.

Donc, ignorant de quoi vous pourriez m'écrire, je coupe les explications et continue à me fier à vos expériences, à votre obligeance que j'ai bien bénie, en recevant votre lettre, et je vous engage un peu à partir de mes idées, — s'il vous plaît...

Recevriez-vous sans trop d'ennui des échantillons de mon travail ?

A. RIMBAUD.


IX

## À ERNEST DELAHAYE

à Charleville.

Parmerde, Jumphe 72 [1].

Mon ami,
Oui, surprenante est l'existence dans le cosmorama [2] Arduan. La province, où on se nourrit de farineux et

---

1. Rimbaud (tout comme Verlaine) utilise dans sa correspondance un argot particulier, volontiers scatologique (*Parmerde* : Paris ; *Caropolmerdis* : Caropolitains, habitants de Charleville) et qui déforme les mots à plaisir (*Jumphe* : juin ; *absomphe* : absinthe ; *travaince* : travaille ; *innocince* : innocence ; *colrage* : courage ; *rendez-vol* : rendez-vous).
2. Appareil optique qui montrait des tableaux représentant les sites et les villes célèbres du monde. *Arduan* : Ardennais.

de boue, où l'on boit du vin du cru et de la bière du pays, ce n'est pas ce que je regrette. Aussi tu as raison de la dénoncer sans cesse. Mais ce lieu-ci : distillation, composition, tout étroitesses ; et l'été accablant : la chaleur n'est pas très constante, mais de voir que le beau temps est dans les intérêts de chacun, et que chacun est un porc, je hais l'été, qui me tue quand il se manifeste un peu. J'ai une soif à craindre la grangrène : les rivières ardennaises et belges, les cavernes, voilà ce que je regrette.

Il y a bien ici un lieu de boisson que je préfère. Vive l'académie d'Absomphe [1], malgré la mauvaise volonté des garçons ! C'est le plus délicat et le plus tremblant des habits, que l'ivresse par la vertu de cette sauge des glaciers, l'absomphe ! Mais pour, après, se coucher dans la merde !

Toujours même geinte, quoi ! Ce qu'il y a de certain, c'est : merde à Perrin [2] ! Et au comptoir de l'Univers [3], qu'il soit en face du square ou non. Je ne maudis pas l'Univers, pourtant. — Je souhaite très fort que l'Ardenne soit occupée et pressurée de plus en plus immodérément. Mais tout cela est encore ordinaire.

Le sérieux, c'est qu'il faut que tu te tourmentes beaucoup. Peut-être que tu aurais raison de beaucoup marcher et lire. Raison en tout cas de ne pas te confiner dans les bureaux et maisons de famille. Les abrutissements doivent s'exécuter loin de ces lieux-là. Je suis loin de vendre du baume, mais je crois que les habitudes n'offrent pas des consolations, aux pitoyables jours.

Maintenant, c'est la nuit que je travaince. De minuit à cinq heures du matin. Le mois passé, ma chambre, rue Monsieur-le-Prince, donnait sur un jardin du lycée Saint-Louis. Il y avait des arbres énormes sous ma

1. Nom donné par jeu à un café parisien (176 rue Saint-Jacques) que fréquentait assidûment Verlaine.
2. Directeur du journal *Le Nord-Est*, à Charleville ; Rimbaud lui avait envoyé des poèmes qui ne furent pas publiés.
3. Café de Charleville.

fenêtre étroite. À trois heures du matin, la bougie pâlit ; tous les oiseaux crient à la fois dans les arbres : c'est fini. Plus de travail. Il me fallait regarder les arbres, le ciel, saisis par cette heure indicible, première du matin. Je voyais les dortoirs du lycée, absolument sourds. Et déjà le bruit saccadé, sonore, délicieux des tombereaux sur les boulevards. — Je fumais ma pipe-marteau, en crachant sur les tuiles, car c'était une mansarde, ma chambre. À cinq heures, je descendais à l'achat de quelque pain ; c'est l'heure. Les ouvriers sont en marche partout. C'est l'heure de se soûler chez les marchands de vin, pour moi. Je rentrais manger, et me couchais à sept heures du matin, quand le soleil faisait sortir les cloportes de dessous les tuiles. Le premier matin en été, et les soirs de décembre, voilà ce qui m'a ravi toujours ici.

Mais en ce moment, j'ai une chambre jolie, sur une cour sans fond, mais de trois mètres carrés. — La rue Victor-Cousin fait coin sur la place de la Sorbonne par le café du Bas-Rhin et donne sur la rue Soufflot, à l'autre extrémité. — Là, je bois de l'eau toute la nuit, je ne vois pas le matin, je ne dors pas, j'étouffe. Et voilà.

Il sera certes fait droit à ta réclamation ! N'oublie pas de chier sur *La Renaissance*[1], journal littéraire et artistique, si tu le rencontres. J'ai évité jusqu'ici les pestes d'émigrés caropolmerdis. Et merde aux saisons et colrage.

Courage.

A. R.
*Rue Victor-Cousin, Hôtel de Cluny.*

1. *La Renaissance littéraire et artistique* publia « Les Corbeaux » en septembre 1872. Rimbaud donna le manuscrit du sonnet « Voyelles » à son directeur, E. Blémont.

## X

# À ERNEST DELAHAYE

à Charleville.

Laïtou (Roche) (canton d'Attigny),
Mai 73.

Cher ami, tu vois mon existence actuelle dans l'aquarelle ci-dessous.

Ô Nature ! ô ma mère [1] !

*(Ici un dessin.)*

Quelle chierie ! et quels monstres d'innocince *(sic)*, ces paysans. Il faut le soir, faire deux lieux *(sic)*, et plus, pour boire un peu. La *mother* m'a mis là dans un triste trou [2].

*(Autre dessin.)*

Je ne sais comment en sortir : j'en sortirai pourtant. Je regrette cet atroce Charlestown [3], l'Univers, la Bibliothè., etc... Je travaille pourtant assez régulièrement ; je fais de petites histoires en prose, titre général : Livre païen, ou Livre nègre. C'est bête et innocent. Ô innocence ! innocence ; innocence, innoc... fléau !

Verlaine doit t'avoir donné la malheureuse commission de parlementer avec le sieur Devin, imprimeur du *Nôress* [4]. Je crois que ce Devin pourrait faire le livre

---

1. Cette exclamation rousseauiste est, dans ce contexte, évidemment parodique. Dans le dessin, c'est une oie qui la prononce !
2. Le dessin représente « Laïtou mon village », c'est-à-dire Roche (cf. « trou la la, trou la la, trou la laïtou »...).
3. Charleville.
4. *Le Nord-Est.*

de Verlaine [1] à assez bon compte et presque proprement. (S'il n'emploie pas les caractères emmerdés du *Nôress*. Il serait capable d'en coller un cliché, une annonce !)

Je n'ai rien de plus à te dire, la contemplostate de la Nature m'absorculant tout entier. Je suis à toi, ô Nature, ô ma mère !

Je te serre les mains, dans l'espoir d'un revoir que j'active autant que je puis.

R.

Je rouvre ma lettre. Verlaine doit t'avoir proposé un rendez-vol au dimanche 18, à Boulion [2]. Moi je ne puis y aller. Si tu y vas, il te chargera probablement de quelques fraguemants *(sic)* [3] en prose de moi ou de lui, à me retourner.

La mère Rimb. retournera à Charlestown dans le courant de juin. C'est sûr, et je tâcherai de rester dans cette jolie ville quelque temps.

Le soleil est accablant et il gèle le matin. J'ai été avant-hier voir les Prussmars à Vouziers, une préfecture de 10 000 âmes, à sept kilom. d'ici. Ça m'a ragaillardi.

Je suis abominablement gêné. Pas un livre, pas un cabaret à portée de moi, pas un incident dans la rue. Quelle horreur que cette campagne française. Mon sort dépend de ce livre pour lequel une demi-douzaine d'histoires atroces sont encore à inventer. Comment inventer des atrocités ici ? Je ne t'envoie pas d'histoires, quoique j'en aie déjà trois [4], *ça coûte tant* ! Enfin voilà !

Bon revoir, tu verras ça.

RIMB.

---

1. *Romances sans paroles.*
2. Bouillon, à la frontière belge.
3. « Fragments ».
4. Peut-être s'agit-il de « Mauvais sang », cf. p. 196.

XI

## À ERNEST DELAHAYE

à Rethel.

[*Charleville,*] *14 octobre 75.*

Cher ami,

Reçu le Postcard et la lettre de V. il y a huit jours.
Pour tout simplifier, j'ai dit à la Poste d'envoyer ses
restantes chez moi, de sorte que tu peux écrire ici, si
encore rien aux restantes. Je ne commente pas les der-
nières grossièretés du Loyola[1], et je n'ai plus d'acti-
vité à me donner de ce côté-là à présent, comme il paraît
que la 2e « portion » du « contingent » de la « classe
74[2] » va-t-être appelée le trois novembre suivant ou
prochain : la chambrée de nuit :


« RÊVE »

*On a faim dans la chambrée —*
    *C'est vrai...*
   *Émanations, explosions,*
*Un génie : Je suis le gruère !*
*Lefebvre : Keller !*
*Le génie : Je suis le Brie !*
*Les soldats coupent sur leur pain :*
    *C'est la vie !*


1. Verlaine. Allusion à sa conversion ostentatoire et à ses tentati-
ves pour convertir Rimbaud.
2. Rimbaud, qui venait d'avoir vingt et un ans pensait être appelé
pour le service militaire.

*Le génie — Je suis le Roquefort !*
*— Ça s'ra not' mort !...*
*— Je suis le gruère*
*Et le Brie... etc.*
*On nous a joints, Lefebvre et moi, etc.*


De telles préoccupations ne permettent que de s'y absorbère. Cependant renvoyer obligeamment, selon les occases, les « Loyolas » qui rappliqueraient.

Un petit service : veux-tu me dire précisément et concis — en quoi consiste le « bachot » ès sciences actuel, partie classique, et mathém., etc. — tu me dirais le point de chaque partie que l'on doit atteindre : mathém., phys., chim., etc., et alors des titres, immédiat, (et le moyen de se procurer) des livres employés dans ton collège ; par ex. pour ce « Bachot », à moins que ça ne change aux diverses universités : en tous cas, de professeurs ou d'élèves compétents, t'informer à ce point de vue que je te donne. Je tiens surtout à des choses précises, comme il s'agirait de l'achat de ces livres prochainement. Instruct. militaire et « Bachot », tu vois, me feraient deux ou trois agréables saisons ! Au diable d'ailleurs ce « gentil labeur ». Seulement sois assez bon pour m'indiquer le plus mieux possible la façon comment on s'y met.

Ici rien de rien.

J'aime à penser que le Petdeloup et les gluants pleins d'haricots patriotiques ou non ne te donnent pas plus de distraction qu'il ne t'en faut. Au moins ça ne chlingue pas la neige, comme ici.

À toi « dans la mesure de mes faibles forces ».

Tu écris :

A. RIMBAUD.

31, rue Saint-Barthélemy
Charleville (Ardennes), va sans dire.

*P.-S.* La corresp. « en passepoil » arrive à ceci que le « Némery » avait confié les journaux du Loyola à un *agent de police* pour me les porter !

## XII

*Marseille, 9 novembre 1891*[1].

UN LOT : UNE DENT SEULE.
UN LOT : DEUX DENTS.
UN LOT : TROIS DENTS.
UN LOT : QUATRE DENTS.
UN LOT : DEUX DENTS.

Monsieur le Directeur,
Je viens vous demander si je n'ai rien laissé à votre compte. Je désire changer aujourd'hui de ce service-ci, dont je ne connais même pas le nom, mais en tout cas que ce soit le service d'Aphinar. Tous ces services sont là partout, et moi, impotent, malheureux, je ne peux rien trouver, le premier chien dans la rue vous dira cela.

Envoyez-moi donc le prix des services d'Aphinar à Suez. Je suis complètement paralysé : donc je désire me trouver de bonne heure à bord. Dites-moi à quelle heure je dois être transporté à bord...

---

1. Dernière lettre de Rimbaud, dictée, la veille de sa mort à sa sœur Isabelle et adressée au directeur des Messageries maritimes.

# LES CLÉS DE L'ŒUVRE

I - AU FIL DU TEXTE

II - DOSSIER HISTORIQUE ET LITTÉRAIRE

Pour approfondir votre lecture, LIRE vous propose une sélection commentée :
• de morceaux « classiques » devenus incontournables, signalés par ➡◆ (droit au but).
• d'extraits représentatifs de l'œuvre, signalés par ↺◈ (en flânant).

# AU FIL DU TEXTE

Par Gérard Gengembre,
professeur de littérature française à l'université de Caen.

# AU FIL DU TEXTE

## I - DÉCOUVRIR

● **LES PHRASES CLÉS**

« Je m'en allais, les poings dans mes poches crevées ;
Mon paletot aussi devenait idéal ;
J'allais sous le ciel, Muse ! et j'étais ton féal ;
Oh ! là ! là ! que d'amours splendides j'ai rêvées ! »

*Ma bohème*, p. 113.

« Comme je descendais des Fleuves impassibles,
Je ne me sentis plus guidé par les haleurs :
Des Peaux-Rouges criards les avaient pris pour cible,
Les ayant cloués nus aux poteaux de couleurs. »

*Le Bateau ivre*, p. 153.

« Elle est retrouvée.
Quoi ? – L'Éternité.
C'est la mer allée
Avec le soleil. »

*L'Éternité*, p. 169.

« J'ai avalé une fameuse gorgée de poison. »

*Une saison en enfer*, p. 203.

« À moi l'histoire d'une de mes folies. […] Je m'habituai à
l'hallucination simple. […] Puis j'expliquai mes sophismes
magiques avec l'hallucination des mots ! »

*Une saison en enfer*, pp. 211 et 213.

« Il faut être absolument moderne. »

*Une saison en enfer*, p. 224.

« Je dis qu'il faut être *voyant*, se faire *voyant*.

Le Poète se fait *voyant* par un long, immense et *raisonné dérèglement de tous les sens*. […] Il arrive à l'*inconnu*, et quand, affolé, il finirait par perdre l'intelligence de ses visions, il les a vues ! »

Lettre à Paul Demeny, 15 mai 1871, p. 316.

• **LA DATE**

Ce recueil comporte *Une saison en enfer*, *Illuminations*, des *Poésies* (datant de 1869-1871), *Derniers Vers* (1872) et des textes divers en prose, plus un choix de correspondance. Voici l'ordre des premières publications en volume de ces œuvres :

1873 : *Une saison en enfer* (première édition critique, 1941)
1886 : *Illuminations* (première édition critique, 1949)
1891 : *Le Reliquaire*, *Poésies*
1895 : *Poésies complètes*
1898 : *Œuvres*
1912 : *Œuvres. Vers et prose*
1916 : *Œuvres. Vers et prose.*

• **LE(S) TITRE(S)**

Le titre du volume n'est pas dû à Rimbaud, mais à l'éditeur. Il suggère un itinéraire à la fois géographique et spirituel, qui conduit le poète voyant de l'enfance au silence. Il faut souligner que l'œuvre poétique de Rimbaud se compose pour l'essentiel de quatre recueils : *Poésies*, *Derniers Vers*, *Une saison en enfer*, *Illuminations*, dont un seul, *Une saison en enfer*, est publié sous son contrôle.

La tradition éditoriale depuis 1891 rassemble sous le titre *Poésies* les pièces en vers écrites et parues séparément ou écrites entre le 2 janvier 1870 (« Les Étrennes des orphelins ») et la mi-septembre 1871 (« Le Bateau ivre »), avant son départ pour Paris. Voir la préface, pp. 13-14.

*Derniers Vers* est aussi un recueil factice qui regroupe les poèmes de 1872. Le titre convient assez mal, mais pour Rimbaud il s'agit des derniers vers qu'il ait écrits (voir préface, p. 20). On les appelle parfois *Vers nouveaux et chansons*.

*Une saison en enfer* proclame la damnation revendiquée par le poète. Ce recueil de poèmes en prose rédigé entre avril et août 1873 est présenté par Rimbaud comme de « petites histoires en prose, titre général : Livre païen, ou Livre nègre » (Lettre à Ernest

Delahaye, mai 1873). Il trouve le titre définitif après le drame de Bruxelles. Voir la préface pp. 25-26. On fait généralement de ce recueil le testament poétique de Rimbaud.

Dans *Illuminations*, certains poèmes en prose sont antérieurs à *Une saison en enfer*, mais la plupart sont contemporains ou postérieurs. On peut donc admettre que ce recueil prolonge, voire corrige, le testament d'*Une saison en enfer*. Le titre n'a pas été écrit par Rimbaud mais Verlaine en a certifié l'authenticité, ainsi que celle du sous-titre, « coloured plates », autrement dit assiettes, plaques ou planches coloriées ou peintes. Selon Verlaine, ce serait une allusion aux enluminures populaires. Peut-être s'agit-il plus profondément de souligner le privilège accordé à tout ce qui est visuel, à l'apparition d'objets poétiques. Voir la préface pp. 31-32 et aussi p. 242.

Trois autres titres sont dus à l'auteur et préfacière du recueil. « Les enfances Rimbaud » regroupe des écrits de jeunesse. « Proses diverses » rassemble des poèmes en prose non recueillis dans les ensembles traditionnellement reconnus. « "Conneries" et autres joyeusetés » reprend en partie le titre provocateur donné par Rimbaud à deux séries de poèmes dans *L'Album zutique*. Ce sont des pièces en vers.

## • COMPOSITION

### Le point de vue de l'auteur

*Le pacte de lecture et les objectifs d'écriture*

Le trajet poétique de Rimbaud le conduit d'un recueil de vers conçu en 1870, appelé le recueil Demery (un jeune poète provincial), écrit sur les « Cahiers de Douai », aux poèmes en prose. Aux réminiscences des premiers textes font vite suite des poèmes qui font revivre « l'aventure de l'Orphée bohémien » (Pierre Brunel). Rimbaud respecte la rime, utilise l'alexandrin et privilégie le sonnet. En mai 1871, Rimbaud envoie la lettre dite du « Voyant » à Demery et en juin il lui demande de détruire ce recueil. Il veut substituer une littérature nouvelle à la forme vieille. Il entame alors son labeur d'horrible travailleur et pratique le « dérèglement de tous les sens ». Il travaille la versification et la syntaxe. Cette période s'achève avec « Le Bateau ivre », et Rimbaud proclame que « Je est un autre » et qu'il faut se faire voyant.

En 1872 et 1873, Rimbaud tente de trouver « une langue [qui soit] de l'âme pour l'âme, résumant tout, parfums, sons, couleurs, de la pensée accrochant la pensée et tirant ». Avec *Une saison en enfer*, il raconte l'expérience du voyant tout en la condamnant. En dépit de la retombée dans les problèmes de la vie quotidienne, il a accompli l'essentiel du programme qu'il avait défini : « Le poète est vraiment voleur de feu. […] Si ce qu'il rapporte de là-bas a forme, il donne forme ; si c'est informe, il donne de l'informe. »

La prose des Illuminations est le dernier état des lieux et des moments. Il s'agit de donner libre cours aux fantasmes d'un être libéré. On a affaire à ce qu'on pourrait appeler des instantanés poétiques. Après cela, il n'y aura plus que le silence. Le mythe Rimbaud peut naître.

### Structure de l'œuvre

On se limitera ici à la structure d'*Une saison en enfer*, dont la composition est attribuable au poète lui-même, avant de donner quelques indications sur *Illuminations*.

#### Une saison en enfer

Un poème sans titre ouvre le recueil, sorte de prologue qui dédie à Satan « ces quelques hideux feuillets de [ce] carnet de damné ». La suite est composée de poèmes d'inégale longueur, tantôt divisés en sections, tantôt d'une seule coulée et pourvus de titres. « Mauvais Sang » comprend neuf sections et se présente comme une manière d'autoportrait du poète, qui décide de se mettre « en marche ». Puis c'est la « Nuit de l'enfer », expérience majeure du poète. Suivent les « Délires ». « Délires I » décrit le « je » comme l'époux infernal d'une « vierge folle », et transpose les amours avec Verlaine. « Délires II » retrace d'abord en six sections le parcours poétique, cette « alchimie du verbe », et aboutit à cette conclusion : « Je sais aujourd'hui saluer la beauté », avant d'évoquer la « vision de la pureté », terme de « L'Impossible », qui se termine sur l'échec de la « déchirante infortune ». « L'Éclair » et « Matin » disent l'aspiration du poète à un avenir radieux et libéré, mais « Adieu » met fin au recueil, voire à l'entreprise poétique elle-même, se terminant cependant sur une note d'espoir : la revendication de modernité et cette affirmation : « Et à l'aurore, armés d'une ardente patience, nous entrerons aux splendides villes. »

#### Illuminations

L'organisation est le fait du critique Félix Fénéon, qui a classé les feuillets remis à la revue *La Vogue*. L'ensemble comporte 42 ou 44 pièces selon les éditions. Les textes sont le plus souvent assez brefs et divisés en paragraphes chargés de rythmer et de scander. Quelques poèmes un peu plus longs comportent des sections (« Enfance », « Vies », « Veillées », « Jeunesse »).

Bien que le dispositif ne soit pas celui de Rimbaud lui-même, on repère des lignes de force et des échos. On reliera par exemple les poèmes évoquant un monde urbain et la modernité : « Ouvriers », « Les Ponts », « Ville », « Villes I », « Villes II », « Métropolitain ». De même on rapprochera les évocations d'un univers à la beauté préservée, originel et naturel : « Aube », « Fleurs », « Marine ». Une série décline les prestiges de l'enfance, de la fête, de la vie, de la vision et de la féerie : « Enfance », « Conte », « Parade », « Being beauteous », « Vies », « Royauté », « Mystique »…

René Char voit dans l'illumination rimbaldienne le « mouvement d'une dialectique ultra-rapide, mais si parfaite qu'elle n'engendre pas un affolement, mais un tourbillon ajusté et précis qui emporte toute chose avec lui, insérant dans un devenir sa charge de temps pur ».

# II - LIRE

*Pour approfondir votre lecture, LIRE vous propose une sélection commentée :*
- *de morceaux « classiques » devenus incontournables, signalés par ◆◆ (droit au but).*
- *d'extraits représentatifs de l'œuvre, signalés par ∽◆ (en flânant).*

---

**◆◆ 1 - *Le renversement d'un mythe***
    « Vénus anadyomène »
p. 97

Rimbaud reprend ici à son compte le mythe de la naissance de Vénus (« anadyomène » signifie « qui sort des flots »). S'inspirant d'un poème de Glatigny décrivant une prostituée (« Les Antres malsains »), le sonnet inverse les éléments prestigieux du mythe et met en scène un corps laid et dégradé émergeant d'une baignoire.

Il s'agit pour Rimbaud de pervertir un thème en le métamorphosant, en déclinant un blason des laideurs qui aboutit à l'ulcère à l'anus, rime cruellement ironique à « Vénus ». Décor, choix des épithètes, détails corporels, tout se veut sinistrement réaliste pour détruire l'image originelle. La provocation est évidente, contestant les conventions du bon goût, exerçant une dérision dévastatrice.

On pourra rapprocher ce poème de « mes petites amoureuses », pp. 120-122.

---

**◆◆ 2 - *Critique de la religion***
    « Les pauvres à l'église »
pp. 126-127

Parmi les poèmes contestataires, qui dénoncent l'hypocrisie et les valeurs bourgeoises, l'injustice, la guerre, la répression contre les communards, le mal dans la société (voir notamment « Les Étrennes des orphelins », pp. 73-76 ; « Le Forgeron », pp. 87-94 ; « À la musique », pp. 95-96 ; « Les Effarés », pp. 103-105 ; « Rages de César », pp. 107-108 ; « L'Éclatante Victoire de Sarrebrück », pp. 111-112 ; « Chant de guerre parisien », pp. 119-120 ; « L'Orgie parisienne », pp. 129-131 ; « L'Homme juste », pp. 138-139), celui-ci pourrait apparaître comme un texte anticlérical (voir aussi pour un traitement différent « Un cœur sous une soutane », pp. 53-69). En fait, il se livre à une véritable critique de la religion accusée de conforter l'ordre social en aliénant les pauvres tel un opium du peuple.

On soulignera le ton alerte, le ricanement, la férocité, la force des épithètes, le rôle des mots rares. Rimbaud compose ici un pamphlet.

On pourra rapprocher ce poème de « Le Mal », p. 107 et de « Les Premières Communions », pp. 147-152.

**3 - *Une dérive rimbaldienne***
    « Le Bateau ivre »                          pp. 153-157

Tout le poème est une invitation au voyage, mais à un voyage libre, sans but. Il reprend à son compte les prestiges de l'aventure, et les met au service d'une quête métaphysique, où se disent l'ivresse mais aussi la déception finale de la liberté. Peut-être s'agit-il également de la parabole d'un destin.

On y trouve l'essentiel des thèmes rimbaldiens : le départ, l'ailleurs, le désir, la révolte, l'ivresse, le vertige, la vision chaotique du monde, la voyance, la présence de la mort, la trajectoire du poète…

L'organisation suit celle d'un itinéraire, de la libération à l'aspiration au néant. Les strophes se répartissent ainsi :
– strophes 1 à 5,
– strophes 6 à 7,
– strophes 8 à 15,
– strophes 16 à 22,
– strophes 23 à 25.

On sera sensible à l'invention poétique : les rythmes, les sonorités, les mots et les images, les audaces de la versification.

**4 - *Retombée et ouverture***
    « Adieu »                                    pp. 223-224

Ce dernier poème d'*Une saison en enfer* exprime l'échec de l'entreprise mais aussi l'espoir d'un renouveau.

Tout est placé sous le signe du temps. Rendu au sol, le poète en passe d'abord par l'angoisse de l'erreur et de la solitude. Mais une rupture, marquée par la séparation en deux sections, ouvre l'espoir. Une victoire a été remportée : l'expérience poétique n'est pas perdue, elle permet d'attendre l'aurore.

Le combat du poète est semblable à une lutte métaphysique, et son enjeu est la possession de la vérité. Un mythe prométhéen se combine avec la naissance de l'homme nouveau annoncé par le christianisme.

### ●◆ 5 - *Un commencement lumineux*
« Aube »                                             p. 264

La fugue de Rimbaud est transposée poétiquement dans un cadre merveilleux, féerique, au sein d'une nature harmonieuse, où les éléments sont animés. Le verbe « embrasser » a un double sens : donner un baiser, entourer de ses bras. Le rapport du moi et du monde est celui du poète qui fait surgir et interprète le mystère des choses. Sa figure combine la posture romantique du mage et celle du voyant.

Il s'agit de restituer un regard enfantin, étymologiquement naïf. De là le mélange des éléments, la combinaison des ordres et des paysages différents, mais de là aussi cette domination mythique qui donne au poète le pouvoir de faire surgir et de transformer. On a ici une illumination par la lumière, par la révélation, par le transport. Ce retour à l'origine unitaire est aussi celui vers une genèse, une jeunesse du monde.

On comparera ce texte avec « Après le déluge », pp. 243-244, « Ornières », p. 258, « Matinée d'ivresse », pp. 253-254, « Fleurs », p. 265. On le reliera aux poèmes d'« Enfance », pp. 244-247.

### ◌◆ 6 - *Correspondances rimbaldiennes*
« Voyelles »                                         p. 137

Ce poème est l'un des plus célèbres de Rimbaud. Comme le « Correspondances » de Baudelaire, il se fonde sur la synesthésie (association de différents ordres sensoriels).

Son interprétation reste ouverte. On y a vu un sonnet érotique faisant le blason du corps féminin (A étant le sexe, E les seins, I les lèvres, U la chevelure, O les yeux). On a parlé d'audition colorée, on a suivi la piste de l'ésotérisme. On peut y voir l'application d'un projet de la lettre dite du « Voyant » : « penser sur la première lettre de l'alphabet ». On rappellera que l'invention d'une nouvelle langue poétique en passe par le mystère de la naissance des voyelles.

Dans un fragment de 1893 (« La Littérature »), Mallarmé écrit que « avec ses 24 signes, cette Littérature exactement dénommée les lettres [...] implique sa doctrine propre, abstraite, ésotérique comme quelque théologie ».

> **7 - *La métamorphose poétique***
> « Alchimie du verbe »
> Du début à « ... romances ».
>
> pp. 211-213

Le titre fait référence au grand œuvre des alchimistes. Il s'agit de trouver le moyen de faire de l'or poétique avec le langage.

L'expression initiale a un double sens : « C'est à moi », « À l'aide ». Cette ambiguïté programme déjà l'échec final.

Le poème progresse selon une biographie intellectuelle et poétique. C'est d'abord l'évocation des sources d'inspiration, qui posent une différence, une contestation des sujets convenus. Puis le rappel de poèmes précédemment écrits, replacés dans le cours d'une expérience plus large. Il s'agit d'inventer, de parvenir à la réalisation de l'impossible. Mais la vieillerie de la tradition poétique est encore présente. Il faut aller plus loin dans la voyance et dans l'entreprise alchimique.

Ensuite, le poète passe de l'hallucination simple à celle des mots, de la métamorphose du réel à celle du langage. Mais le risque de la folie apparaît, celui d'une rupture dramatique avec le monde.

Ce fragment d'un itinéraire est un des moments clés d'*Une saison en enfer*, et il retrace le trajet d'une révolution poétique, exprimée à l'aide d'une prose fortement rythmée. Les citations des poèmes dialoguent avec cette prose, introduisent les vers dans un ensemble qui utilise librement les procédés de la versification.

> **8 - *Le dérèglement poétique***
> « Barbare »
>
> pp. 269-270

Ce poème en prose a plusieurs origines possibles : l'expérience de la drogue, un délire anarchiste, un voyage dans les pays scandinaves, où les maisons sont peintes en rouge...

Ce qui importe, c'est la thématique du chaos, du choc, des contrastes, où se déclinent les contraires, une barbarie des sensations et des notations. Nous sommes dans un ailleurs et dans un hors-temps, une utopie et une uchronie.

La disparition de la logique spatio-temporelle va de pair avec la composition en séquences et leur désordre, où peuvent cependant se trouver des rapports, des échos, des reprises.

---

### ∞ 9 - *La prophétie rimbaldienne*
« Génie »

pp. 281-282

Poème final d'*Illuminations*, ce texte se présente, a-t-on dit, comme une légende des siècles miniature. Rimbaud a recours au lyrisme pour chanter l'avenir radieux d'une humanité libérée, retrouvant ici l'un des plus grands mythes romantiques.

Cette prophétie décline les grandeurs et les vertus du génie. Le titre prend plusieurs significations : le génie humain, l'homme d'exception, le poète. Certaines interprétations suggèrent un contenu chrétien. On peut en tout cas relever les nombreuses occurrences d'un lexique religieux.

La célébration implique une rhétorique particulière, avec les invocations, les exclamations, les exhortations. Elle implique aussi un rythme et le choix d'images grandioses, avec un vocabulaire approprié.

### • LES THÈMES CLÉS

– Le réquisitoire contre la société de son temps et l'adolescence révoltée.
– La modernité.
– L'errance et la dérive.
– Devenir un autre homme par la connaissance de soi et l'exploration du moi.
– La voyance et la création d'une autre réalité.
– La liberté, le désir, la mort, l'ailleurs.
– La féerie insaisissable.
– La merveilleuse beauté des commencements.
– Le rôle du langage qu'il faut dérégler pour le reconstruire, l'expérience des limites du langage.

# III - POURSUIVRE

## • LECTURES CROISÉES

Pour situer Rimbaud dans la production poétique de son temps, on le comparera d'abord aux formalistes de l'art pour l'art : Théophile Gautier, Théodore de Banville, et aux Parnassiens : Leconte de Lisle, Heredia, François Coppée, Sully Prudhomme.

On établira ensuite le parallèle avec Baudelaire.

On le rapprochera de Lautréamont, de Germain Nouveau, puis des symbolistes, Verlaine, Mallarmé, Jules Laforgue et des décadents, Verlaine encore, Charles Cros, Maurice Rollinat.

On suivra sa postérité chez les surréalistes.

On trouvera toutes les indications nécessaires dans :
– Marcel Raymond, *De Baudelaire au surréalisme*, Corti, 1960.
– Robert Sabatier, *Histoire de la poésie française. La poésie du XIXᵉ siècle*, 2 vol., Albin Michel, 1977.
– Claude Millet, cinquième partie (1820-1898) de *La Poésie française du Moyen Âge jusqu'à nos jours* (Michel Jarrety dir.), P.U.F., 1997.

## • PISTES DE RECHERCHES

### Les écrivains et la Commune (Vallès, Zola, Hugo…)

On s'appuiera sur le chapitre « Les effets de la Commune » de *L'Histoire littéraire de la France,* Éditions sociales, tome V, 1977 et sur les pages 331-333 du *Précis de littérature française du XIXᵉ siècle*, P.U.F., 1990.

### Le poème en prose

Après en avoir repéré les origines dans la prose poétique (Fénelon, *Télémaque*, 1699 ; Rousseau, *La Nouvelle Héloïse*, 1761 ; Chateaubriand, *Atala*, 1801, *René*, 1802, *Les Natchez*, 1826), on suivra d'abord son évolution au XIXᵉ siècle depuis Aloysius Bertrand jusqu'à Rimbaud, en passant par Maurice de Guérin et Baudelaire. On prolongera ensuite jusqu'à Francis Ponge en passant par le surréalisme.

On mettra en évidence le principe de discontinuité des fragments allant de pair avec une unité de la totalité poétique.

On soulignera que la révolte contre les lois de la métrique et de la prosodie n'en implique pas moins une recherche exigeante de la forme.

Parmi les principaux critères qui définissent le caractère poétique de la prose, on relèvera :
- le primat des effets descriptifs, métaphoriques, allégoriques sur la narrativité ;
- le primat des images qui assurent l'unité du texte ;
- la transformation des commodités de la prose en figures et effets au profit des signifiants ;
- le privilège accordé à une thématique de la modernité.

« Considérez, je vous prie, quelles admirables commodités cette combinaison nous offre à tous, à vous, à moi et au lecteur. Nous pouvons couper où nous voulons, moi ma rêverie, vous le manuscrit, le lecteur sa lecture ; car je ne suspends pas la volonté rétive de celui-ci au fil interminable d'une intrigue superflue. Enlevez une vertèbre, et les deux morceaux de cette tortueuse fantaisie se rejoindront sans peine. Hachez-la en nombreux fragments, et vous verrez que chacun peut exister à part. Dans l'espérance que quelques-uns de ces tronçons seront assez vivants pour vous plaire et vous amuser, j'ose vous dédier le serpent tout entier » (Baudelaire, dédicace à Arsène Houssaye pour *Vingt poèmes en prose*, 1862).

On pourra se référer à :
- Suzanne Bernard, *Le Poème en prose de Baudelaire à nos jours*, Nizet, 1959.
- Michel Sandras, *Lire le poème en prose*, Dunod, 1995.
- Nathalie Vincent-Munnia, *Les Premiers Poèmes en prose : généalogie d'un genre dans la première moitié du XIXe siècle*, Champion, 1996.

## • PARCOURS CRITIQUE

Voir le dossier historique et littéraire, pp. 375-394.

« Qui une fois a subi l'ensorcellement de Rimbaud est aussi impuissant désormais à le conjurer que celui d'une phrase de Wagner. La marche de la pensée aussi qui procède non plus par développement logique, mais, comme chez un musicien, par dessins mélodiques et le rapport de notes juxtaposées, prêterait à d'importantes remarques » (Paul Claudel, préface aux *Poésies* de Rimbaud, Le Livre de poche, 1960).

Rimbaud « veut saisir dans la sensation ce qui est pure nature, pur ferment de liberté. [...] [Il a] une faim inépuisable d'images – la faim même de notre poésie longtemps prisonnière du rationnel et du pittoresque – les fermentations, les circulations de sève, les trombes, tout ce qui est passage d'une virtualité énorme à des actes violents, bruyants, rapides comme l'éclair et larges comme l'abîme » (Yves Bonnefoy, *Rimbaud par lui-même*, Le Seuil, 1961).

« On peut reconsidérer les ruptures successives que Rimbaud a vécues comme autant d'abolitions de son passé, mais où se composent les figures qui se rassembleront dans les *Illuminations*. Briser d'abord avec les interdits qui pèsent sur le vocabulaire poétique. [...] Puis briser avec la prosodie établie. [...] Enfin, rompre avec les exigences syntaxiques [...] et du même coup, libérer totalement le langage poétique de sa subordination à la mécanique linéaire de la prose quotidienne » (Yves Benot, « Poésie et malédiction, Rimbaud », *Histoire littéraire de la France*, Éditions sociales, tome V, 1977, p. 379).

« [La formule] "je est un autre" détruit non seulement le moi romantique, mais encore le je cartésien, le principe de l'identité et de la confiance en la raison. [...] L'"autre" est à prendre aussi au neutre. Dès 1871, la poésie est pour Rimbaud l'exploration des profondeurs, de ce que Baudelaire appelait l'"Inconnu" » (Pierre Brunel, article « Rimbaud », *Dictionnaire des littératures de langue française,* Bordas, 1987, tome III, p. 2082).

« Tour à tour sorcier, alchimiste, magicien, voyant, fou aussi, le poète voue ses forces vitales à la découverte d'un "trésor" qui se dérobe, toujours lointain, à venir. [...] Cet or, cette autre vie, cet impossible, excède la parole. [...] À cet égard, *Une saison en enfer* s'offre tout de même assez clairement à lire comme le parcours narratif qui se solde par un échec » (Amélie Schweiger, article « Une saison en enfer », *Dictionnaire des œuvres littéraires de langue française*, Bordas, 1994, tome IV, p. 1987).

« Les *Illuminations* manifestent bien la volonté de transformer magiquement le réel, soit par l'acquisition de secrets qui feraient du poète le maître des phénomènes, soit à défaut par la création au moyen du langage d'une réalité féerique où les objets se trouveraient, le temps d'un poème, pourvus d'un nouveau dynamisme et d'un nouvel éclat » (Yves Vadé, *L'Enchantement littéraire,* Gallimard, 1990, p. 458).

« La féerie des *Illuminations* naît surtout des réseaux séman-
tiques et thématiques qui se tissent d'un poème à l'autre » (Amélie
Schweiger, article « Illuminations », *Dictionnaire des œuvres litté-
raires de langue française*, Bordas, 1994, tome II, p. 950).

# DOSSIER HISTORIQUE ET LITTÉRAIRE

# I. « RENSEIGNEMENTS RIMBESQUES [1] »

## REPÈRES BIOGRAPHIQUES

1854   Naissance, le 20 octobre, de Jean-Arthur Rimbaud à Charleville. Son père est officier (il quittera le foyer conjugal sans doute vers 1860) ; sa mère, Vitalie Cuif, manifestera très vite une pesante autorité sur ses quatre enfants.

1862   Rimbaud entre comme externe à l'institution Rossat, à Charleville.

1865   Élève de 6e au collège de Charleville dès octobre, il saute la classe de 5e et entre directement en 4e (1866).

1869   Premiers vers (« Les Étrennes des orphelins »). Le collégien, virtuose en vers latins, obtient le premier prix au Concours académique avec « Jugurtha ».

1870   Rimbaud, en rhétorique, a pour professeur Georges Izambard qui lui fait découvrir la poésie moderne. Le 24 mai, il écrit à Théodore de Banville pour lui envoyer des vers (dont « Soleil et chair »). Parti de Charleville le 29 août, il est arrêté le 31 à la gare du Nord (il a voyagé sans billet). Reconduit chez lui par Izambard, il repart le 7 octobre jusqu'à Douai (il y compose : « La Maline », « Au Cabaret-Vert », « Ma bohème »). Sa mère le fait ramener à Charleville, bombardée à la fin de l'année par les Prussiens.

1. Formule utilisée par Verlaine dans une lettre à Delahaye (novembre 1887) qui lui fit parvenir une *biographie* de Rimbaud, publiée dans les *Entretiens politiques et littéraires* en 1891.

1871    Le 25 février, troisième fugue ; Rimbaud prend le train
        pour Paris où il reste quinze jours à errer dans les rues.
        Il regagne Charleville à pied à travers les lignes enne-
        mies. Il compose « Oraison du soir » et envoie, le
        13 mai, à Izambard une lettre où il expose ses idées
        poétiques. Le surlendemain, il adresse la même lettre,
        plus détaillée, à Paul Demeny (lettre dite *du Voyant*).
        À la fin septembre, il rejoint Verlaine à Paris (il lui
        a écrit en été). Il a composé « Ce qu'on dit au poète
        à propos de fleurs » et surtout « Le Bateau ivre ».

1872    À Paris, Rimbaud fréquente Jean Richepin, Forain
        et surtout Verlaine (réunions des Vilains Bonshom-
        mes). En mars, il regagne les Ardennes, jusqu'à la fin
        du mois de mai. Il écrit « Mémoire », « Michel et
        Christine », « Larme », « La Rivière de Cassis »,
        « Comédie de la soif », « Bonne pensée du matin »,
        « Fête de la patience », « Chanson de la plus haute
        tour ». De retour à Paris, il compose ses derniers vers
        « Est-elle almée ?... », « Âge d'or », « Fêtes de la
        faim », « Ô saisons, ô châteaux ». En juillet, Verlaine
        et Rimbaud partent pour la Belgique, puis pour
        l'Angleterre. L'adolescent retourne ensuite à Charle-
        ville. A-t-il commencé à composer dès cette date les
        *Illuminations* ?

1873    Rimbaud retourne à Londres au chevet de Verlaine
        malade ; au printemps il part pour Roche (environs
        de Vouziers) et commence à composer *Une saison en
        enfer*. Nouvelles pérégrinations avec Verlaine : Angle-
        terre, puis Bruxelles (attentat de Verlaine contre Rim-
        baud, le 10 juillet). Fin d'*Une saison en enfer* (été),
        imprimée chez Poot à Bruxelles.

1874    Départ en Angleterre avec le poète Germain Nouveau.
        Rimbaud y écrit, sans doute, la plus grande partie des
        *Illuminations*.

1875    Départ pour l'Allemagne (Stuttgart) ; Verlaine l'y
        rejoint fin février (c'est à ce moment que, semble-t-il,
        Rimbaud lui aurait remis le manuscrit des *Illumina-
        tions*). Voyage (à pied) en Italie, qui se termine mal :
        Rimbaud malade est rapatrié en France ; il se plonge
        dans l'étude des langues.

1876    Expulsé d'Autriche, Rimbaud signe, en Hollande, un

engagement dans l'armée coloniale hollandaise. Arrivé
en juillet à Batavia, il déserte bientôt et retourne en
Europe sur un navire anglais.

1877    Interprète au cirque Loisset à Hambourg, Rimbaud
voyage en Suède et au Danemark.

1878    Il cherche vainement à gagner l'Orient ; il rejoint
Charleville en passant par Paris. À l'automne, il va
à Gênes par la Suisse, puis à Alexandrie. En décem-
bre, il s'est fait engager à Chypre comme chef de
carrière.

1879    Tombé malade, il rentre en France, à Roche.

1880    De retour à Chypre (printemps), Rimbaud s'embar-
que pour l'Égypte, puis, de là, pour Aden. Employé
dans une maison de commerce (café et peaux), il prend
la direction de sa succursale de Harar.

1881    Rimbaud travaille toujours pour la maison Bardey.

1882-   Il explore les régions inconnues de l'Ogadine (rapport
1883    à la Société de géographie).

1884    Rimbaud vit maritalement avec une Abyssine.

1886    Parti pour le Choa, il veut vendre à Ménélik des fusils.
Publication dans *La Vogue* de la majeure partie des
*Illuminations*.

1887    Après une expédition harassante à Ankober, puis à
Antotto, Rimbaud, qui a livré ses fusils, est floué par
Ménélik.

1888-   Rimbaud, qui dirige une factorerie à Harar, tente,
1891    mais en vain, de faire du trafic d'armes. Il se plaint
de douleurs (tumeur au genou droit). Rapatrié le 9 mai
en France, il est amputé à Marseille à la fin de ce même
mois. De retour à Roche, il voit son état empirer. En
août, il est de nouveau à l'hôpital de la Conception,
à Marseille. Il se serait confessé le 28 octobre (du
moins si l'on en croit le témoignage — sujet à caution
— de sa sœur Isabelle). Il meurt le 10 novembre 1891.
Il avait trente-sept ans.

# II. LES MYTHES DE RIMBAUD

Un an après la mort de Rimbaud, en 1892, un de ses contemporains, A. Retté, suggérait de considérer le poète comme un mythe. Il devançait d'un demi-siècle Étiemble qui, dans un ouvrage célèbre, se livrait à une entreprise « démythificatrice [1] ». « Rimbaud, s'était écrié le critique en guise de boutade, c'est l'Alsace-Lorraine de notre littérature. » À la même époque, la critique notait avec justesse que Rimbaud avait tous « les traits d'un personnage de roman » (P. Petit-fils).

Et de fait, depuis Verlaine, on a moins tenté de lire le poète que de découvrir le secret de ses vers. C'est Verlaine qui, le premier, a lancé le qualificatif qui allait faire fortune : « poète maudit ». Ses termes hyperboliques voient dans l'œuvre de Rimbaud une « prodigieuse autobiographie psychologique », une « prose de diamant simple comme une forêt vierge et beau comme un tigre ». La légende de « l'homme aux semelles de vent » était lancée, qui allait nourrir une veine féconde, celle qui voit en Rimbaud un aventurier de l'esprit ou, comme le dit Mallarmé, un « passant considérable, éclat, bruit d'un météore allumé sans motif autre que sa présence, issu seul et s'éteignant ». De l'aventurier au mauvais garçon, il n'y a qu'un pas : B. Fondane le franchit avec son « Rimbaud le voyou ». D'autres prennent le poète encore moins au sérieux : A. Thérive voit en lui un « potache détraqué », L. Bertrand un « rhétoricien perverti », F. Coppée, un « fumiste réussi ».

À l'opposé de ces interprétations, toute une école, dans le

1. *Le Mythe de Rimbaud*, 4 vol., Gallimard, 1952-1961.

sillage d'Isabelle Rimbaud, allait tenter — à grand-peine — de donner du poète l'image d'un « mystique à l'état sauvage, illuminateur de tous les chemins de l'art, de la religion et de la vie ». Le jugement est de Claudel, d'un Claudel qui se rappelait avoir trouvé dans la lecture de Rimbaud le chemin de sa propre illumination religieuse. Ainsi le poète devient sous la plume de l'ineffable Paterne Berrichon, son beau-frère, un « témoignage poignant de la réalité catholique ». Dès lors, se poursuit le chant amoebée de ceux qui voient en lui un « mystique pris de vision », comme A. Rolland de Renéville, et de ceux pour qui « il est amoral et athée ». Cette dernière opinion a de quoi troubler puisqu'elle émane d'un des plus sérieux biographes de Rimbaud, J.-M. Carré[1]. Plus nuancé est l'avis de J. Maritain qui « ne pense pas qu'on ait le droit de considérer Rimbaud comme chrétien », mais pour qui cependant le poète reste « un merveilleux introducteur au christianisme ».

Troisième école, celle qui ne retient que le créateur d'une poésie à l'état pur, celle qui voit en lui un « raccourci violent de l'histoire des littératures » (G. Duhamel) ou « un génie trop pressé » (P. Valéry).

Mais bien d'autres interprétations ont vu le jour : celle du « psychopathe détraqué » (Dr Lacombre), celle de l'obsédé sexuel (R. Faurisson), celle du poète engagé, chantre de la Commune. Et puis, l'image de l'esthète décadent qui se complaît dans le bizarre et qui donne à son lecteur « l'impression de beauté qu'on pourrait ressentir devant un crapaud congrûment pustuleux, une belle syphilis ou le Château-Rouge à 11 heures du soir » (Rémy de Gourmont).

Et si Rimbaud n'était au fond qu'un homme de lettres ? N'y a-t-il pas chez lui, selon A. Fontaine, « une coquetterie d'homme de lettres qui ne l'abandonne jamais » ? Henry Miller, lui, nous donne la recette pour le comprendre : « Un passage vous résiste ? Prenez votre grammaire et le Littré. » Recette peut-être un peu simpliste pour saisir le secret de Rimbaud, ce secret qui, pour L. Daudet, réside en « son intensité, sorte de brûlure au cachet rouge que nous cause chacune de ses pages, prose ou vers ».

Quelques sons discordants n'ont pas manqué de s'élever

1. J.-M. Carré, *La Vie aventureuse de Jean-Arthur Rimbaud*, Plon, 1926, rééd. 1949.

dans ce concert de louanges. Pour les surréalistes, il faut négliger « la seconde partie (de la vie de Rimbaud) où la marionnette a pris le dessus » (A. Breton) ; J. Crevel, lui, n'a que mépris pour la « boule de gomme très catholique de Claudel et Cie ».

Il ne restait plus au poète que d'être pris pour un dieu. Si A. Breton, avec humour, voyait en lui un « véritable dieu de la puberté, comme il en manquait à toutes les mythologies », en revanche c'est avec le plus grand sérieux qu'A. Rolland de Renéville évoque « le royaume d'où Rimbaud a daigné descendre pour nous consoler ».

Aujourd'hui que reste-t-il de cette masse énorme de travaux et d'articles, d'images contradictoires et de polémiques violentes ? Un texte que chacun doit lire pour y trouver les réponses à ses propres questions, du moins s'il le peut.

# III. DOCUMENTS

## A. « DRÔLE DE MÉNAGE ! »

### LES RELATIONS DE VERLAINE ET RIMBAUD [1]

1871   (été) : première lettre de Rimbaud à Verlaine, réponse enthousiaste du poète *(document n° 1)*.

(septembre) : première rencontre à Paris.

1872   (juillet) : départ de Paris des deux poètes ; voyage en Belgique. Après quelques ennuis judiciaires à Arras, retour à Paris et nouveau départ par les Ardennes.

(21 juillet) : Mathilde Verlaine rejoint son mari et fait une vaine tentative pour qu'il regagne le foyer conjugal.

(21 juillet) : les deux amis débarquent à Douvres et vont à Londres.

(décembre) : Rimbaud rentre seul à Charleville.

1873   (janvier) : Rimbaud va au chevet de Verlaine malade (et qui exagère sa maladie) à Londres.

(avril) : séjour des deux amis à Roche.

(27 mai) : retour à Londres.

(3 juillet) : départ de Verlaine pour Bruxelles, où Rimbaud le rejoint le 10 *(document n° 2)*.

---

1. On consultera avec profit F. d'Eaubonne, *Verlaine et Rimbaud ou la fausse évasion*, Paris, 1960.

(10 juillet) : Verlaine tire un coup de revolver sur Rimbaud, qui est blessé au poignet gauche *(document n° 3)*. Il est condamné à deux ans de prison et incarcéré à Mons.

1875   (mars) : Verlaine libéré va voir Rimbaud, précepteur à Stuttgart. Rupture définitive entre les deux amis.

1883   Verlaine présente dans le journal *Lutèce* les poèmes « Voyelles » et « Le Bateau ivre ».

1884   Verlaine publie *Les Poètes maudits*, étude où Rimbaud a une grande place.

1886   Il rédige la notice des *Illuminations*.

1895   Il préface les *Poésies complètes de Rimbaud*, éd. Vanier.

## Document n° 1

Seconde lettre de Rimbaud à Verlaine ; nous n'avons plus la première.

### À VERLAINE

### à Paris.

*Charleville, ... septembre 1871.*

... J'ai fait le projet de faire un grand poème, et je ne peux travailler à Charleville. Je suis empêché de venir à Paris, étant sans ressources. Ma mère est veuve et extrêmement dévote. Elle ne me donne que dix centimes tous les dimanches pour payer ma chaise à l'église.
... Petite crasse...
... Moins gênant qu'un Zanetto.

Réponse de Verlaine :

### VERLAINE À RIMBAUD

*Paris, ... septembre 1871.*

*... J'ai comme un relent de votre lycanthropie...*
*... Vous êtes prodigieusement armé en guerre...*

### VERLAINE À RIMBAUD

*Paris, ... septembre 1871.*

*... Venez, chère grande âme, on vous appelle, on vous attend.*

*Document n° 2*

### À VERLAINE

*Londres, vendredi après-midi.*
*[4 juillet 1873].*

Reviens, reviens, cher ami, seul ami, reviens. Je te jure que je serai bon. Si j'étais maussade avec toi, c'est une plaisanterie où je me suis entêté ; je m'en repens plus qu'on ne peut dire. Reviens, ce sera bien oublié. Quel malheur que tu aies cru à cette plaisanterie. Voilà deux jours que je ne cesse de pleurer. Reviens. Sois courageux, cher ami. Rien n'est perdu. Tu n'as qu'à refaire le voyage. Nous revivrons ici bien courageusement, patiemment. Ah ! je t'en supplie. C'est ton bien d'ailleurs. Reviens, tu retrouveras toutes tes affaires. J'espère que tu sais bien à présent qu'il n'y avait rien de vrai dans notre discussion. L'affreux moment ! Mais toi, quand je te faisais signe de quitter le bateau, pourquoi ne venais-tu pas ? Nous avons vécu deux ans ensemble pour arriver à cette heure-

là ! Que vas-tu faire ? Si tu ne veux pas revenir ici, veux-tu
que j'aille te trouver où tu es ?

Oui, c'est moi qui ai eu tort.

Oh ! tu ne m'oublieras pas, dis ?

Non, tu ne peux pas m'oublier.

Moi, je t'ai toujours là.

Dis, réponds à ton ami, est-ce que nous ne devons plus vivre
ensemble ?

Sois courageux. Réponds-moi vite.

Je ne puis rester ici plus longtemps.

N'écoute que ton bon cœur.

Vite, dis si je dois te rejoindre.

À toi toute la vie.

RIMBAUD.

Vite, réponds : je ne puis rester ici plus tard que lundi soir.
Je n'ai pas encore un penny ; je ne puis mettre ça à la poste.
J'ai confié à *Vermersch* tes livres et tes manuscrits.

Si je ne dois plus te revoir, je m'engagerai dans la marine
ou l'armée.

Ô reviens, à toutes les heures je repleure. Dis-moi de te
retrouver, j'irai. Dis-le-moi, télégraphie-moi. — Il faut que
je parte lundi soir. Où vas-tu ? Que veux-tu faire ?


*Document n° 3*


### DÉCLARATION DE RIMBAUD
### AU COMMISSAIRE DE POLICE


*10 juillet 1873 (vers 8 heures du soir).*

Depuis un an, j'habite Londres avec le sieur Verlaine. Nous
faisions des correspondances pour les journaux et donnions
des leçons de français. Sa société était devenue impossible,
et j'avais manifesté le désir de retourner à Paris.

Il y a quatre jours, il m'a quitté pour venir à Bruxelles et
m'a envoyé un télégramme pour venir le rejoindre.

Je suis arrivé depuis deux jours, et suis allé me loger avec

LES CLÉS DE L'ŒUVRE : II - DOSSIER HISTORIQUE ET LITTÉRAIRE

lui et sa mère, rue des Brasseurs, n° 1. Je manifestais toujours le désir de retourner à Paris. Il me répondait :

« Oui, pars, et tu verras ! »

Ce matin, il est allé acheter un revolver au passage des Galeries Saint-Hubert, qu'il m'a montré à son retour, vers midi. Nous sommes allés ensuite à la Maison des Brasseurs, Grand'Place, où nous avons continué à causer de mon départ. Rentrés au logement vers deux heures, il a fermé la porte à clef, s'est assis devant ; puis, armant son revolver, il en a tiré deux coups en disant :

« Tiens ! Je t'apprendrai à vouloir partir ! »

Ces coups de feu ont été tirés à trois mètres de distance ; le premier m'a blessé au poignet gauche, le second ne m'a pas atteint. Sa mère était présente et m'a porté les premiers soins. Je me suis rendu ensuite à l'Hôpital Saint-Jean, où l'on m'a pansé. J'étais accompagné par Verlaine et sa mère. Le pansement fini, nous sommes revenus tous trois à la maison. Verlaine me disait toujours de ne pas le quitter et de rester avec lui ; mais je n'ai pas voulu consentir et je suis parti vers sept heures du soir, accompagné de Verlaine et de sa mère. Arrivé aux environs de la Place Rouppe, Verlaine m'a devancé de quelques pas, puis il est revenu vers moi : je l'ai vu mettre sa main en poche pour saisir son revolver ; j'ai fait demi-tour et suis revenu sur mes pas. J'ai rencontré l'agent de police à qui j'ai fait part de ce qui m'était arrivé et qui a invité Verlaine à le suivre au bureau de police.

Si ce dernier m'avait laissé partir librement, je n'aurais pas porté plainte à sa charge pour la blessure qu'il m'a faite.

A. RIMBAUD.


## DÉCLARATION DE VERLAINE
## AU COMMISSAIRE DE POLICE

*10 juillet 1873.*

*Je suis arrivé à Bruxelles depuis quatre jours, malheureux et désespéré. Je connais Rimbaud depuis plus d'une année. J'ai vécu avec lui à Londres, que j'ai quitté depuis quatre jours pour venir habiter Bruxelles, afin d'être plus près de mes affaires, plaidant en séparation avec ma femme habitant*

*Paris, laquelle prétend que j'ai des relations immorales avec
Rimbaud.*

*J'ai écrit à ma femme que si elle ne venait pas me rejoin-
dre dans les trois jours je me brûlerais la cervelle ; et c'est
dans ce but que j'ai acheté le revolver ce matin au passage
des Galeries Saint-Hubert, avec la gaine et une boîte de cap-
sules, pour la somme de 23 francs.*

*Depuis mon arrivée à Bruxelles, j'ai reçu une lettre de Rim-
baud qui me demandait de venir me rejoindre. Je lui ai envoyé
un télégramme disant que je l'attendais ; et il est arrivé il y
a deux jours. Aujourd'hui, me voyant malheureux, il a voulu
me quitter. J'ai cédé à un moment de folie et j'ai tiré sur lui.
Il n'a pas porté plainte à ce moment. Je me suis rendu avec
lui et ma mère à l'Hôpital Saint-Jean pour le faire panser et
nous sommes revenus ensemble. Rimbaud voulait partir à
toute force. Ma mère lui a donné vingt francs pour son
voyage ; et c'est en le conduisant à la gare qu'il a prétendu
que je voulais le tuer.*

P. VERLAINE.

## ACTE DE RENONCIATION DE RIMBAUD

*Samedi 19 juillet 1873.*

Je soussigné Arthur Rimbaud, 19 ans, homme de lettres,
demeurant ordinairement à Charleville (Ardennes, France),
déclare, pour rendre hommage à la vérité, que le jeudi 10 cou-
rant, vers deux heures, au moment où M. Paul Verlaine, dans
la chambre de sa mère, a tiré sur moi un coup de revolver
qui m'a blessé légèrement au poignet gauche, M. Verlaine
était dans un tel état d'ivresse qu'il n'avait point conscience
de son action ;

Que je suis intimement persuadé qu'en achetant cette arme,
M. Verlaine n'avait aucune intention hostile contre moi, et
qu'il n'y avait point de préméditation criminelle dans l'acte
de fermer la porte à clef sur nous ;

Que la cause de l'ivresse de M. Verlaine tenait simplement
à l'idée de ses contrariétés avec Madame Verlaine, sa femme.

Je déclare, en outre, lui offrir volontiers et consentir à ma renonciation pure et simple à toute action criminelle, correctionnelle et civile, et me désiste dès aujourd'hui des bénéfices de toute poursuite qui serait ou pourrait être intentée par le Ministère public contre M. Verlaine, pour le fait dont il s'agit.

A. Rimbaud.

## B. JEAN-ARTHUR RIMBAUD, EXPLORATEUR
## FRANÇAIS AU HARAR (1882-1887)

1

### RAPPORT SUR L'OGADINE

par M. Arthur Rimbaud, agent de MM. Mazeran, Viannay et Bardey,
à Harar (Afrique orientale). (Communiqué par M. Bardey.)

*Harar, 10 décembre 1883.*

Voici les renseignements rapportés par notre première expé-
dition dans l'Ogadine.

Ogadine est le nom d'une réunion de tribus somalies d'ori-
gine et de la contrée qu'elles occupent et qui se trouve déli-
mitée généralement sur les cartes entre les tribus somalies des
Habr-Gerhadjis, Doulbohantes, Midjertines et Hawïa au
nord, à l'est et au sud. À l'ouest, l'Ogadine confine aux Gal-
las, pasteurs Ennyas, jusqu'au Wabi, et ensuite la rivière Wabi
la sépare de la grande tribu Oromo des Oroussis.

Il y a deux routes du Harar à l'Ogadine : l'une, par l'est
de la ville vers le Boursouque et au sud du mont Condoudo
par le War-Ali, comporte trois stations jusqu'aux frontières
de l'Ogadine.

C'est la route qu'a prise notre agent, M. Sottiro ; et la dis-
tance du Harar au point où il s'est arrêté dans le Rèse-Hersi
égale la distance du Harar à Biocabouba sur la route de Zei-
lah, soit environ 140 kilomètres. Cette route est la moins dan-
gereuse et elle a de l'eau.

L'autre route se dirige au sud-est du Harar par le gué de
la rivière du Hérer, le marché de Babili, les Wara-Heban, et
ensuite les tribus pillardes somaligallas de l'Hawïa.

Le nom de Hawïa semble désigner spécialement des tribus
formées d'un mélange de Gallas et de Somalis, et il en existe
une fraction au nord-ouest, en dessous du plateau du Harar,

une deuxième au sud du Harar sur la route de l'Ogadine, et enfin une troisième très considérable au sud-est de l'Ogadine, vers le Sahel, les trois fractions étant donc absolument séparées et apparemment sans parenté.

Comme toutes les tribus somalies qui les environnent, les Ogadines sont entièrement nomades et leur contrée manque complètement de routes ou de marchés. Même de l'extérieur, il n'y a pas spécialement de routes y aboutissant, et les routes tracées sur les cartes, de l'Ogadine à Berberah, Mogdischo (Magadoxo) ou Braoua, doivent indiquer simplement la direction générale du trafic.

L'Ogadine est un plateau de steppes presque sans ondulations, incliné généralement au sud-est. Sa hauteur doit être à peine la moitié de celle (1 800 m) du massif du Harar.

Son climat est donc plus chaud que celui du Harar. Elle aurait, paraît-il, deux saisons de pluies ; l'une en octobre, et l'autre en mars. Les pluies sont alors fréquentes, mais assez légères.

Les cours d'eau de l'Ogadine sont sans importance. On en compte quatre, descendant tous du massif de Harar ; l'un, le Fafan, prend sa source dans le Condoudo, descend par le Boursouque (ou Barsoub), fait un coude dans toute l'Ogadine, et vient se jeter dans le Wabi au point nommé Faf, à mi-chemin de Mogdischo ; c'est le cours d'eau le plus apparent de l'Ogadine. Deux autres petites rivières sont : le Hérer, sortant également du Garo Condoudo, contournant le Babili et recevant, à quatre jours sud du Harar dans les Ennyas, le Gobeiley et le Moyo descendus des Alas, puis se jetant dans le Wabi en Ogadine, au pays de Nokob ; et la Dokhta, naissant dans le Wara Heban (Babili) et descendant au Wabi, probablement dans la direction du Hérer.

Les fortes pluies du massif Harar et du Boursouque doivent occasionner dans l'Ogadine supérieure des descentes torrentielles passagères et de légères inondations qui, à leur apparition, appellent les goums pasteurs dans cette direction. Au temps de la sécheresse, il y a, au contraire, un mouvement général de retour des tribus vers le Wabi.

L'aspect général de l'Ogadine est donc la steppe d'herbes hautes, avec des lacunes pierreuses ; ses arbres, du moins dans la partie explorée par nos voyageurs, sont tous ceux des déserts somalis : mimosas, gommiers, etc. Cependant, aux approches du Wabi, la population est sédentaire et agricole. Elle cultive d'ailleurs presque uniquement le *dourah* et emploie même des esclaves originaires des Aroussis et autres Gallas d'au-delà du fleuve. Une fraction de la tribu des Malingours, dans l'Ogadine supérieure, plante aussi accidentellement du dourah, et il y a également de-ci de-là quelques villages des Cheikhaches cultivateurs.

Comme tous les pasteurs de ces contrées, les Ogadines sont toujours en guerre avec leurs voisins et entre eux-mêmes.

Les Ogadines sont des traditions assez longues de leurs origines. Nous avons seulement retenu qu'ils descendent tous primitivement de Rère Abdallah et Rère Ishay (*Rère* signifie : enfants, famille, maison ; en galla, on dit *Warra*). Rère Abdallah eut la postérité de Rère Hersi et Rère Hammadèn : ce sont les deux principales familles de l'Ogadine supérieure.

Rère Ishay engendra Rère Ali et Rère Aroun. Ces *rères* se subdivisent ensuite en innombrables familles secondaires. L'ensemble des tribus visitées par M. Sottiro est de la descendance Rère Hersi, et se nomment Malingours, Aïal, Oughas, Sementar, Magan.

Les différentes divisions des Ogadines ont à leur tête des chefs nommés *oughaz*. L'oughaz de Malingour, notre ami Amar Hussein, est le plus puissant de l'Ogadine supérieure et il paraît avoir autorité sur toutes les tribus entre l'Habr Gerhadji et le Wabi. Son père vint au Harar du temps de Raouf Pacha qui lui fit cadeau d'armes et de vêtements. Quant à Amar Hussein, il n'est jamais sorti de ses tribus où il est renommé comme guerrier, et il se contente de respecter l'autorité égyptienne à distance.

D'ailleurs, les Égyptiens semblent regarder les Ogadines, ainsi du reste que tous les Somalis et Dankalis comme leurs sujets ou plutôt leurs alliés naturels, en qualité de musulmans, et n'ont aucune idée d'invasion sur leurs territoires.

Les Ogadines, du moins ceux que nous avons vus, sont de haute taille, plus généralement rouges que noirs ; ils gardent la tête nue et les cheveux courts, se drapent de robes assez propres, portent à l'épaule la *sigada*, à la hanche le sabre et la gourde des ablutions, à la main la canne, la grande et la petite lance, et marchent en sandales.

Leur occupation journalière est d'aller s'accroupir en groupes sous les arbres, à quelque distance du camp, et, les armes en main, de délibérer indéfiniment sur leurs divers intérêts de pasteurs. Hors de ces séances, et aussi de la patrouille à cheval pendant les abreuvages et des razzias chez leurs voisins, ils sont complètement inactifs. Aux enfants et aux femmes est laissé le soin des bestiaux, de la confection des ustensiles de ménage, du dressage des huttes, de la mise en route des caravanes. Ces ustensiles sont les vases à lait connus du Somal, et les nattes des chameaux qui, montées sur des bâtons, forment les maisons des *gacias* (villages) passagères.

Quelques forgerons errent par les tribus et fabriquent les fers de lances et poignards.

Les Ogadines ne connaissent aucun minerai chez eux.

Ils sont musulmans fanatiques. Chaque camp a son iman qui chante la prière aux heures dues. Des *wodads* (lettrés) se trouvent dans chaque tribu ; ils connaissent le Coran et l'écriture arabe et sont poètes improvisateurs.

Les familles ogadines sont fort nombreuses. L'*abban* de M. Sottiro comptait soixante fils et petits-fils. Quand l'épouse d'un Ogadine enfante, celui-ci s'abstient de tout commerce avec elle jusqu'à ce que l'enfant soit capable de marcher seul. Naturellement, il en épouse une ou plusieurs autres dans l'intervalle, mais toujours avec les mêmes réserves.

Leurs troupeaux consistent en bœufs à bosse, moutons à poils ras, chèvres, chevaux de race inférieure, chamelles laitières, et enfin en autruches dont l'élevage est une coutume de tous les Ogadines. Chaque village possède quelques douzaines d'autruches qui paissent à part, sous la garde des enfants, se couchent même au coin du feu dans les huttes, et, mâles et femelles, les cuisses entravées, cheminent en caravanes à la suite des chameaux dont elles atteignent presque la hauteur.

On les plume trois ou quatre fois par an, et chaque fois on en retire environ une demi-livre de plumes noires et une soixantaine de plumes blanches. Ces possesseurs d'autruches les tiennent en grand prix.

Les autruches sauvages sont nombreuses. Le chasseur, couvert d'une dépouille d'autruche femelle, perce de flèches le mâle qui s'approche.

Les plumes mortes ont moins de valeur que les plumes vivantes. Les autruches apprivoisées ont été capturées en bas âge, les Ogadines ne laissant pas les autruches se reproduire en domesticité.

Les éléphants ne sont ni fort nombreux ni de forte taille, dans le centre de l'Ogadine. On les chasse cependant sur le Fafan, et leur vrai rendez-vous, l'endroit où ils vont mourir, est toute la rive du Wabi. Là, ils sont chassés par les Dônes, peuplade somalie mêlée de Gallas et de Souahelis agriculteurs et établis sur le fleuve. Ils chassent à pied et tuent avec leurs énormes lances. Les Ogadines chassent à cheval : tandis qu'une quinzaine de cavaliers occupent l'animal en front et sur les flancs, un chasseur éprouvé tranche, à coups de sabre, les jarrets de derrière de l'animal.

Ils se servent également de flèches empoisonnées. Ce poison, nommé *ouabay*, et employé dans tout le Somal, est formé de racines d'un arbuste pilées et bouillies. Nous vous en envoyons un fragment. Au dire des Somalis, le sol des alentours de cet arbuste est toujours couvert de dépouilles de serpents, et tous les autres arbres se dessèchent autour de lui. Ce poison n'agit d'ailleurs qu'assez lentement, puisque les indigènes blessés par ces flèches (elles sont aussi armes de guerre) tranchent la partie atteinte et restent saufs.

Les bêtes féroces sont assez rares en Ogadine. Les indigènes parlent cependant de serpents, dont une espèce à cornes, et dont le souffle même est mortel. Les bêtes sauvages les plus communes sont les gazelles, les antilopes, les girafes, les rhinocéros, dont la peau sert à la confection des boucliers. Le Wabi a tous les animaux des grands fleuves : éléphants, hippopotames, crocodiles, etc.

Il existe chez les Ogadines une race d'hommes regardée comme inférieure et assez nombreuse, les Mitganes (Tsiganes) ; ils semblent tout à fait appartenir à la race somalie dont ils parlent la langue. Ils ne se marient qu'entre eux. Ce sont eux surtout qui s'occupent de la chasse des éléphants, des autruches, etc. Ils sont répartis entre les tribus et, en temps de guerre, réquisitionnés comme espions et alliés. L'Ogadine mange l'éléphant, le chameau et l'autruche, et le Mitgane mange l'âne et les animaux morts, ce qui est un péché.

Les Mitganes existent et ont même des villages fort peuplés chez les Dankalis de l'Hawache, où ils sont renommés chasseurs.

Une coutume politique et une fête des Ogadines est la convocation des tribus d'un certain centre, chaque année, à jour fixe.

La justice est rendue en famille par les vieillards et en général par les oughaz.

De mémoire d'homme, on n'avait vu en Ogadine une quantité de marchandises aussi considérable que les quelques centaines de dollars que nous y expédiâmes. Il est vrai que le peu que nous avons rapporté de là nous revient fort cher parce que la moitié de nos marchandises a dû nécessairement s'écouler en cadeaux à nos guides, abbans, hôtes de tous les côtés et sur toute route, et l'Oughaz personnellement a reçu de nous quelque cent dollars d'abbayas dorés, immahs et cadeaux de toute sorte qui nous l'ont d'ailleurs sincèrement attaché, et c'est là le bon résultat de l'expédition. M. Sottiro est réellement à féliciter de la sagesse et de la diplomatie qu'il a montrées en ce cas. Tandis que nos concurrents ont été pourchassés, maudits, pillés et assassinés, et ont encore été par leur désastre même la cause de guerres terribles entre les tribus, nous nous sommes établis dans l'alliance de l'Oughaz et nous nous sommes fait connaître dans tout le Rère Hersi.

Omar Heussin nous a écrit au Harar et nous attend pour descendre avec lui et tous ses goums jusqu'au Wabi, éloigné de quelques jours seulement de notre première station.

Là en effet est notre but. Un de nous, ou quelque indigène énergique de notre part, ramasserait en quelques semaines une tonne d'ivoire qu'on pourrait exporter directement par Berbera en franchise. Des Habr-Awal, partis au Wabi avec quelques sodas ou tobs wilayetis à leur épaule, rapportent à Boulhar des centaines de dollars de plumes. Quelques ânes chargés en tout d'une dizaine de pièces sheeting ont rapporté quinze fraslehs d'ivoire.

Nous sommes donc décidés à créer un poste sur le Wabi, et ce poste sera environ au point nommé Eimeh, grand village permanent situé sur la rive ogadine du fleuve, à huit jours de distance du Harar par caravanes.

2

AU DIRECTEUR DU *BOSPHORE ÉGYPTIEN*

Monsieur,

De retour d'un voyage en Abyssinie et au Harar, je me suis permis de vous adresser les quelques notes suivantes, sur l'état actuel des choses dans cette région. Je pense qu'elles contiennent quelques renseignements inédits ; et, quant aux opinions y énoncées, elles me sont suggérées par une expérience de sept années de séjour là-bas.

Comme il s'agit d'un voyage circulaire entre Obock, le Choa, Harar et Zeilah, permettez-moi d'expliquer que je descendis à Tadjourah au commencement de l'an passé dans le but d'y former une caravane à destination du Choa.

Ma caravane se composait de quelques milliers de fusils à capsules et d'une commande d'outils et fournitures diverses pour le roi Ménélik. Elle fut retenue une année entière à Tadjourah par les Dankalis, qui procèdent de la même manière avec tous les voyageurs, ne leur ouvrant leur route qu'après les avoir dépouillés de tout le possible. Une autre caravane, dont les marchandises débarquèrent à Tadjourah avec les miennes, n'a réussi à se mettre en marche qu'au bout de quinze mois et les mille Remington apportés par feu Soleillet à la même date gisent encore après dix-neuf mois sous l'unique bosquet de palmiers du village.

À six courtes étapes de Tadjourah, soit environ 60 kilomètres, les caravanes descendent au Lac salé par des routes horribles rappelant l'horreur présumée des paysages lunaires. Il paraît qu'il se forme actuellement une société française, pour l'exploitation de ce sel.

Certes, le sel existe, en surfaces très étendues, et peut-être assez profondes, quoiqu'on n'ait pas fait de sondages. L'analyse l'aurait déclaré chimiquement pur, quoiqu'il se trouve déposé sans filtrations aux abords du lac. Mais il est fort à douter que la vente couvre les frais du percement d'une voie pour l'établissement d'un Decauville, entre la plage du lac et celle du golfe de Goubbet-Kérab, les frais de personnel et de main-d'œuvre, qui seraient excessivement élevés (tous les travailleurs devant être importés, parce que les Bédouins Dankalis ne travaillent pas), et l'entretien d'une troupe armée pour protéger les travaux.

Pour en revenir à la question des débouchés, il est à observer que l'importance saline de Cheikh-Othman, faite près d'Aden, par une société italienne, dans des conditions exceptionnellement avantageuses, ne paraît pas encore avoir trouvé de débouché pour les montagnes de sel qu'elle a en stock.

Le Ministère de la Marine a accordé cette concession aux pétitionnaires, personnes trafiquant autrefois au Choa, à condition qu'elles se procurent l'acquiescement des chefs intéressés de la côte et de l'intérieur. Le gouvernement s'est d'ailleurs réservé un droit par tonne, et a fixé une quotité pour l'exploitation libre par les indigènes. Les chefs intéressés sont : le sultan de Tadjourah, qui serait propriétaire héréditaire de quelques massifs de roches dans les environs du lac (il est très disposé à vendre ses droits) ; le chef de la tribu des Debné, qui occupe notre route, du lac jusqu'à Hérer, le sultan Loïta, lequel touche du gouvernement français une paie mensuelle de cent cinquante thalers pour ennuyer le moins possible les voyageurs ; le sultan Hanfaré de l'Aoussa, qui peut trouver du sel ailleurs, mais qui prétend avoir le droit partout chez les Dankalis, et enfin Ménélik, chez qui la tribu des Debné et d'autres apportent annuellement quelques milliers de chameaux de ce sel, peut-être moins d'un millier de tonnes. Ménélik a réclamé au Gouvernement quand il a été averti des agissements de la société et du don de la concession. Mais la part réservée dans la concession suffit au trafic de la tribu des Debné et aux besoins culinaires du Choa, le sel en grains ne passant pas comme monnaie en Abyssinie.

Notre route est dite route Gobât du nom de sa quinzième station, où paissent ordinairement les troupeaux des Debné, nos alliés. Elle compte environ vingt-trois étapes, jusqu'à Hérer, par les paysages les plus affreux de ce côté de l'Afrique. Elle est fort dangereuse par le fait que les Debné, tribus d'ailleurs des plus misérables, qui font les transports, sont éternellement en guerre, à droite, avec les tribus Moudeïtos et Assa-Imara, et, à gauche, avec les Issas Somali.

Au Hérer, pâturages à une altitude d'environ 800 mètres, à environ 60 kilomètres du pied du plateau des Itous Gallas, les Dankalis et les Issas paissent leurs troupeaux en état de neutralité généralement.

De Hérer, on parvient à l'Hawache en huit ou neuf jours. Ménélik a décidé d'établir un poste armé dans les plaines du Hérer pour la protection des caravanes ; ce poste se relierait avec ceux des Abyssins dans les monts Itous.

L'agent du roi au Harar, le Dedjazmatch Makonnen, a expédié du Harar au Choa, par la voie de Hérer, les trois millions de cartouches Remington et autres munitions que les commissaires anglais avaient fait abandonner au profit de l'émir Abd-Ullahi lors de l'évacuation égyptienne.

Toute cette route a été relevée astronomiquement pour la première fois, par M. Jules Borellin, en mai 1886, et ce travail est relié géodésiquement par la topographie en sens parallèle des monts Itous, qu'il a faite dans son récent voyage au Harar.

En arrivant à l'Hawache, on est stupéfait en se remémorant les projets de canalisation de certains voyageurs. Le pauvre Soleillet avait une embarcation spéciale en construction à Nantes dans ce but ! L'Hawache est une rigole tortueuse et obstruée à chaque pas par les arbres et les roches. Je l'ai passé en plusieurs points, à plusieurs centaines de kilomètres, et il est évident qu'il est impossible de le descendre, même pendant les crues. D'ailleurs, il est partout bordé de forêts et de déserts, éloigné des centres commerciaux et ne s'embranchant avec aucune route. Ménélik a fait faire deux ponts sur l'Hawache, l'un sur la route d'Antotto au Gouragné, l'autre sur celle d'Ankober au Harar par les Itous. Ce sont de simples passerelles en tronc d'arbres, destinées au passage des troupes pendant les pluies et les crues, et néanmoins ce sont des travaux remarquables pour le Choa.

Tous frais réglés, à l'arrivée au Choa, le transport de mes marchandises, cent charges de chameau, se trouvait me coûter huit mille thalers, soit quatre-vingts thalers par chameau, sur une longueur de 500 kilomètres seulement. Cette proportion n'est égalée sur aucune des routes de caravanes africaines ; cependant je marchais avec toute l'économie possible et une très longue expérience de ces contrées. Sous tous les rapports, cette route est désastreuse, et est heureusement remplacée par la route de Zeilah au Harar et du Harar au Choa par les Itous.

Ménélik se trouvait encore en campagne au Harar quand je parvins à Farré, point d'arrivée et de départ des caravanes et limite de la race Dankalie. Bientôt arriva à Ankober la nouvelle de la victoire du roi et de son entrée au Harar et l'annonce de son retour, lequel s'effectua en une vingtaine de jours. Il entra à Antotto précédé de musiciens sonnant à tue-tête des trompettes égyptiennes trouvées au Harar, et suivi de sa troupe et de son butin, parmi lequel deux canons Krupp transportés chacun par vingt hommes.

Ménélik avait depuis longtemps l'intention de s'emparer du Harar, où il croyait trouver un arsenal formidable, et en avait prévenu les agents politiques français et anglais sur la côte. Dans les dernières années, les troupes abyssines rançonnaient régulièrement les Itous ; elles finirent par s'y établir. D'un autre côté, l'émir Abd-Ullahi, depuis le départ de Radouan-Pacha avec les troupes égyptiennes, s'organisait une petite armée et rêvait de devenir le Mahdi des tribus musulmanes du centre du Harar. Il écrivit à Ménélik revendiquant la frontière de l'Hawache et lui intimant l'ordre de se convertir à l'Islam. Un poste abyssin s'étant avancé jusqu'à quelques jours du Harar, l'émir envoya pour le disperser quelques canons et quelques Turcs restés à son service : les Abyssins furent battus, mais Ménélik irrité se mit en marche lui-même, d'Antotto, avec une trentaine de mille de guerriers. La rencontre eut lieu à Shalanko, à 60 kilomètres ouest de Harar, là où Nadi Pacha avait, quatre années auparavant, battu les tribus Gallas des Méta et des Oborra.

L'engagement dura à peine un quart d'heure, l'émir n'avait que quelques centaines de Remington, le reste de sa troupe combattant à l'arme blanche. Les trois mille guerriers furent sabrés et écrasés en un clin d'œil par ceux du roi du Choa. Environ deux cents Soudanais, Égyptiens, et Turcs, restés auprès d'Abd-Ullahi après l'évacuation égyptienne, périrent avec les guerriers Gallas et Somalis. Et c'est ce qui fit dire à leur retour aux soldats choanais, qui n'avaient jamais tué de blancs, qu'ils rapportaient les testicules de tous les Français du Harar !

L'émir put s'enfuir au Harar, d'où il partit la même nuit pour aller se réfugier chez le chef de la tribu des Guerrys, à l'est du Harar, dans la direction de Berbera. Ménélik entra quelques jours ensuite au Harar sans résistance, et ayant consigné ses troupes hors de la ville, aucun pillage n'eut lieu. Le monarque se borna à frapper une imposition de soixante-quinze mille thalers sur la ville et la contrée, à confisquer, selon le droit de guerre abyssin, les biens meubles et immeubles des vaincus morts dans la bataille et à aller emporter lui-même des maisons européennes et des autres tous les objets qui lui plurent. Il se fit remettre toutes les armes et munitions en dépôt dans la ville, ci-devant propriété du gouvernement égyptien, et s'en retourna pour le Choa, laissant trois mille de ses fusiliers campés sur une hauteur voisine de la ville et confiant l'administration de la ville à l'oncle de l'émir Abd-Ullahi, Ali-Abou-Kéber que les Anglais avaient, lors de l'évacuation, emmené prisonnier à Aden, pour le lâcher ensuite, et que son neveu tenait en esclavage dans sa maison.

Il advint, par la suite, que la gestion d'Ali-Abou-Kéber ne fut pas du goût de Makonnen, le général agent de Ménélik, lequel descendit dans la ville avec ses troupes, les logea dans les maisons et les mosquées, emprisonna Ali et l'expédia enchaîné à Ménélik.

Les Abyssins, entrés en ville, la réduisirent en un cloaque horrible, démolirent les habitations, ravagèrent les plantations, tyrannisèrent la population comme les nègres savent procéder entre eux, et, Ménélik continuant à envoyer du Choa des troupes de renfort suivies de masses d'esclaves, le nombre des Abyssins actuellement au Harar peut être de douze mille, dont quatre mille fusiliers armés de fusils de tous genres, du Remington au fusil à silex.

La rentrée des impôts de la contrée Galla environnante ne se fait plus que par razzias, où les villages sont incendiés, les bestiaux volés et la population emportée en esclavage. Tandis que le gouvernement égyptien tirait sans efforts du Harar quatre-vingt mille livres, la caisse abyssine est constamment vide. Les revenus des Gallas, de la douane, des postes, du marché, et les autres recettes sont pillés par quiconque se met à les toucher. Les gens de la ville émigrent, les Gallas ne cultivent plus. Les Abyssins ont dévoré en quelques mois la provision de dourah laissée par les Égyptiens et qui pouvait suffire pour plusieurs années. La famine et la peste sont imminentes.

Le mouvement de ce marché, dont la position est très importante, comme débouché des Gallas le plus rapproché de la côte, est devenu nul. Les Abyssins ont interdit le cours des anciennes piastres égyptiennes qui étaient restées dans le pays comme monnaie divisionnaire des thalaris Marie-Thérèse, au privilège exclusif d'une certaine monnaie de cuivre qui n'a aucune valeur. Toutefois, j'ai vu à Antotto quelques piastres d'argent que Ménélik a fait frapper à son effigie et qu'il se propose de mettre en circulation au Harar, pour trancher la question des monnaies.

Ménélik aimerait à garder le Harar en sa possession, mais il comprend qu'il est incapable d'administrer le pays de façon à en tirer un revenu sérieux, et il sait que les Anglais ont vu d'un mauvais œil l'occupation abyssine. On dit, en effet, que le gouverneur d'Aden, qui a toujours travaillé avec la plus grande activité au développement de l'influence britannique sur la côte Somalie, ferait tout son possible pour décider son gouvernement à faire occuper le Harar au cas où les Abyssins l'évacueraient, ce qui pourrait se produire par suite d'une famine ou des complications de la guerre du Tigré.

De leur côté, les Abyssins au Harar croient chaque matin voir apparaître des troupes anglaises au détour des montagnes. Makonnen a écrit aux agents politiques anglais à Zeilah et à Berbera de ne pas envoyer de leurs soldats au Harar ; ces agents faisaient escorter chaque caravane de quelques soldats indigènes.

Le gouvernement anglais, en retour, a frappé d'un droit de cinq pour cent l'importation des thalaris à Zeilah, Bulhar et Berbera. Cette mesure contribuera à faire disparaître le numéraire, déjà très rare, en Choa et au Harar, et il est à douter qu'elle favorise l'importation des roupies, qui n'ont jamais pu s'introduire dans ces régions et que les Anglais ont aussi, on ne sait pourquoi, frappées d'un droit d'un pour cent à l'importation par cette côte.

Ménélik a été fort vexé de l'interdiction de l'importation des armes sur les côtes d'Obock et de Zeilah. Comme Joannès rêvait d'avoir son port de mer à Massaouah, Ménélik, quoique relégué fort loin dans l'intérieur, se flatte de posséder prochainement une échelle sur le golfe d'Aden. Il avait écrit au Sultan de Tadjourah, malheureusement, après l'avènement du protectorat français, en lui proposant de lui acheter son territoire. À son entrée au Harar, il s'est déclaré souverain de toutes les tribus jusqu'à la côte, et a donné commission à son général, Makonnen, de ne pas manquer l'occasion de s'emparer de Zeilah ; seulement les Européens lui ayant parlé d'artillerie et de navires de guerre, ses vues sur Zeilah se sont modifiées, et il a écrit dernièrement au gouvernement français pour lui demander la cession d'Ambado.

On sait que la côte, du fond du golfe de Tadjourah jusqu'au-delà de Berbera, a été partagée entre la France et l'Angleterre de la façon suivante : la France garde tout le littoral de Goubbet-Kérat à Djibouti, un cap à une douzaine de milles au nord-ouest de Zeilah, et une bande de territoire de je ne sais combien de kilomètres de profondeur à l'intérieur, dont la limite du côté du territoire anglais est formée par une ligne tirée de Djibouti à Ensa, troisième station sur la route de Zeilah au Harar. Nous avons donc un débouché sur la route du Harar et de l'Abyssinie. L'Ambado, dont Ménélik ambitionne la possession, est une anse près de Djibouti, où le gouverneur d'Obock avait depuis longtemps fait planter une planche tricolore que l'agent anglais de Zeilah faisait obstinément déplanter, jusqu'à ce que les négociations fussent terminées. Ambado est sans eau, mais Djibouti a de bonnes sources ; et des trois étapes rejoignant notre route à Ensa, deux ont de l'eau.

En somme, la formation des caravanes peut s'effectuer à Djibouti, dès qu'il y aura quelque établissement pourvu des marchandises indigènes et quelque troupe armée. L'endroit jusqu'à présent est complètement désert. Il va sans dire qu'il doit être laissé port franc si l'on veut faire concurrence à Zeilah.

Zeilah, Berbera et Bulhar restent aux Anglais, ainsi que la baie de Samawanak, sur la côte Gadiboursi, entre Zeilah et Bulhar, point où le dernier agent consulaire français à Zeilah, M. Henry, avait fait planter le drapeau tricolore, la tribu Gadiboursi ayant elle-même demandé notre protection, dont elle jouit toujours. Toutes ces histoires d'annexions ou de protections avaient fort excité les esprits sur cette côte pendant ces deux dernières années.

Le successeur de l'agent français fut M. Labosse, consul de France à Suez, envoyé par intérim à Zeilah où il apaisa tous les différends. On compte à présent environ cinq mille Somalis protégés français à Zeilah.

L'avantage de la route du Harar pour l'Abyssinie est très considérable. Tandis qu'on n'arrive au Choa par la route Dankalie qu'après un voyage de cinquante à soixante jours par un affreux désert, et au milieu de mille dangers, le Harar, contrefort très avancé du massif éthiopien méridional, n'est séparé de la côte que par une distance franchie aisément en une quinzaine de jours par les caravanes.

La route est fort bonne, la tribu Issa, habituée à faire les transports, est fort conciliante, et on n'est pas chez elle en danger des tribus voisines.

Du Harar à Antotto, résidence actuelle de Ménélik, il y a une vingtaine de jours de marche sur le plateau des Itous Gallas, à une altitude moyenne de 2 500 mètres, vivres, moyens de transport et de sécurité assurés. Cela met en tout un mois entre notre côte et le centre du Choa, mais la distance au Harar n'est que de douze jours, et ce dernier point, en dépit des invasions, est certainement destiné à devenir le débouché commercial exclusif du Choa lui-même et de tous les Gallas. Ménélik lui-même fut tellement frappé de l'avantage de la situation du Harar, qu'à son retour, se remémorant les idées des chemins de fer que les Européens ont souvent cherché à lui faire adopter, il cherchait quelqu'un à qui donner la commission ou concession des voies ferrées du Harar à la mer ; il se ravisa, ensuite, se rappelant la présence des Anglais à la côte ! Il va sans dire que, dans le cas où cela se ferait (et cela se fera d'ailleurs dans un avenir plus ou moins rapproché), le gouvernement du Choa ne contribuerait en rien aux frais d'exécution.

Ménélik manque complètement de fonds, restant toujours dans la plus complète ignorance (ou insouciance) de l'exploitation des ressources des régions qu'il a soumises et continue à soumettre. Il ne songe qu'à ramasser des fusils lui permettant d'envoyer ses troupes réquisitionner les Gallas. Les quelques négociants européens montés au Choa ont apporté à Ménélik, en tout, dix mille fusils à cartouches et quinze mille fusils à capsules dans l'espace de cinq ou six années. Cela suffit aux Amharas pour soumettre tous les Gallas environnants, et le Dedjatch Makonnen, au Harar, se propose de descendre à la conquête des Gallas jusqu'à leur limite sud, vers la côte de Zanzibar. Il a pour cela l'ordre de Ménélik même, à qui on a fait croire qu'il pourrait s'ouvrir une route dans cette direction pour l'importation des armes. Et ils peuvent au moins s'étendre très loin de ces côtés, les tribus Gallas n'étant pas armées.

Ce qui pousse surtout Ménélik à une invasion vers le Sud, c'est le voisinage gênant et la suzeraineté vexante de Joannès. Ménélik a déjà quitté Ankober pour Antotto. On dit qu'il veut descendre au Djimma-Abba-Djifar, le plus florissant des pays Gallas, pour y établir sa résidence, et il parlait aussi d'aller se fixer au Harar. Ménélik rêve une extension continue de ses domaines au sud, au-delà de l'Hawache, et pense peut-être émigrer lui-même des pays Amhara au milieu des pays Gallas neufs, avec ses fusils, ses guerriers, ses richesses, pour établir loin de l'empereur un empire méridional comme l'ancien royaume d'Ali-Ababa.

On se demande quelle est et quelle sera l'attitude de Ménélik pendant la guerre italo-abyssine. Il est clair que son attitude sera déterminée par la volonté de Joannès, qui est son voisin immédiat, et non par les menées diplomatiques de gouvernements qui sont à une distance de lui infranchissable, menées qu'il ne comprend d'ailleurs pas et dont il se méfie toujours. Ménélik est dans l'impossibilité de désobéir à Joannès, et celui-ci, très bien informé des intrigues diplomatiques où l'on mêle Ménélik, saura bien s'en garer dans tous les cas. Il lui a déjà ordonné de lui choisir ses meilleurs soldats et Ménélik a dû les envoyer au camp de l'empereur à l'Asmara. Dans le cas même d'un désastre, ce serait sur Ménélik que Joannès opérerait sa retraite. Le Choa, le seul pays Amhara possédé par Ménélik, ne vaut pas la quinzième partie du Tigré. Ses autres domaines sont tous pays Gallas précairement soumis et il aurait grand'peine à éviter une rébellion générale dans le cas où il se compromettrait dans une direction ou dans une autre. Il ne faut pas oublier non plus que le sentiment patriotique existe au Choa et chez Ménélik, tout ambitieux qu'il soit, et il est impossible qu'il voie un honneur ni un avantage à écouter les conseils des étrangers.

Il se conduira donc de manière à ne pas compromettre sa situation, déjà très embarrassée, et, comme chez ces peuples on ne comprend et on n'accepte rien que ce qui est visible et palpable, il n'agira personnellement que comme le plus voisin le fera agir, et personne n'est son voisin que Joannès, qui saura lui éviter les tentations. Cela ne veut pas dire qu'il n'écoute pas avec complaisance des diplomates ; il empochera ce qu'il pourra gagner d'eux, et, au moment donné, Joannès, averti, partagera avec Ménélik. — Et encore une fois, le sentiment patriotique général et l'opinion du peuple de Ménélik sont bien pour quelque chose dans la question. Or, on ne veut pas des étrangers, ni de leur ingérence, ni de leur influence, ni de leur présence, sous aucun prétexte, pas plus au Choa qu'au Tigré, ni chez les Gallas.

Ayant promptement réglé mes comptes avec Ménélik, je lui demandai un bon de paiement au Harar, désireux que j'étais de faire la route nouvelle ouverte par le roi à travers les Itous, route jusqu'alors inexplorée, et où j'avais vainement tenté de m'avancer du temps de l'occupation égyptienne du Harar. À cette occasion, M. Borelli demanda au roi la permission de faire un voyage dans cette direction, et j'eus ainsi l'honneur de voyager en compagnie de notre aimable et fin compatriote, de qui je fis parvenir ensuite à Aden les travaux géodésiques, entièrement inédits, sur cette question.

Cette route compte sept étapes au-delà de l'Hawache et douze de l'Hawache au Harar sur le plateau Itou, région de magnifiques pâturages et de splendides forêts à une altitude moyenne de 2 500 mètres, jouissant d'un climat délicieux. Les cultures y sont peu étendues, la population y étant assez claire, ou peut-être s'étant écartée de la route par crainte des déprédations des troupes du roi. Il y a cependant des plantations de café, les Itous fournissent la plus grande partie des quelques milliers de tonnes de café qui se vendent actuellement au Harar. Ces contrées, très salubres et très fertiles, sont les seules de l'Afrique orientale adaptées à la colonisation européenne.

Quant aux affaires au Choa, à présent, il n'y a rien à y importer, depuis l'interdiction du commerce des armes sur la côte. Mais qui monterait avec une centaine de mille thalaris pourrait les employer dans l'année en achats d'ivoire et autres marchandises, les exportateurs ayant manqué ces dernières années et le numéraire devenant excessivement rare. C'est une occasion. La nouvelle route est excellente, et l'état politique du Choa ne sera pas troublé pendant la guerre, Ménélik tenant, avant tout, à maintenir l'ordre en sa demeure.

Agréez, Monsieur, mes civilités empressées.

RIMBAUD.
(1887)

3

À M. BARDEY

*Le Caire, 26 août 1887.*

Mon cher Monsieur Bardey,

Sachant que vous vous intéressez toujours aux choses de l'Afrique, je me permets de vous envoyer les quelques notes suivantes sur les choses du Choa et du Harar à présent.

D'Antotto à Tadjourah, la route Dankalie est tout à fait impraticable ; les fusils Soleillet, arrivés à Tadjourah en février 86, sont encore là. — Le sel du lac Assal, qu'une société devait exploiter, est inaccessible et serait d'ailleurs invendable : c'est une flibusterie.

Mon affaire a très mal tourné, et j'ai craint quelque temps de redescendre sans un thaler ; je me suis trouvé assailli là-haut par une bande de faux créanciers de Labatut, et en tête Ménélik, qui m'a volé, en son nom, 3 000 thalaris. Pour éviter d'être intégralement dévalisé, je demandai à Ménélik de me faire passer par le Harar, qu'il venait d'annexer : il me donna une traite genre Choa, sur son *oukil* au Harar, le dedjatch Makonnen.

Ce n'est que quand j'eus demandé à Ménélik de passer par cette route que M. Borelli eut l'idée de se joindre à moi.

Voici l'itinéraire :

## ITINÉRAIRE D'ANTOTTO À HARAR

1° D'Antotto à la rivière Akali plateau cultivé, 25 kilomètres.

2° Village galla des Abitchou, 30 kilomètres. Suite du plateau : hauteur, environ 2 500 mètres. On marche, avec le mont Hérer au sud.

3° Suite du plateau. On descend à la plaine du Mindjar par le Chankora. Le Mindjar a un sol riche soigneusement cultivé. L'altitude doit être 1 800 mètres. (Je juge de l'altitude par le genre de végétation ; il est impossible de s'y tromper, pour peu qu'on ait voyagé dans les pays éthiopiens.) Longueur de cette étape : 25 kilomètres.

4° Suite du Mindjar : 25 kilomètres. Mêmes cultures. Le Mindjar manque d'eau. On conserve dans des trous l'eau des pluies.

5° Fin du Mindjar. La plaine cesse, le pays s'accidente ; le sol est moins bon. Cultures nombreuses de coton. — 30 kilomètres.

6° Descente au Cassam. Plus de cultures. Bois de mimosas traversés par la route frayée par Ménélik et déblayée sur une largeur de dix mètres. — 25 kilomètres.

7° On est en pays bédouin, en Rouella, ou terre chaude. Broussailles et bois de mimosas peuplés d'éléphants et de bêtes féroces. La route du Roi se dirige vers une source d'eau chaude, nommée Fil-Ouaha, et l'Hawache. Nous campons dans cette direction, à 30 kilomètres du Cassam.

8° De là à l'Hawache, très encaissé à ce passage, 20 kilomètres. Toute la région des deux côtés de l'Hawache à deux jours et demi se nomme Careyon. Tribus Gallas bédouines, propriétaires de chameaux et autres bestiaux ; en guerre avec les Aroussis. Hauteur du passage de l'Hawache : environ 800 mètres. 80 centimètres d'eau.

9° Au-delà de l'Hawache, 30 kilomètres de brousse. On marche par les sentiers des éléphants.

10° Nous remontons rapidement à l'Itou par des sentiers ombragés. Beau pays boisé, peu cultivé. Nous nous retrouvons vite à 2 000 mètres d'altitude. Halte à Galamso, poste

abyssin de trois à quatre cents soldats au dedjatch Woldé Gui-
bril. — 35 kilomètres.

11° De Galamsa à Boroma, poste de mille soldats au ras
Dargué, — 30 kilomètres. Les cultures de l'Abyssinie sont
remplacées par le dourah. Altitude : 2 200 mètres.

12° Suite du Tchertcher. Magnifiques forêts. Un lac,
nommé Arro. On marche sur la crête d'une chaîne de colli-
nes. L'Aroussi, à droite, parallèle à notre route, plus élevé
que l'Itou ; ses grandes forêts et ses belles montagnes sont
ouvertes en panorama. Halte à un lieu nommé Wotcho.
— 30 kilomètres.

13° 15 kilomètres jusqu'à la maison du scheik Jahia, à
Goro. Nombreux villages. C'est le centre des Itous où se
rendent les marchands du Harar et ceux de l'Abyssinie qui
viennent vendre des channuas. Il y a là beaucoup de familles
abyssines musulmanes.

14° 20 kilomètres, Herna. Splendides vallées couronnées
de forêts à l'ombre desquelles on marche. Caféiers. C'est là
qu'Abd-Ullahi, l'émir de Harar, avait envoyé quelques Turcs
déloger un poste abyssin, fait qui causa la mise en marche
de Ménélik.

15° Bourka : vallée nommée ainsi d'une rivière ou torrent
à fort débit, qui descend à l'Ennya. Forêts étendues.
— 30 kilomètres.

16° Oborra. Pays boisé, accidenté, calcaire, pauvre.
— 30 kilomètres.

17° Chalanko, champ de bataille de l'Emir. Meta, forêts
de pins. Warabelly-Meta doit être le point le plus haut de toute
la route, peut-être 2 600 mètres. Longueur de l'étape : 30 kilo-
mètres.

18° Lac de Yabatha, lacs de Harramoïa. Harar.
— 40 kilomètres.


La direction générale : entre N.-N.-E. et S.-S.-E., il m'a
paru.

C'est la route avec un convoi de mules chargées ; mais les
courriers la font en dix jours à pied.

Au Harar, les Amara procèdent, comme on sait, par
confiscation, extorsions, razzias ; c'est la ruine du pays. La
ville est devenue un cloaque. Les Européens étaient consi-

gnés en ville jusqu'à notre arrivée ! Tout cela de la peur que
les Abyssins ont des Anglais. — La route Issa est très bonne,
et la route de Gueldessey au Hérer aussi.

Il y a deux affaires à faire au Choa à présent :

1° Apporter soixante mille thalaris et acheter de l'ivoire,
du musc et de l'or. — Vous savez que tous les négociants,
sauf Brémond, sont descendus, et même les Suisses. — On
ne trouve plus un thaler au Choa. J'ai laissé l'ivoire, au détail
à cinquante thalaris ; chez le roi, à soixante thalaris.

Le raz Govana seul a pour plus de quarante mille thalaris
d'ivoire et veut vendre : pas d'acheteurs, pas de fonds ! Il
a aussi dix mille okiètes musc. — Personne n'en veut à deux
thalaris les trois okiètes. — Il y a aussi beaucoup d'autres
détenteurs d'ivoire de qui on peut acheter, sans compter les
particuliers qui vendent en cachette. Brémond a essayé de se
faire donner l'ivoire du ras, mais celui-ci veut être payé comp-
tant. — Soixante mille thalaris peuvent être employés en
achats tels pendant six mois, sans frais aucuns, par la route
Zeilah, Harar, Itou, et laisser un bénéfice de vingt mille tha-
laris ; mais il faudrait faire vite, je crois que Brémond va des-
cendre chercher des fonds.

2° Amener du Harar à Ambado deux cents chameaux avec
cent hommes armés (tout cela le dedjatch le donne pour rien),
et, au même moment, débarquer avec un bateau quelconque
huit mille remingtons (sans cartouches, le roi demande sans
cartouches : il en a trouvé trois millions au Harar) et char-
ger instantanément pour le Harar. La France a, à présent,
Djibouti avec sortie à Ambos. Il y a trois stations de Djibouti
à Ambos. — Ici on a vendu et on vend encore des reming-
tons à huit francs. — La seule question est celle du bateau ;
mais on trouverait facilement à louer à Suez.

Comme cadeaux au roi : machine à fondre des cartouches
Remington. — Plaques et produits chimiques et matériel pour
fabriquer des capsules de guerre.

Je suis venu ici pour voir si quelque chose pouvait se mon-
ter dans cet ordre d'idées. Mais, ici, on trouve ça trop loin ;
et, à Aden, on est dégoûté parce que ces affaires, moitié par
malconduite, moitié par malchance, n'ont jamais réussi. — Et
pourtant il y a à faire, et ceux qui se pressent et vont écono-
miquement feront.

Mon affaire a très mal réussi parce que j'étais associé avec

cet idiot de Labatut qui, pour comble de malheur, est mort,
ce qui m'a mis à dos sa famille au Choa et tous ses créan-
ciers ; de sorte que je sors de l'affaire avec très peu de chose,
moins que ce que j'avais apporté. Je ne puis rien entrepren-
dre moi-même, je n'ai pas de fonds.

Ici même, il n'y avait pas un seul négociant français pour
le Soudan ! En passant à Souakim on m'a dit que les cara-
vanes passent et vont jusqu'à Berbera. La gomme commence
à arriver. Quand le Soudan se rouvrira, et peu à peu il se rou-
vre, il y aura beaucoup à faire.

Je ne resterai pas ici, et redescendrai aussitôt que la cha-
leur, qui était excessive cet été, diminuera dans la Mer Rouge.
Je suis à votre service dans tous les cas où vous auriez quel-
que entreprise où je pourrais servir. — Je ne puis plus rester
ici, parce que je suis habitué à la vie libre. Ayez la bonté de
penser à moi.

RIMBAUD.
Poste restante, Caire.
Jusqu'à fin septembre.

## C. MORT (ÉDIFIANTE ?) DU VOYANT

### (Lettre d'Isabelle Rimbaud à M^me Rimbaud)

*Marseille, mercredi 28 octobre 1891.*

Ma chère maman,

Dieu soit mille fois béni ! J'ai éprouvé dimanche le plus grand bonheur que je puisse avoir en ce monde. Ce n'est plus un pauvre malheureux réprouvé qui va mourir près de moi : c'est un juste, un saint, un martyr, un élu !

Pendant le courant de la semaine passée, les aumôniers étaient venus le voir deux fois ; il les avait reçus, mais avec tant de lassitude et de découragement qu'ils n'avaient osé lui parler de la mort. Samedi soir, toutes les religieuses firent ensemble des prières pour qu'il fasse une bonne mort. Dimanche matin, après la grand-messe, il semblait plus calme et en pleine connaissance : l'un des aumôniers est revenu et lui a proposé de se confesser ; et il a bien voulu !

Quand le prêtre est sorti, il m'a dit, en me regardant d'un air troublé, d'un air étrange : « Votre frère a la foi, mon enfant. Que nous disiez-vous donc ? Il a la foi, et je n'ai même jamais vu de foi de cette qualité ! » Moi, je baisais la terre en pleurant et en riant. Ô Dieu ! quelle allégresse ! quelle allégresse, même dans la mort, même par la mort ! Que peuvent me faire la mort, la vie, et tout l'univers et tout le bonheur du monde, maintenant que son âme est sauvée ! Seigneur, adoucissez son agonie, aidez-le à porter sa croix, ayez encore pitié de lui, ayez encore pitié, vous qui êtes si bon ! oh oui, si bon. — Merci, mon Dieu, merci !

Quand je suis rentrée près d'Arthur, il était très ému, mais ne pleurait pas ; il était sereinement triste, comme je ne l'ai jamais vu. Il me regardait dans les yeux comme il ne m'a jamais regardée. Il a voulu que je m'approche tout près, il m'a dit : « Tu es du même sang que moi : crois-tu, dis, crois-tu ? » J'ai répondu : « Je crois ; d'autres plus savants que moi ont cru, croient ; et puis je suis sûre à présent, j'ai la preuve, cela est ! » Et c'est vrai, j'ai la preuve aujourd'hui !

Il m'a dit encore avec amertume : « Oui, ils disent qu'ils croient, ils font semblant d'être convertis, mais c'est pour qu'on lise ce qu'ils écrivent, c'est une spéculation ! » J'ai hésité, puis j'ai dit : « Oh ! non, ils gagneraient davantage d'argent en blasphémant ! » Il me regardait toujours avec le ciel dans les yeux ; moi aussi. Il a tenu à m'embrasser, puis : « Nous pouvons bien avoir la même âme, puisque nous avons un même sang. Tu crois, alors ? » Et j'ai répété : « Oui, je crois, il faut croire. » Alors il m'a dit : « Il faut tout préparer dans la chambre, tout ranger : il va revenir avec les sacrements. Tu vas voir, on va apporter les cierges et les dentelles : il faut mettre des linges blancs partout. Je suis donc bien malade !... » Il était anxieux, mais pas désespéré comme les autres jours, et je voyais très bien qu'il désirait ardemment les sacrements, la communion surtout.

Depuis, il ne blasphème plus jamais ; il appelle le Christ en croix, et il prie. Oui, il prie, lui !

Mais l'aumônier n'a pas pu lui donner la communion. D'abord, il a craint de l'impressionner trop. Puis, Arthur crachant beaucoup en ce moment et ne pouvant rien souffrir dans sa bouche, on a eu peur d'une profanation involontaire. Et lui, croyant qu'on l'a oublié, est devenu triste ; mais il ne s'est pas plaint.

La mort vient à grands pas. Je t'ai dit dans ma dernière lettre, ma chère maman, que son moignon était fort gonflé. Maintenant c'est un cancer énorme entre la hanche et le ventre, juste en haut de l'os. Ce moignon, qui était si sensible, si douloureux, ne le fait presque plus souffrir. Arthur n'a pas vu cette tumeur mortelle : il s'étonne que tout le monde vienne voir ce pauvre moignon auquel il ne sent presque plus rien ; et tous les médecins (il en est déjà bien venu dix depuis que j'ai signalé ce mal terrible) restent muets et terrifiés devant ce cancer étrange.

À présent, c'est sa pauvre tête et son bras gauche qui le font le plus souffrir. Mais il est le plus souvent plongé dans une léthargie qui est un sommeil apparent, pendant lequel il perçoit tous les bruits avec une netteté singulière.

Pour la nuit, on lui fait une piqûre de morphine.

Éveillé, il achève sa vie dans une sorte de rêve continuel : il dit des choses bizarres très doucement, d'une voix qui m'enchanterait si elle ne me perçait le cœur. Ce qu'il dit, ce sont des rêves, — pourtant ce n'est pas la même chose du tout que quand il avait la fièvre. On dirait, et je crois, qu'il le fait exprès.

Comme il murmurait ces choses-là, la sœur m'a dit tout bas : « Il a donc encore perdu connaissance ? » Mais il a entendu et est devenu tout rouge ; il n'a plus rien dit, mais, la sœur partie, il m'a dit : « On me croit fou, et toi, le crois-tu ? » Non, je ne le crois pas, c'est un être immatériel presque et sa pensée s'échappe malgré lui. Quelquefois il demande aux médecins si eux voient les choses extraordinaires qu'il aperçoit et il leur parle et leur raconte avec douceur, en termes que je ne saurais rendre, ses impressions ; les médecins le regardent dans les yeux, ces beaux yeux qui n'ont jamais été si beaux et plus intelligents, et se disent entre eux : « C'est singulier. » Il y a dans le cas d'Arthur quelque chose qu'ils ne comprennent pas.

Les médecins, d'ailleurs, ne viennent presque plus, parce qu'il pleure souvent en leur parlant et cela les bouleverse.

Il reconnaît tout le monde. Moi, il m'appelle parfois Djami, mais je sais que c'est parce qu'il le veut, et que cela rentre dans son rêve voulu ainsi ; au reste, il mêle tout et... avec art. Nous sommes au Harar, nous partons toujours pour Aden, et il faut chercher des chameaux, organiser la caravane ; il marche très facilement avec la nouvelle jambe articulée, nous faisons quelques tours de promenade sur de beaux mulets richement harnachés ; puis il faut travailler, tenir les écritures, faire des lettres. Vite, vite, on nous attend, fermons les valises et partons. Pourquoi l'a-t-on laissé dormir ? Pourquoi ne l'aidé-je pas à s'habiller ? Que dira-t-on si nous n'arrivons pas au jour dit ? On ne le croira plus sur parole, on n'aura plus confiance en lui ! Et il se met à pleurer en regrettant ma maladresse et ma négligence : car je suis toujours avec lui et c'est moi qui suis chargée de faire tous les préparatifs.

Il ne prend presque plus rien en fait de nourriture, et ce qu'il prend, c'est avec une extrême répugnance. Aussi a-t-il la maigreur d'un squelette et le teint d'un cadavre ! Et tous ses pauvres membres paralysés, mutilés, morts autour de lui ! Ô Dieu, quelle pitié !

À propos de ta lettre et d'Arthur : ne compte pas du tout sur son argent. Après lui, et les frais mortuaires payés, voyages, etc., il faut compter que son avoir reviendra à d'autres ; je suis absolument décidée à respecter ses volontés, et quand même il n'y aurait que moi seule pour les exécuter, son argent et ses affaires iront à qui bon lui semble. Ce que j'ai fait pour lui, ce n'était pas par cupidité, c'est parce qu'il est mon frère, et que, abandonné par l'univers entier, je n'ai pas voulu le laisser mourir seul et sans secours. Je lui serai fidèle après sa mort comme avant, et ce qu'il m'aura dit de faire de son argent et de ses habits, je le ferai exactement, quand même je devrais en souffrir.

Que Dieu m'assiste et toi aussi : nous avons bien besoin du secours divin.

Au revoir, ma chère maman, je t'embrasse de cœur,

ISABELLE.

# IV. VISAGES DE RIMBAUD

1. Mallarmé (1895) — 2. Segalen (1906) — 3. Aragon (1921)
— 4. Breton (1949) — 5. Borer (1984).

1

## ... ANARCHISTE, PAR L'ESPRIT...

*(S. Mallarmé, « Arthur Rimbaud » ; publié dans la revue
nord-américaine* The Chap Book *le 15 mai 1895, repris dans*
Divagations *(1897).)*

### Lettre à M. Harrison, Rhodes

J'imagine qu'une de ces soirées de mardi, rares, où vous
me fîtes l'honneur, chez moi, d'ouïr mes amis converser, le
nom soudainement d'Arthur Rimbaud se soit bercé à la fumée
de plusieurs cigarettes ; installant, pour votre curiosité, du
vague.

Quel, le personnage, questionnez-vous : du moins, avec des
livres *Une saison en enfer, Illuminations* et ses *Poèmes*
naguères publiés en l'ensemble, exerce-t-il sur les événements
poétiques récents une influence si particulière que, cette allu-
sion faite, par exemple, on se taise, énigmatiquement et réflé-
chisse, comme si beaucoup de silence, à la fois, et de rêverie
s'imposait ou d'admiration inachevée.

Doutez, mon cher hôte, que les principaux novateurs, maintenant, voire un, à l'exception, peut-être, mystérieusement, du magnifique aîné, *qui leva l'archet*, Verlaine, aient à quelque profondeur et par un trait direct, subi Arthur Rimbaud. Ni la liberté allouée au vers ou, mieux, jaillie telle par miracle, ne se réclamera de qui fut, à part le balbutiement de tout derniers poèmes ou quand il cessa, un strict observateur du jeu ancien. Estimez son plus magique effet produit par opposition d'un monde antérieur au Parnasse, même au Romantisme, ou très classique, avec le désordre somptueux d'une passion on ne saurait dire rien que spirituellement exotique. Éclat, lui, d'un météore, allumé sans motif autre que sa présence, issu seul et s'éteignant. Tout, certes, aurait existé, depuis, sans ce passant considérable, comme aucune circonstance littéraire vraiment n'y prépara : le cas personnel demeure, avec force.

[...]

Je ne l'ai pas connu, mais je l'ai vu, une fois, dans un des repas littéraires, en hâte, groupés à l'issue de la Guerre — le *Dîner des Vilains Bonshommes,* certes, par antiphrase, en raison du portrait, qu'au convive dédie Verlaine. « L'homme était grand, bien bâti, presque athlétique, un visage parfaitement ovale d'ange en exil, avec des cheveux châtain clair mal en ordre et des yeux d'un bleu pâle inquiétant. » Avec je ne sais quoi fièrement poussé, ou mauvaisement, de fille du peuple, j'ajoute, de son état blanchisseuse, à cause de vastes mains, par la transition du chaud au froid rougies d'engelures. Lesquelles eussent indiqué des métiers plus terribles, appartenant à un garçon. J'appris qu'elles avaient autographié de beaux vers ; non publiés : la bouche, au pli boudeur et narquois n'en récita aucun.

[...]

L'anecdote, à bon marché, ne manque pas, le fil rompu d'une existence, en laissa choir dans les journaux : à quoi bon faire, centième, miroiter ces détails jusqu'à les enfiler en sauvages verroteries et composer le collier du roi nègre, que ce fut la plaisanterie, tard, de représenter, dans quelque peuplade inconnue, le poète.

[...]

   Voici la date mystérieuse, pourtant naturelle, si l'on
convient que celui, qui rejette des rêves, par sa faute ou la
leur, et s'opère, vivant, de la poésie, ultérieurement ne sait
trouver que loin, très loin, un état nouveau. L'oubli com-
prend l'espace du désert ou de la mer. Ainsi les fuites tropi-
cales moins, peut-être, quant au merveilleux et au décor :
puisque c'est en soldat racolé, 1876, sur le marché hollan-
dais, pour Sumatra, déserteur dès quelques semaines, rem-
barqué au coût de sa prime, par un vaisseau anglais, avant
de se faire, audacieusement, marchand d'hommes, à son tour,
y amassant un pécule perdu en Danemark et en Suède, d'où
rapatriement ; en Chef des Carrières de marbre dans l'île de
Chypre, 1879, après une pointe vers l'Égypte, à Alexandrie
et — on verra, le reste des jours, en « traitant ». L'adieu total
à l'Europe, aux climat et usages insupportables, également
est ce voyage au Harar, près de l'Abyssinie (théâtre hier,
d'événements militaires) où, comme les sables, s'étend le
silence relativement à tout acte de l'exilé. Il trafiqua, sur la
côte et l'autre bord, à Aden — le rencontra-t-on toutefois
à ce point extrême ? féeriquement d'objets précieux encore,
comme quelqu'un dont les mains ont caressé jadis les pages
— ivoire, poudre d'or, ou encens. Sensible à la qualité rare
de sa pacotille, peut-être pas, comme entachée d'orientalisme
Mille et Une Nuits ou de couleur locale : mais aux paysages
bus avec soif de vastitude et d'indépendance ! et si, l'instinct
des vers renoncé, tout devient inférieur en s'en passant —
même vivre, du moins que ce soit virilement, sauvagement,
la civilisation ne survivant, chez l'individu, à un signe
suprême.

[...]

   Je sais à tout le moins la gratuité de se substituer, aisément,
à une conscience : laquelle dut, à l'occasion, parler haut, pour
son compte, dans les solitudes. Ordonner, en fragments intel-
ligibles et probables, pour la traduire, la vie d'autrui, est tout
juste, impertinent : il ne reste que de pousser à ses limites
ce genre de méfait. Seulement je me renseigne. — Une fois,
entre des migrations, vers 1875, le compatriote de Rimbaud
et son camarade au collège, M. Delahaye, à une réminiscence

de qui ceci puise, discrètement l'interrogea sur ses vieilles visées, en quelques mots, que j'entends, comme — « eh ! bien, la littérature ? » l'autre fit la sourde oreille, enfin répliqua avec simplicité que « non, il n'en faisait plus », sans accentuer le regret ni l'orgueil. « Verlaine » ? à propos duquel la causerie le pressa : rien, sinon qu'il évitait, plutôt comme déplaisante, la mémoire de procédés, à son avis, excessifs.

L'imagination de plusieurs, dans la presse participant au sens, habituel chez la foule, des trésors à l'abandon ou fabuleux, s'enflamma de la merveille que des poèmes restassent, inédits, peut-être, composés là-bas. Leur largeur d'inspiration et l'accent vierge ! on y songe comme à quelque chose qui eût pu être ; avec raison, parce qu'il ne faut jamais négliger, en idée, aucune des possibilités qui volent autour d'une figure, elles appartiennent à l'original, même contre la vraisemblance, y plaçant un fond légendaire momentané, avant que cela se dissipe tout à fait. J'estime, néanmoins, que prolonger l'espoir d'une œuvre de maturité nuit, ici, à l'interprétation exacte d'une aventure unique dans l'histoire de l'art. Celle d'un enfant trop précocement touché et impétueusement par l'aile littéraire qui, avant le temps presque d'exister, épuisa d'orageuses et magistrales fatalités, sans recours à du futur.

[...]

Le Sort, avertissement à l'homme du rôle accompli, sans doute afin qu'il ne vacille pas en trop de perplexité, trancha ce pied qui se posait sur le sol natal étranger : ou, tout de suite et par surcroît, la fin arrivant, établit, entre le patient et diverses voix lesquelles, souvent, l'appelèrent notamment une du grand Verlaine, le mutisme que sont un mur ou le rideau d'hôpital. Interdiction que, pour aspirer la surprise de sa renommée et sitôt l'écarter ou, à l'opposé, s'en défendre et jeter un regard d'envie sur ce passé grandi pendant l'absence, lui se retournât à la signification, neuve, proférée en la langue, des quelques syllabes ARTHUR RIMBAUD : l'épreuve, alternative, gardait la même dureté et mieux la valut-il, effectivement, omise. Cependant, on doit, approfondissant d'hypothèse pour y rendre la beauté éventuelle, cette carrière hautaine, après tout et sans compromission — d'anarchiste, par l'esprit — présumer que l'intéressé en eût accueilli avec une fière incurie l'aboutissement à la célébrité comme concernant certes, quelqu'un qui avait été lui, mais ne l'était plus, d'aucune façon : à moins que le fantôme impersonnel ne poussât la désinvolture jusqu'à réclamer traversant Paris, pour les joindre à l'argent rapporté, simplement des droits d'auteur.

*Avril 1896.*

2

## ... INQUIÉTANT DE DUPLICITÉ...

*(V. Segalen, « Le Double Rimbaud », Mercure de France,
15 avril 1906, réédition Fata Morgana, 1979.)*


On sait comment Arthur Rimbaud, poète irrécusable entre
sa quinzième et sa dix-neuvième année, se tut brusquement
en pleine verve, courut le monde, fit du négoce et de l'explo-
ration, se refusa de loin à ce renom d'artiste qui le sollicitait,
et mourut à trente-sept ans après d'énormes labeurs inutiles.
Cette vie de Rimbaud, l'incohérence éclate, semble-t-il, entre
ses deux états. Sans doute, le poète s'était déjà, par d'admi-
rables divagations aux routes de l'esprit, montré le précur-
seur du vagabond inlassable qui prévalut ensuite. Mais celui-ci
désavoua l'autre et s'interdit toute littérature. Quel fut, des
deux, le vrai ? Quoi de commun entre eux ? Pouvait-on, les
affaires bâclées et fortune faite, espérer une floraison, un
achèvement ou un renouveau des facultés créatrices ? Cela
reste inquiétant de duplicité.

[...]

Ne cherchons pas à *comprendre.* Comprendre est le plus
souvent en art un jeu puéril et naïf, l'aveu d'une sensibilité
ralentie, la revanche intellectuelle du spectateur affligé d'anes-
thésie artistique. Celui qui ne comprend pas et s'obstine à
comprendre, est, *a priori,* celui qui ne sent pas. Le même,
après lecture de *Mystique*, hochera la tête interrogativement
et devant une toile imprévue cherchera, sur le bord du cadre,
l'indication du « sujet » en murmurant : « Qu'est-ce que ça
peut bien représenter ? » — Néanmoins, à défaut de légen-
des, d'explications, de clés, à défaut de symboles concrets
et parlants, on est en droit de réclamer du peintre exposant
son œuvre ou de l'écrivain donnant le bon à tirer, une cer-
taine part de joie, un sursaut, une petite angoisse douce,

un éveil d'énergie, une suggestion ou, plus simplement, une sensation.

Or, beaucoup de pages, dans l'œuvre de Rimbaud, restent à cet égard, pour nous, inertes. Ni la beauté des vocables, ni la richesse du nombre, ni l'imprévu des voltes d'images, rien ne parvient à nous émouvoir, bien que tout, en ces proses, frissonne de sensibilité. Pourquoi cette impuissance ? C'est que parmi les diverses conceptions d'un être sentant, seules nous émeuvent les données *généralisables* auxquelles nos propres souvenirs peuvent s'analogier, s'accrocher. Le reste, évocations personnelles, associations d'idées que les incidents de la vie mentale ont créées dans *un* cerveau et jamais dans les autres, cela est en art lettre morte. Or, les proses de Rimbaud surabondent en « ipséismes » de ce genre. Elles en sont obstinément tissées : *Les Illuminations* devaient être, pour leur auteur, des notations singulièrement précieuses de ses émotions d'enfant. Parmi les *Poésies* elles-mêmes, nombreux sont les exemples semblables. On eut tort de les étendre, de les déployer à l'appui de tentatives esthétiques. Le sonnet intitulé *Voyelles*, indûment prôné comme une théorie d'art synesthésique, n'est, en réalité, qu'un rappel adolescent de premières sensations.

Ses proses et ses vers ne furent donc en grande partie pour Rimbaud qu'une sorte de kaléidoscope très personnel, où papillotait sous forme d'images le plus souvent visuelles (rarement olfactives à l'encontre de Baudelaire), le passé, *son* passé : reflets de Rimbaud pour Rimbaud. On peut imaginer les jouissances incluses pour lui seul dans ces rappels de contingences mortes. On ne peut les partager. Comme tout procédé mental, cela ne vaut qu'au service de l'inventeur. Il serait injuste de lui en reprocher l'usage.

3

### ... PEUT-ÊTRE LE PARTICIPE NAISSANT...

*(L. Aragon,* Anicet ou le Panorama, roman, *Gallimard, 1921.)*

L'inconnu ne se fit pas prier et commença le récit suivant : « Je m'appelle Arthur et je suis né dans les Ardennes, à ce qu'on m'a dit, mais rien ne me permet de l'affirmer, d'autant moins que je n'admets nullement, comme vous l'avez deviné, la dislocation de l'univers en lieux distincts et séparés. Je me contenterais de dire : je suis né, si même cette proposition n'avait le tort de présenter le fait qu'elle exprime comme une action passée au lieu de le présenter comme un état indépendant de la durée. Le verbe a été ainsi créé que tous ses modes sont fonctions du temps, et je m'assure que la seule syntaxe sacre l'homme esclave de ce concept, car il conçoit suivant elle, et son cerveau n'est au fond qu'une grammaire. Peut-être le participe naissant, rendrait-il approximativement ma pensée, mais vous voyez bien, Monsieur, » et ici Arthur frappa la table du poing, « que nous n'en finirons plus si nous voulons approprier nos discours à la réalité des choses, et que le maître d'auberge nous chassera de cette salle avant la fin de mon histoire, si nous ne consentons chemin faisant à des concessions purement formelles aux catégories que nous abominons comme de faux dieux, et dont nous nous servirons, si vous le voulez bien, à défaut de les servir.

[...]

Je voyageai d'abord par les routes, mendiant mon pain ou le dérobant de préférence. C'est pendant cette période de ma vie que j'appris à concevoir les eaux, les forêts, les fermes, les figurants des paysages indépendamment de leurs liens sensibles, à me libérer du mensonge de la perspective, à imaginer sur un plan ce que d'autres considèrent sur plusieurs comme les enfants qui épèlent, à ne plus me laisser berner de l'illusion des heures et embrasser simultanément la succession des siècles et des minutes. Un beau soir, un peu fatigué de ces panoramas champêtres, je me glissai dans un train et fis, caché sous une banquette pour ne pas payer mon billet, le chemin de C... à Paris. Cette position ne m'incommoda pas, dans la connaissance où j'étais qu'un préjugé seul amène les voyageurs à en préférer une autre. J'utilisai le trajet à m'accoutumer à regarder le monde du ras du sol, ce qui me permit de me faire une idée des représentations qu'en ont les animaux de basse taille. Puis je m'avisai qu'à l'inverse de mon passe-temps habituel rien n'était plus aisé que de reporter sur plusieurs plans ce que l'on voit sur un seul : il suffit de fixer obliquement ce qu'on veut dissocier au lieu de le regarder de champ. J'appliquai immédiatement ce procédé pour éloigner de ma figure les bottes du voyageur assis au-dessus de moi. Dans l'enthousiasme de ces exercices, je scandai mentalement, au bruit rythmé du train sur le ballast, des poèmes qui faisaient bon marché du principe d'identité lui-même. »

Anicet se permit de l'interrompre : « Vous êtes donc *aussi* poète, Monsieur ? »

— À mes moments perdus, reprit le narrateur. J'arrivai à destination dans la plus heureuse disposition d'esprit. Songez à ce qu'est Paris pour un garçon de seize ans qui sait s'émerveiller de tout et de mille manières. Dès la gare, je me sentis transporté : ce mouvement, les maisons chargées de la perspective, cette façon orientale d'écrire CAFÉ au fronton des palais, les fêtes lumineuses du soir, et les murs couverts d'hyperboles, tout concourait à ma joie. Il y avait peu d'apparence que je me lassasse jamais d'un décor, varié sans cesse par les quelques méthodes de contemplation que je possédais, quand une aventure vint me donner les loisirs et la retraite nécessaires pour en élaborer d'autres.

[...]

Paris devint pour moi un beau jeu de constructions. J'inventai une sorte d'Agence Cook bouffonne qui cherchait vainement à se reconnaître un guide en main dans ce dédale d'époques et de lieux où je me mouvais avec aisance. L'asphalte se remit à bouillir sous les pieds des promeneurs ; des maisons s'effondrèrent ; il y en eut qui grimpèrent sur leurs voisines. Les citadins portaient plusieurs costumes qu'on voyait à la fois, comme sur les planches des Histoires de l'Habillement. L'Obélisque fit pousser le Sahara Place de la Concorde, tandis que des galères voguaient sur les toits du Ministère de la Marine : c'étaient celles des écussons aux armes municipales. Des machines tournèrent à Grenelle ; il y eut des Expositions où l'on distribua des médailles d'or aux millésimes différents sur l'avers et sur le revers ; elles coïncidèrent avec des arrivées de Souverains et des délégations extraordinaires. On habita sans inquiétude dans des immeubles en flammes, dans des aquariums gigantesques. Une forêt surgit soudain près de l'Opéra, sous les arbres de fer de laquelle on vendait des étoffes bayadères. Je changeai de quartier les Abattoirs et le canal Saint-Martin ; le bouleversement n'épargna pas les Musées, et tous les livres de la Bibliothèque Nationale submergèrent un jour la foule des badauds.

[...]

Parmi les amis que m'avaient valus quelques dons naturels il en fut un qui s'attacha plus particulièrement à moi. Quand L*** parvenait à pénétrer ma pensée, je le battais jusqu'au sang. Il me suivait comme un chien. Ma pudeur était incommodée à l'excès de cette présence perpétuelle et mon seul recours était de m'évader dans un univers que je bâtissais et dans lequel L*** cherchait à m'atteindre avec des efforts si grotesques que parfois je riais de lui jusqu'à ce qu'il en pleurât. Cette honte qui me prenait quand on me devinait s'exagéra vers ce temps au point qu'une simple question, comme : quelle heure est-il ?, si par hasard je l'allais moi-même prononcer, me faisait monter le rouge aux joues et me rendait la vie intolérable. Je devins agressif, méfiant, insolent. Je giflais à tous propos les indiscrets. Il y eut des scandales, dans des réunions, des banquets. Le comble fut qu'une aventure de cet ordre se trouva contée ironiquement dans un journal avec mon nom en toutes lettres. Je ne pus plus supporter le regard des gens dans la rue : je décidai de m'expatrier.

[...]

Quelques discussions avec L*** qui dégénérèrent en querelles, un voyage pendant lequel je pensai mourir, la certitude trouvée au cours de ma liaison dernière que l'art n'est pas la fin de cette vie, un scandale qui se fit vers la même époque autour de mon nom, la publicité qu'on lui donna et la calomnie qui s'en empara, enfin mille causes plus offensantes les unes que les autres m'engagèrent à changer d'existence. Je résolus de donner un but différent à mes jours et de tourner mon activité vers le commerce et l'acquisition des richesses. Après avoir liquidé ce qui restait de mon passé, je me munis d'un lot de verroteries et je partis en Afrique orientale, dans l'intention de pratiquer la traite des nègres.

L'aisance que j'apportais à m'adapter à n'importe quelle manière de concevoir, l'absence de tous les liens qui enchaînent les Européens en exil, me mirent rapidement en lumière aux yeux des indigènes, peu accoutumés de voir un blanc se soucier d'eux avec autant de clairvoyance, et à ceux des colons qui durent bientôt en passer par moi pour toute tractation avec les gens du pays. Il n'y eut plus un échange, une affaire que je n'y fusse intéressé ou que je n'y intervinsse. Je m'enrichis impudemment aux dépens de tout le monde, et tout le monde en retour m'en exprima sa gratitude. Je devenais une sorte de potentat économique, aussi indispensable à la vie que le soleil aux cultures. Je me grisais de ces succès rapides, mes seules préoccupations désormais. Toute la poésie pour moi se bornait aux colonnes de chiffres sous les rubriques DOIT et AVOIR de mes registres. Je m'enivrais de nombres, je me soûlais de mesures. Tout ce qui concernait les évaluations de la durée, de l'espace, des quantités, me paraissait subitement la plus merveilleuse création humaine. L'assurance qu'aucune réalité ne les légitimait me poussait à l'admiration de ces unités que l'homme a méticuleusement choisies de façon arbitraire pour servir de point d'appui à ses emprises sur la nature. Rien de plus pur, de plus exempt d'éléments étrangers que les idées mathématiques. Ce sont des vues de l'esprit, qui n'existent que si quelqu'un les imagine et qui n'ont ni fondement ni existence en dehors de celui qui les conçoit. Les plus beaux poèmes furent éclipsés à mes yeux par les épures, par les machines. La pendule, étonnante réalisation d'hypothèse, qui continue, quand son propriétaire n'est plus là, à calculer une quantité qui n'a de réalité qu'en présence de lui, me bouleversait plus qu'elle ne faisait les peuplades auxquelles j'en montrais une pour la première fois. J'étudiais les sciences exactes comme j'eusse cherché à pénétrer les secrets du lyrisme. Un grand orgueil me naissait, que seul peut-être j'en sentisse la beauté. J'essayais parfois de la divulguer parmi quelques-uns de ces sorciers de tribus, hommes éminents et sages, mieux ouverts à la spéculation que ces Messieurs de Paris. Ils ne parvenaient point à me comprendre, hochaient la tête, et l'un d'eux disait : « Voici une datte, une deuxième datte, une troisième datte. Il y en a trois. Je les vois, donc le nombre trois n'est pas seulement une vue de l'esprit mais aussi des yeux. » Ainsi raisonnent faussement les plus experts des hommes, sans saisir que les dattes existent mais non le rapport qu'eux seuls établissent entre elles. Les rares relations épistolaires que je conservais avec l'Europe m'apprirent qu'on y déplorait ma disparition et mon silence, que la gloire m'y attendait pour peu que je consentisse à y revenir. Cette nouvelle ne m'émut pas ; je préférais à ces lauriers vulgaires la situation de despote et de sage que je m'étais faite dans ces pays africains.

[...]

Mais c'est en France que je suis mort, voici plus de vingt ans. Dans le mépris où je me tiens de la façon humaine de regarder la vie, je n'hésite pas à n'en point tenir compte et à dîner anachroniquement ce soir à vos côtés. Il n'y a rien d'étonnant, Monsieur, à ce que mes traits vous aient incité à entamer la conversation, car ce sont ceux d'un homme, lequel a délaissé la poésie où il excella, paraît-il, au-dessus de tout autre, qui a connu l'amour comme personne ici-bas, mais qui sait aujourd'hui se suffire, qui a dédaigné une gloire offerte, délaissé une popularité dont il se passe fort bien, abandonné des richesses dont il ignore le compte, qui est revenu de la vie dont il peut sortir à son gré et de la mort qu'il connaît trop bien pour y croire et qui, tout solde fait de tant de qualités naturelles et de connaissances amassées, n'a gardé que l'affabilité bavarde d'un vieillard, petit fonctionnaire retraité de province qui s'entretient à l'issue d'un repas de table d'hôte, en buvant le café trop chaud à petites lampées, avec un Monsieur Anicet, poète, et qui fait semblant de voyager pour complaire à sa famille. »

4

## ... UN MYTHE PART DE LUI...

*(A. Breton, « Flagrant délit » (1949), repris dans* La Clé des champs, *Pauvert, 1953.)*

Je ne prêche pas ici l'inintelligibilité. Je dis que le besoin de comprendre est limité en nous comme le reste, ne serait-ce que par l'effort auquel il nous astreint. Des absences furtives, des fonds brouillés sont peut-être nécessaires à la recréation des facultés réceptives soumises à une très grande tension. Il se peut aussi qu'il existe dans l'inconscient humain une tendance à honorer les êtres et les choses en raison inverse de la proximité où, par quelque côté que ce soit, nous nous sentons par rapport à eux : ainsi l'Indien Hopi de l'Arizona, qui n'a que rudoiements et coups pour le chien et pour l'âne, bêtes familières, place le crotale au centre du sacré ; ainsi le bestiaire surréaliste, sur toutes les autres espèces, accorde la prééminence à des types hors série, d'aspect aberrant ou fin de règne comme l'ornithorynque, la mante religieuse ou le tamanoir. Enfin il y a toujours un coin du voile qui demande expressément à ne pas être levé ; quoi qu'en pensent les imbéciles, c'est là la condition même de l'enchantement.

> *Tu ne connaîtras jamais bien*
> *les*
> *Mayas*

tels sont les mots quelque peu sibyllins eux-mêmes sur lesquels s'achève la « Lettre-Océan » de Guillaume Apollinaire. Ils font la part de l'énigme dans l'émotion que nous donne l'œuvre d'art, part dans laquelle, bon gré, mal gré, il faut reconnaître la part du lion, — en l'occurrence du lion-homme ou femme-aigle — la part du sphinx.

Aussi bien pourrait-on dire, avec la même nuance de regret atténué par le pressentiment obscur de la nécessité qui veut que la nuit seule enfante le jour, et que l'ombre, sous peine de l'amener à s'éteindre, ne peut tout céder à la lumière, aussi bien pourrait-on dire à qui se penche sur son œuvre et sur sa vie avec l'intention d'en épuiser le sens : *tu ne connaîtras jamais bien Rimbaud.*

M. Pierre Petitfils, dans son ouvrage récemment paru : *L'Œuvre et le Visage d'Arthur Rimbaud*, observe que les surréalistes « ont mis dans leur culte [pour Rimbaud] une telle discrétion systématique qu'ils se refusent à le considérer comme un être de chair et de sang. En l'escamotant — ajoute-t-il — ils en ont fait un dieu, puisque le propre de la divinité est de demeurer cachée ». Rien de moins volontaire que cet « escamotage ». Si, pour ma part, j'ai épilogué aussi peu que possible sur les raisons du renoncement poétique de Rimbaud, ce n'est pas, loin de là, que je me désintéresserais de ces raisons, c'est qu'il était devenu presque impossible de les démêler à partir de témoignages (Berrichon-Claudel) évidemment tendancieux. Depuis la découverte, par M. Léon Losseau, du tirage d'*Une Saison en Enfer* que Rimbaud passait pour avoir détruit et plus encore depuis la communication de M. Henry de Bouillane de Lacoste, tendant à établir l'antériorité de cette œuvre sur les *Illuminations*, on voit assez comme il convient de se montrer circonspect dans ce domaine. La biographie d'un homme de génie, à plus forte raison si ce sont des membres de sa famille qui se sont chargés de l'établir avec le souci primordial de la faire tourner coûte que coûte à l'édifiant, incite à « en prendre et à en laisser » selon que s'offrent ou non des possibilités de recoupement. Sur ces bases erronées félicitons-nous de n'avoir pas risqué trop de conjectures.

Qu'y puis-je (je n'en suis pas le moins frappé) si plusieurs de ceux qui nous ont fourni le meilleur de nos raisons d'être et d'agir se présentent le visage entièrement voilé — Sade, Lautréamont — ou très partiellement découvert — Rimbaud, Nouveau, Jarry, Roussel, Vaché, Chirico, Duchamp, Artaud. Reconnaissons que leurs tribulations à travers la vie, telles que nous arrivons à nous les retracer tant bien que mal, sont d'un infime intérêt auprès de leur message et n'apportent à son déchiffrement qu'une contribution dérisoire. Peut-être est-ce justement cela qui nous retient en eux. Un mythe nouveau part d'eux, dont le propre est d'effacer leur être physique ou de le rendre aléatoire. Pour affirmer l'existence de ce mythe et conclure à sa viabilité, il n'est que d'évaluer la rapidité avec laquelle il se propage. De gré ou de force, presque toute la spéculation critique d'aujourd'hui le prend pour objet avant même que les différentes démarches dont il procède aient eu le temps de se coordonner.

Je rappellerai que ce mythe, à son origine, repose sur la croyance à un « au-delà » de la littérature et de l'art dont, au témoignage de Félix Fénéon, la porte a été forcée par Rimbaud. Il n'est donc pas surprenant que l'œuvre et l'attitude de Rimbaud, dès qu'il s'agit des avatars ultérieurs de ce mythe, demeurent entre toutes le point de mire et prêtent à des controverses de plus en plus nombreuses, dont l'effet le plus sûr est de le renforcer.

Il y a beau temps que l'accent est mis sur le caractère *sacré* du message rimbaldien : en font foi un poème comme *Lœti et errabundi*, un titre de recueil comme *Reliquaire*. Je me borne à me conformer à cette tradition, en 1942, lorsque je fais place au « mythe de Rimbaud » dans le cahier intitulé « De la survivance de certains mythes et de quelques autres mythes en croissance ou en formation » qui s'insère dans *First Papers of Surrealism*, aussi bien qu'en 1947, lorsque, dans le cadre de l'Exposition Internationale du Surréalisme, je choisis personnellement d'élever un « autel » à l'une des plus mystérieuses passantes qui traversent les *Illuminations*, Léonie Aubois d'Ashby.

[...]

L'optique surréaliste — j'en appelle à tous ceux qui ont qualité pour en témoigner — n'a jamais cessé de mettre les *Illuminations* au-dessus d'*Une Saison en Enfer*. De même, nous nous sommes toujours fait de l'évolution technique de l'expression chez Rimbaud cette idée claire qu'elle allait du vers à la prose, la transition étant marquée par les poèmes « Marine » et « Mouvement ». Le sens de cette évolution importe grandement, d'abord parce qu'il nous fournit un indice *organique* sur l'évolution spirituelle de Rimbaud, ensuite parce que, entrant en composition avec d'autres éléments convergents (Lautréamont, Jarry), il a agi comme *déterminant historique* de nature à faire tenir pour régressif (et donc illicite) le retour de la poésie aux formes fixes, par exemple. J'ai toujours été si peu disposé, pour ma part, à admettre que l'œuvre de Rimbaud s'arrêtait comme par

« désenchantement » en 1873, que je n'ai cessé, de 1918 à
ce jour, de faire un cas extrême du poème « Rêve » inséré
dans la lettre à Delahaye du 14 septembre 1875 [1] » et de
demander compte de son omission dans les Œuvres poéti-
ques où il devrait prendre place au même titre que tout autre.
Si, comme on le rapporte, « le meilleur rimbaldien de la Sor-
bonne, M. Jean-Marie Carré, qui a patronné l'étude de M. de
Bouillane, n'a pas hésité à dire que la découverte exposée dans
cet ouvrage met par terre tout ce qui a été écrit sur Rimbaud
jusqu'à présent, y compris le livre publié par M. Carré lui-
même il y a une vingtaine d'années [2] », j'estime qu'il
s'avance beaucoup trop. On dirait vraiment que l'œuvre de
Rimbaud ne vaut qu'en raison de cette rupture consommée
en 1873 plutôt qu'en 1875 et cela sous le seul prétexte qu'une
critique moutonnière voit frapper d'inanité les gloses *édifian-
tes* dont elle avait surchargé *Une Saison en Enfer*. J'imagine
en tout cas que les poètes seront les moins touchés par cette
rectification chronologique. Vouloir incriminer à ce propos
toute la critique rimbaldienne est, d'ailleurs, abusif : sans être
au courant des recherches de M. de Bouillane, M. Jacques
Gengoux écrit en 1947 : « Cette lettre [du 14 septembre 1875],
jointe à celle de février 1875, permettra de résoudre le fameux
problème des *Illuminations*. Les témoignages de Verlaine et
de Delahaye sont formels et datés d'un moment où il n'y avait
aucune raison d'inventer une remise de manuscrit. Rimbaud
a profité d'une ''occase'' pour remettre ses proses à Verlaine,
proses dont il a pu composer plus d'une après la *Saison en
Enfer*, vu que celle-ci n'a rien, absolument rien d'un adieu
à la littérature. »

[...]

Or, il est remarquable que, sans s'être concertés le moins
du monde, tous les critiques vraiment qualifiés de notre temps
ont été conduits à établir que les poètes dont l'influence se

    1. Il est aisé de constater que « Rêve » exerce une influence déci-
sive sur plusieurs poèmes apparaissant dans mon premier recueil :
*Mont de piété* (1919), tels « Forêt-Noire », « Pour Lafcadio »,
« Monsieur V. », « Le Corset Mystère ». — Cf. aussi « Paraton-
nerre » (*Anthologie de l'humour noir,* 1940).
    2. André ROUSSEAUX : « Une autre affaire Rimbaud », *Le
Figaro*, 11 juin 1949.

montre aujourd'hui la plus vivace, dont l'action sur la sensibilité moderne se fait le plus sentir (Hugo, Nerval, Baudelaire, Rimbaud, Lautréamont, Mallarmé, Jarry), ont été plus ou moins marqués par cette tradition [*l'alchimie, l'ésotérisme*]. Non, certes, qu'il faille les tenir pour « initiés » au plein sens du terme, mais les uns et les autres en ont tout au moins subi fortement l'attrait et n'ont jamais cessé de lui témoigner la plus grande déférence. Mieux même, il semble que souvent, sans l'avoir aucunement en vue, alors qu'ils s'abandonnaient en toute solitude à leur voix intérieure, il leur arriva de « recouper » cette tradition, d'abonder dans son sens par une autre voie. Il y a là un grand mystère sur lequel nous sommes quelques-uns à demeurer penchés. Faut-il admettre que les poètes puisent sans le savoir dans un fond commun à tous les hommes, singulier marécage plein de vie où fermentent et se recomposent sans fin les débris et les produits des cosmogonies anciennes sans que les progrès de la science y apportent de changement appréciable ?

[...]

Le secret de l'attraction qu'exercent les œuvres que j'ai citées tiendrait, semble-t-il, à un pouvoir d'absorption d'ordre osmotique et parasomnambulique de ces conceptions tenues au regard rationnel pour aberrantes, pouvoir doublé de celui de les projeter en leur insufflant une énergie nouvelle. Nous touchons là à ce royaume des « Mères » qu'aborde le second *Faust*. Il nous faut remonter dans le temps aussi loin que possible pour nous faire idée des imprégnations que le subconscient humain a subies et parvenir aux plus déterminantes d'entre elles. Dans cette forêt vierge de l'esprit, qui déborde de tous côtés la région où l'homme a réussi à dresser ses poteaux indicateurs, continuent à rôder les animaux et les monstres, à peine moins inquiétants que dans leur rôle apocalyptique.

[...]

C'est, je le répète, dans cette perspective et dans cette perspective seule que la démarche de Rimbaud demande à être comprise. Rien de ce qui nous unit à Rimbaud ne saurait être à la merci d'une de ces corrections de latitude qui justifient de temps à autre l'édition de nouvelles cartes. La navigation au long cours ne demande qu'à en tenir compte mais ne les a pas attendues.

5

## ... UN SEUL RIMBAUD,
## MAIS DEUX FOIS GRAND...

*(A. Borer,* Rimbaud en Abyssinie, *Seuil, 1984.)*

Les jours sont passés lentement, comme des navires char-
gés de fruits. Il pleut à Athènes : c'est l'Europe. À Rome,
hâlé par le soleil éthiopien, je porte encore la djellabah ache-
tée dans un village, derrière les pyramides. Grecque ou
romaine, notre civilisation est sous le même nuage. Je reviens
comme à reculons, ne pouvant détacher mes pensées de l'ail-
leurs lointain, irréel, où, en ce moment même, brille le soleil.
Il faut savoir terminer un rêve. Le voyage rimbaldien, c'est
aussi le retour au point de départ — mais au sens nietzschéen,
en une spirale qui mène Rimbaud au point de non-retour.
« Arrivée de toujours, qui t'en iras partout [1]. »

L'avion s'enfonce dans une sorte de feutre, d'où surgis-
sent les deux cèdres de Roissy. Le froid qui coagule, dit-on,
les sentiments et inspire la retenue me fait presque plaisir.
« Reprenons les chemins d'ici [2]... » La nostalgie des grands
espaces me tient à la gorge. Dans le taxi, au bruit des essuie-
glaces, l'image me revient soudain des Ogadines immobiles
au soleil, invisibles parmi la terre et les pierres. Un aigle plane
sur Harar... La civière de Rimbaud quitte la ville, escortée
par les chameaux, accompagnée jusqu'à l'arbre des adieux
de Komboultcha par son serviteur Djami. Une civière cou-
verte d'un rideau de cuir, reconstituée fidèlement, belle
comme le cercueil peint de Malevitch. — À quel âge faut-il
commencer à peindre son cercueil ? Rimbaud, qui espérait
revenir bientôt, avait dessiné lui-même cet étrange brancard
de randonnée qui l'emportait pour un voyage dont il ne

---

1. « À une raison », *Illuminations.*
2. « Mauvais Sang », *Une Saison en Enfer.*

reviendrait pas. « Oui, depuis longtemps d'ailleurs, il aurait mieux valu la mort [1] ! » « On contient sa mort comme le fruit son noyau », écrivait Rilke, qui mourut des suites d'une piqûre de rose. Rimbaud livre seul son dernier combat. Rideau tiré sur sa civière, n'entendant que le souffle des porteurs et les pas qui courent sur la terre sèche, il tient un carnet pour son dernier voyage. « Arrivée à Degadallal... » « Marécage à Egon... » « Levé de Ballaoua... » « Orage (...) à Geldessey... » — « arrivée, resté, levé, campé, partis, levés, levés, levés, passé, arrivée... » Bouleversant « carnet de damné [2] », l'*Itinéraire de Harar à Warambot* écrit au tombeau, voyage de la vie vers la mort, enregistre les trépidations de la civière qui manque à tout instant de chavirer, l'affolement du temps quand défilent les heures d'angoisse, traversées d'attentes infinies, « 16 heures [sans] vivres ni tente (...) sous une peau abyssine », « 16 heures de découvert sous la pluie », « trente heures de jeûne complet » — comme si l'addition des heures de départ et d'arrivée, des privations et des orages, les quatre thalers d'amende et les huit hommes partis à la recherche des chameaux, devaient donner la somme de ses malheurs. Jamais commentées, ces quatre pages au crayon pâle, arrachées d'un calepin humide et froissé, pourraient figurer dans l'œuvre comme la limite absolue où le plus haut degré de souffrance et de réalité retourne à l'imaginaire ; Rimbaud n'a jamais été si éloigné de la poésie que dans ces onze fragments écrits en avançant, qui répètent le départ et l'arrivée, le déchaînement des éléments (« Vent furieux toute la nuit »), la réalité du drame (« La civière est déjà moitié disloquée et les gens complètement rendus »), au point que cet itinéraire de la mort prend la force et la forme d'une « Illumination », conduit à un pays aux noms inconnus Kombavoren, Haut-Egon, et aux personnages irréels, Mouned-Souyn... Le malheureux essaie en vain de « monter à mulet, la jambe malade attachée au cou », mais devait aussitôt regagner sa civière ; et le soir, écrira-t-il à Isabelle, on le déposait pour qu'il creuse un trou de ses mains à côté du brancard — « j'arrivais difficilement à me mettre de côté pour aller à la selle sur ce trou que je comblais de terre [3] ». Au matin Rimbaud crie à ses

1. Marseille, 24 juin 1891.
2. *Jadis..., Une Saison en Enfer.*
3. Marseille, 15 juillet 1891.

porteurs d'accélérer le pas ; quand ceux-ci, hors d'haleine, le jettent à terre à l'arrivée, il leur impose quelques thalers d'amende : Rimbaud râle encore, mais cette fois du râle de l'agonie.

Et, en imaginant à travers le pare-brise du taxi le désert de laves où s'engage la civière et son cortège, je pensais que l'enterrement de Rimbaud ne fut pas ce corbillard de première classe, six mois plus tard à Charleville, sous la pluie, suivi strictement par la mère et la sœur, les « chers amis », « le sort du fils de famille, cercueil prématuré couvert de limpides larmes [1] », mais que cette rivière qui s'éloigne en direction de la mer Rouge, transportée pendant quinze jours par seize indigènes au pas de charge à travers trois cents kilomètres de désert somali jusqu'au port de Zeilah qui lui avait ouvert l'Afrique onze ans auparavant ; ce convoi impétueux, que poursuivent les chameaux qui s'élancent au galop attirés de très loin par l'odeur de la mer, constitue les véritables funérailles d'Arthur Rimbaud, des funérailles à sa mesure dans le désert aride, comme ces « cercueils sous leur dais de nuit dressant les panaches d'ébène, filant au trot des grandes juments bleues et noires [2] » ; une course ultime et illimitée sur la terre, la fuite de la mort et le pas précipité vers elle, une chevauchée dans la lumière ; une nouvelle image de départ, à toute allure, vers le repos inaccessible et tant cherché, vers l'est, en direction d'Aden où il voulait être enterré, vers « la mer mêlée au soleil, l'éternité [3] » ; des obsèques prolongées dans l'errance et la liberté, dans le désert qu'il ne voulait et ne pouvait plus quitter, dans la grande prairie sans au-delà où il se voyait « vivre longtemps encore, toujours peut-être [4] » ; — que cette civière trépidante, arche d'alliance portée ici à son point d'incandescence, litière royale déchue avec un mort hurlant, emportant à jamais ses secrets pour nos rêves, que cette caravane emmène Rimbaud, à son insu, « dans l'affection et l'avenir [5] » ; Rimbaud ! Un seul Rimbaud, mais deux fois grand : grand par la poésie et grand par le silence.

1. « Mauvais Sang », *Une Saison en Enfer*.
2. « Ornières », *Illuminations*.
3. « Alchimie du verbe », *Une Saison en Enfer*.
4. Aden, 5 mai 1884.
5. *Génie, Illuminations*.

# V. BIBLIOGRAPHIE

## Éditions

*Premières publications en volume :*

*Une Saison en Enfer*, Poot, 1873.
*Illuminations*, notice de Verlaine, La Vogue, 1886.
*Le Reliquaire, Poésies*, Genonceau, 1891.
*Poésies complètes*, préface de Verlaine, Vanier, 1895.
*Œuvres*, préface de Berrichon, Mercure de France, 1898.
*Œuvres. Vers et Prose, ibid.,* 1912.
*Œuvres. Vers et Prose, ibid.,* 1916, préface de Claudel.

*Premières éditions critiques*, établies par Bouillane de Lacoste :

*Œuvres complètes*

*Poésies*, Mercure de France, 1939.
*Une Saison en Enfer, ibid.,* 1941.
*Illuminations*, Mercure de France, 1949.
*Œuvres complètes*, Gallimard, La Pléiade, 1972 (A. Adam).
*Œuvres*, Garnier (1953), 1987 (S. Bernard, A. Guyaux).

*Éditions commentées d'œuvres particulières :*

*Lettres du Voyant* (G. Schaeffer), Droz-Minard, 1975.
*Une Saison en Enfer* (P. Brunel), Corti, 1987.
                          (M. Davies), Minard, 1975.
*Illuminations* (A. Guyaux), La Baconnière, 1985.

## Souvenirs, témoignages

DELAHAYE E., *Rimbaud, l'artiste et l'être moral,* Messein, 1923.
   *Souvenirs familiers*, Messein, 1925.

Cf. aussi F. Eigeldinger, A. Gendre : *Delahaye, témoin de Rimbaud,* La Baconnière, 1974.

Fénéon F., *Arthur Rimbaud, Les Illuminations »,* Le Symboliste, octobre 1886, repris in *Œuvres plus que complètes,* II, Droz, 1970.

Izambard G., *Rimbaud tel que je l'ai connu,* Mercure de France, 1946.

Rimbaud I., *Mon frère Arthur,* Éd. Camille Bloch, 1920.

Verlaine P., *Les Poètes maudits,* 1883 ; Préface aux *Poésies* complètes, 1895 ; Préface aux *Illuminations,* 1886, in *Œuvres en prose complètes,* Gallimard, La Pléiade, 1972.
  Cf. aussi H. Peyre : *Rimbaud vu par Verlaine,* Nizet, 1975.

## Iconographie

Carré J.-M., *Autour de Verlaine et de Rimbaud,* Gallimard, 1949.

Matarasso H., Petitfils P., *Album Rimbaud,* La Pléiade, 1967.

Ruchon F., *Rimbaud, Documents iconographiques*, Cailler, Genève, 1945.

## Biographies

Borer A., *Un sieur Rimbaud se disant négociant,* Lachenal et Ritter, 1984.

Carré J.-M., *La vie aventureuse de Jean-Arthur Rimbaud* (1926), Plon, 1949.

Dhotel A., *La Vie de Rimbaud,* Albin Michel, 1965.

Gascar P., *Rimbaud et la Commune*, Gallimard, 1971.

Matucci P., *Le Dernier Visage de Rimbaud en Afrique,* Didier, 1962.

Petitfils P., *Rimbaud Biographie,* Julliard, 1982.

Starkie E., *Rimbaud en Abyssinie*, Payot, 1938.

## Sélection d'études critiques

Baudry J.-L., « Le texte de Rimbaud », *Tel Quel*, 35-36, 1968-1969.

Bernard S., *Le Poème en prose* (1959), Nizet, 1988.

BLANCHOT M., « L'œuvre finale », *L'Entretien infini*, Gallimard, 1969. « Le sommeil de Rimbaud », *La Part du feu, ibid.,* 1972.

BONNEFOY Y., *Rimbaud par lui-même,* Seuil, 1961. « Rimbaud encore », *Le Nuage rouge*, Mercure de France, 1971.

BORER A., *Rimbaud en Abyssinie*, Seuil, 1984.

BOUILLANE DE LACOSTE H. de, *Rimbaud et le problème des Illuminations,* Mercure de France, 1949.

BOUNOURE G., *Le Silence de Rimbaud*, LDF, Le Caire, 1955.

BRETON A., « Flagrant délit », *La Clé des champs*, Sagittaire, 1953.

BRUNEL P., *Arthur Rimbaud ou l'éclatant désastre*, Champ Vallon, 1983. *Rimbaud, Projets et réalisations*, Champion, 1983.

CHAR R., Préface à *Poésies, Une Saison..., Illuminations,* Gallimard Poésie, 1981.

CLAUDEL P., Préface à l'édition Berrichon, 1916. *La Messe là-bas,* N.R.F., 1919.
Cf. aussi J.-C. Morisot : *Claudel et Rimbaud, étude de transformations*, Minard, 1976.

CORNULIER B. de, *Théorie du vers : Rimbaud, Verlaine, Mallarmé*, Seuil, 1982.

DHOTEL A., *Rimbaud ou la révolte moderne,* Gallimard, 1952.

EIGELDINGER M., *Rimbaud et le mythe solaire*, La Baconnière, 1974.

ETIEMBLE, *Le Mythe de Rimbaud*, T.I., Gallimard, 1954. *Le Sonnet des Voyelles, ibid.,* 1968. *Rimbaud, système solaire ou trou noir ?,* P.U.F., 1984.

FAURISSON R., « A-t-on lu Rimbaud », *in Bizarre,* 1961.

FONDANE B., *Rimbaud le Voyou* (1933), Plasma, 1979.

GENGOUX J., *La Pensée poétique de Rimbaud,* Nizet, 1950.

GIUSTO J.-P., *Rimbaud créateur,* P.U.F., 1980.

GUERDON D., *Rimbaud, la clé alchimique,* Laffont, 1980.

GUYAUX A., *Poétique du fragment*, La Baconnière, 1985.

HACKETT C.A., *Rimbaud l'Enfant,* Corti, 1948.

JOUVE P.-J., *Défense et illustration,* Ides et Calendes, 1943.

KITTANG A., *Discours et jeu*, Presses universitaires de Grenoble, 1975.

LACAMBRE D$^r$, *L'Instabilité mentale d'Arthur Rimbaud,* Paris, 1928.

MACÉ G., *Ex-Libris*, Gallimard, 1980.

MALLARMÉ S., *Divagations...,* Gallimard Poésie, 198 .

MIJOLLA A. DE, *Les Visiteurs du Moi,* Les Belles Lettres, 1981.

MILLER H., *Le Temps des assassins,* Oswald, 1970.

MONDOR H., *Rimbaud ou le génie impatient,* Gallimard, 1955.

RICHER J., *L'Alchimie du verbe de Rimbaud,* Didier, 1972.

RICHARD J.-P., *Poésie et profondeur,* Seuil, 1955.

RIVIÈRE J., *Rimbaud* (1930), Gallimard, 1977.

ROBINSON J., *Rimbaud, Valéry et « l'incohérence harmonique »,* Minard, 1979.

ROLLAND DE RENÉVILLE A., *Rimbaud le Voyant* (1929), La Colombe, 1947.

SEGALEN V., *Le Double Rimbaud,* Fata Morgana, 1979.

STARKIE E., *Rimbaud* (1938), Flammarion, 1982.

THISSE A., *Rimbaud devant Dieu,* Corti, 1975.

VADÉ Y., *L'Enchantement littéraire. Écriture et magie, de Chateaubriand à Rimbaud*, Gallimard, 1990.

ZISSMANN C., *Ce que révèle le manuscrit des* Illuminations, Le Bossu Bitor, 1990.

## Revues consacrées à Rimbaud

*Rimbaud vivant.*

*Études rimbaldiennes*, puis *Arthur Rimbaud*, Minard, *Revue des Lettres modernes.*

*Circeto.*

*Parade sauvage.*

*Le Bateau ivre.*

*Cahiers du Centre culturel Arthur Rimbaud de Charleville.*

## Numéros spéciaux et publications collectives

*Bizarre,* 1961.

*Le Magazine littéraire,* 1973.

*Europe,* mai-juin 1973.

*Littérature,* 1973.

*Aujourd'hui Rimbaud,* Minard, 1976.

*Études sur les poésies de Rimbaud,* La Baconnière-Payot, 1979.

*Romantisme,* n° 36, 1982.

*Revue de l'Université de Bruxelles,* 1982.

*Revue des Sciences humaines,* n° 193, 1984.

*Cahiers de l'Association des études françaises*, n° 36, 1984.

*Des Poètes d'aujourd'hui lecteurs de Rimbaud,* Cahiers de Recherche, 34-44, université de Paris VII, 1984.

« *Minutes d'éveil* » *: Rimbaud maintenant*, CDU-SEDES, 1984.

*Le Point vélique,* La Baconnière, 1986.

*Revue d'Histoire littéraire de la France,* janvier-février, 1987.

# VI. FILMOGRAPHIE

*Une Saison en Enfer,* Nelo Risi, 1971, FR/IT, avec Terence
Stamp (Rimbaud), Jean-Claude Brialy (Verlaine) ; musi-
que de M. Jarre.

*Ce vieux pays où Rimbaud est mort,* Jean-Pierre Lefevre,
1977, Québec. Il s'agit en fait d'un regard naïf sur les
mœurs parisiennes, dont seul le titre a un rapport avec
Rimbaud.

## Courts métrages

*Bateau ivre,* H. Beauvais, 1949 ; A. Chaumel, 1950.

*Les Effarés,* J.G. Albicocco, 1955 (le cinéaste adaptera ensuite
Balzac à l'écran).

## Télévision

*Éclipse de soleil,* Christopher Hampton, 1975, FLA, avec
Hugo van den Berghe (Verlaine) et Filip van Luchene
(Rimbaud).

Mais bien des émissions de télévision ont été consacrées à
l'œuvre de Rimbaud. Citons, dans l'ordre chronologique, les
plus intéressantes :

1966   *Rimbaud,* M.-P. Fouchet, avec L. Terzieff (Rimbaud).
1978   *Les Déserts de l'amour*, P. Dumayet, « Lire c'est
       vivre », A2.
1978   *Le Voleur de feu,* C. Brabant, TF1 (30 mai).
1984   *Portrait d'écrivain : Rimbaud à Charleville,*
       J.-M. Nokin.

# VII. INDEX

## Poésies et Derniers vers

## UNE SAISON EN ENFER

ILLUMINATIONS

## ŒUVRES DIVERSES

# TABLE DES MATIÈRES

*Imprimé en France sur Presse Offset par*

**BRODARD & TAUPIN**

GROUPE CPI

La Flèche (Sarthe), le 21-06-2002
13307 – Dépôt légal : juillet 1998

POCKET – 12, avenue d'Italie - 75627 Paris cedex 13
Tél. : 01.44.16.05.00

**ROUSSEAU Jean-Jacques**

| | |
|---|---|
| Confessions (les) / tome 1 | 6201 |
| tome 2 | 6202 |
| Confessions (les) / Livres I à IV | 6211 |
| Rêveries d'un promeneur solitaire (les) | 6069 |

**SAND George**

| | |
|---|---|
| Mare au diable (la) | 6008 |
| Petite Fadette (la) | 6059 |

**SÉNÈQUE**

| | |
|---|---|
| Phèdre | 6080 |

**SHAKESPEARE William**

| | |
|---|---|
| Othello / Hamlet | 6128 |

**SILVERBERG Robert**

| | |
|---|---|
| Porte des mondes (la) | 5127 |

**SIMENON Georges**

| | |
|---|---|
| Port des brumes (le) | 6233 |

**STENDHAL**

| | |
|---|---|
| Abbesse de Castro (l') | 6174 |
| Armance | 6117 |
| Chartreuse de Parme (la) | 6001 |
| Chroniques italiennes | 6174 |
| De l'amour | 6173 |
| Lucien Leuwen / tome 1 | 6144 |
| tome 2 | 6220 |
| Rouge et le noir (le) | 6028 |

**STEVENSON Robert**

| | |
|---|---|
| Étrange cas du Dr Jekyll et de M. Hyde (l') | 6122 |
| Île au trésor (l') | 6065 |

**TERENCE**

| | |
|---|---|
| Phormion (le) | 6169 |

**TCHEKHOV Anton**

| | |
|---|---|
| Cerisaie (la) | 6134 |

**VALLÈS Jules**

| | |
|---|---|
| Bachelier (le) | 6150 |
| Enfant (l') | 6015 |